[プロ編集者による]
文章上達 <秘伝> スクール

この書籍はメール・マガジン
［プロ編集者による 文章上達 <秘伝> スクール］
創刊準備号から50号までの内容に
加筆・訂正を行ない編集したものです。

［プロ編集者による 文章上達 <秘伝> スクール］は
次の配信システムによって配信されています。

まぐまぐ	http://www.mag2.com/	(ID：0000068978)
パブジーン	http://www.pubzine.com	(ID：14469)
メルマ	http://www.melma.com/	(ID：m00042072)
マッキー	http://macky.nifty.com/	

『文章上達〈秘伝〉スクール』にようこそ。

このスクールにはカリキュラムに沿ったレクチャーはありません。

皆さんから寄せられた質問にざっくばらんにお答えする、という形式で展開する問答式のスクールです。

〈秘伝〉と言ったって公開しちゃっているじゃないかよー、と言われればその通り。

ここでは、すべてをオープンに語っていますが、あなたがそれをきちんと読んで理解し、また実践してくれるまでは、その深い内容は閉じられているといっていいのです。

ただ読むだけでなく、この内容を貪欲に盗み、奪い取ろうとした人だけが〈秘伝〉の意味を知るでしょう。

『文章上達〈秘伝〉スクール』は、皆さんの質問によって成立するスクールです。

質問は全てウェルカムです。

些細な質問、巨大な質問、マニアックな質問、

初歩的過ぎる質問、鋭い質問、鈍い質問、くだ

らない質問、実際的質問、哲学的な質問、個人的質問、普遍的質問、珍しい質問、陳腐な質問、具体的な質問、抽象的な質問、短い質問、長ーい質問。


などなど、あらゆる質問をお送り下さい。 osiete-sanmyaku@egroups.co.jp
冒頭には**「●質問●」**と書いてください。

質問は無料です。送られてきた質問は、無記名とさせていただきます。

都合により、長さ、表現などをアレンジする場合があります。

また、村松の著作などに流用させていただく場合があります。

ご承知おきください。

質問は文章上達の早道。お待ちしておりますからね。
講師兼編集責任者　**村松恒平**

◎関連URL
月刊「文芸山脈」
http://www.bungeisanmyaku.com/
文章道場
http://www.bungeisanmyaku.com/cgi/doujou/index.cgi
文章秘伝BBS
http://www.bungeisanmyaku.com/cgi/hidenBBS/c-board.cgi
月刊「The Best Novels on Internet 電撃光臨」
http://homepage.mac.com/canes/reikyaku.html
女性ライター競艶マガジン「百花繚乱」
http://obs.cup.com/HYAKKA/

言葉

言葉は、子どもの頃から誰でもが使ってきた、
ごくありふれた道具である。
言葉を売ってお金をとろうとするのは、つげ義春の
「無能の人」のように河原の石を拾って売るのと変わらない。
だからこそ、使い方の芸にすべてがかかっている。
使い方次第で、言葉はクズにもなるし、黄金にもなる。
言葉の錬金術とよくいわれる所以である。
文章の道はどこまでも奥が深い。

村松恒平

まえがきにかえて

著者インタビュー――村松さんはどんな人？　この本はどんな本？

――村松さんは、月刊『宝島』編集部での仕事を皮切りに、単行本の編集者、フリーライター、コピーライターと、文章と編集にまつわるさまざまな仕事を遍歴されています。村松さんが、最初にプロとして文章に携わるきっかけはどんなことだったのでしょうか？

文章に携わったきっかけ？　子供の頃から作家や編集者になりたかったからね。僕の両親も出版界の人間だった。母は紙芝居や絵本の編集者をしていた。僕をよく親しい作家や画家との打ち合わせに連れて行ったよ。喫茶店なんかで僕がぐずると、黙らせるためにケーキが出てきたりね。それで打ち合わせといっても、一見、世間話しているような感じだから。これは楽しそうだと思ったのかもね。

プロになったのは、編集の学校出て、ぶらぶらとツテで編集っぽいアルバイトとかをしていたんだ。そしたら、親が「お前も就職しろ」って、『××新聞』というとこにコネをつけてきた。それで入った。

地方新聞。地方新聞といっても、××とかって通勤圏だから、東京の新聞がいくらでも入ってるんだよね。

だから、全然活気のないとこでさ。もう売れない訳だ、やったって。

そんな中で、付き合いとかで買ってくれる人を相手にやってるんだけど、社員食堂とか激まずくて……。

そこで校閲を三ヵ月ほどやったときに月刊『宝島』に引き抜かれたの。


どうして引き抜かれたか、というと、前にやったテープ起こしのおかげなんだ。当時『わたしは女』っていう雑誌があったんだけど、石井慎二さんっていう編集長が、対談のテープから原稿を急いでまとめなくてはいけないというんで、口述筆記をしてたらしいんだ。ところがあるところから、リライトがいらない、このまま入れてしまえってことになったんだ。

それはどういうことかっていうと、僕は当時テープ起こしの作業は遅くって、テープを真面目に起こしてると一時間分起こすのに八時間くらいかかった。

語尾が気になったりして、おなじところを何回も聞き直しちゃうのね。

テープ起こしって、聞き直すと限りなく時間かかるんだよ。

それであるとき、締め切りがとてもタイトなときがあって、「あ、これじゃ間に合わない」と思ったんだよ。

その頃はすごく締め切りをシビアに守ろうとしてたんで、言葉の順序とか整えて、調子も整えて、原稿にしたのよ。気になるところを何回も聞き直すより、そのほうが早いんだ。そうしたら俺がリライトかけたところからは、

「あ、このままでいいわ」

「……村松っていうのは、なんか実務能力がすごいあるんじゃないか」

ということになって、ただ、そのテープ起こしを頼まれてただけなんだけど、気に入られて『宝島』へ来ないかって誘われたのね。

まあ、怪我の功名というかね、急いだのが結果的によかった。それなりに真剣さみたいなものも伝わったのかもしれないね。

ただ、俺はリライトがうまかっただけで、実務能力があった訳じゃないんで、入ってから苦労したけど……。

『宝島』から誘いがあったのが地方新聞に勤めた二ヵ月目くらいかな。俺にとっては、どう考えても『宝島』のほうが、いいわけ。

カルチャーな雑誌で、もう、輝かしさが違う。でも、親父にそれを言ったら激怒して。コネで入れてもらってたからね。次々に辞めて流されちゃうんじゃないかって心配もあるし、『宝島』って雑誌も売れてなかったたし、「お前、そんなのちっともいい会社じゃないぞ」みたいな話もあって。で、ちょっと半分勘当……同然みたいな……。

もう二十年も昔の話だけどね。

――私も文章を書いて生活したいんですが、どうしたらいいんでしょうか。

とにかく、いい作品書きゃなんとかなるんだよ。ホントにおいしそうな匂いがすれば向こうから嗅ぎ付けてくるんだから。ただ、なかなかいい匂いはしないだけでさ。書いてメシ食うだけなら、そんなに難しくないんだよ。どこまで狙うかってことだよね。小説でもいろいろあるじゃない。いろんな種類の小説がさ。

その中で、どんなジャンルでもいいから小説らしきものを書いて、メシを食おうと思ったらそんなにハードルは高くないよ。

ましてやライターなんてことになれば、マメにいろんなとこに顔出すとか、営業力の方が大切だったりするかもしれない。

で、どっかで一仕事させてもらったら、それを持って「これをやったんですけど、仕事ないでしょうか」っていろんなところ行けば、当面ギャラが安くてもよけりゃ仕事ってのはどっかにはあるからね。

そうやって関係がいろいろ出来てくれば、またその編集者が別のところに移ったりして声をかけてきたりして増えていくんじゃない、仕事がさ。

その代わり、その仕事が面白いかとか、非常に高度なものであるかとか、その辺を実現するのはなんとも保証の限りではないけどね。

安い、キツイ、何の保証もない、それでもよければ、何か月分か生活費貯めて、今の仕事をやめればいいんだ。

だからさ、なんていうのかな。

車の運転をする人だって、Ｆ１のレーサーからタクシーのドライバーまでいるんだから。

それをひとからげにして「運転してメシ食いたいんです」って言われたら、「だったらタクシードライバーになればいいじゃん」っていうことだよ。


タクシーをバカにするわけじゃなくて、レーサーとタクシーとでは、求められる技術からなにから違うわけで、タクシーの運転手なりの、道をよく知ってるとか、接客態度がいいとか、そういうことを要求されるだろうしね。

文章でメシが食えたらいいなあっていう人は、なんかさ、ドライブしていて、「ああ、気持ちいいなあ。これでお金をもらえたらいいだろうなあ」って思っている人なんだよね。それは誤解であって、タクシーの運転手になったら、自分のドライブの楽しみとは違う世界だよ。

ドライブを楽しむってのは、職業にしていない人の特権かもしれないんだよ。

自分で好きな文章を書いているってのはさ。

だから、文章でメシを食うってのは、ある種の夢というか、現実逃避できる場所であるのかもしれないんだけど、文章上達ということを言う限りにおいてはある程度リアルな認識を持ってもらわないと、話が噛み合わない。夢だけ見たいなら宝くじ買ったほうがいいと思うんだよね。

文章の仕事ならなんでもいいなら、そんなにハードルは高くないっていう話なんだよね。

ただ、ぼくに仕事を紹介して、とはいわないでね。

自分で仕事がありそうなところを回るんだ。それくらいできないと、ライターにはなれない。

そうやって顔を覚えてもらって、順番待ってれば来るようなとこも、あるんだよね。

ちゃんと列に並んで、営業して、ま、人並みに出来るってのが条件だけど、まあまあ仕事をまとめられるってことが分かってれば、エントリーしておけばときどき声かけてくれるとこもあるよ。

だからって、その順番にも効率のいい仕事とか、楽しい仕事とか、選択肢はいろいろあって、そこら辺の順番をよじ登っていくのは、それはそれでまた別の処世術なんだよね。

このスクールでは、「処世の問題」以前の「表現の問題」をね、やっていきたいんだな。

その二つって、別の事だからね。

あなたの質問でも目標が混乱しているんじゃないかな。

「文章でメシ食いたい」ってことに関してもさ。

文章を書いてメシ食いたいってだけであれば、それなりの道もあるんだけど、小説家の最高峰を目指そうってことであれば、ホントに研ぎ澄まされた全身全霊を打ち込むような何かが必要になってくるからね。

その辺の認識次第で、目標がよりはっきりすると思うんだけど。

――文章上達の基準を、どんなふうに捉えたらいいのでしょうか。

あなたは、どういうときに上達したと感じる?

――この間、自分の文章について人から指摘を受けて、それを理解したときに、あ、これで少し成長したと思いました。

そう、他人の目というのは大切だね。

自分の原稿についてはわからなくても、他人の原稿については善し悪しとか、欠点とかがよくわかる。

これを客観性というわけだけれども、つまり自分の作品でも客観的に見れるようになれば、他人の原稿のように、おかしいとこは直せる訳でしょう。

欠点は直せるし、いいとこは伸ばせるし。

じゃあ自分の文章を客観的に見るためにはどうすればいいかというと、発表して人に見てもらうしかないのね。

友達に読んでもらってもいいし、メルマガを出してもいいし、仲間を募ってその中で評価を交換してもいい。

そうしているうちに、こう書いたらこう受け取られるな、ということがわかってくる。他人の目を主観の中にフィードバックしていくことで自分のことがわかってくるわけだ。

作品について話し合える仲間がいるというのは、すごく幸せなことだね。

「汝自身を知れ」というのは、宗教でも哲学でも最終的なテーマだから、この作業には、これでいいという終わりがない。

自分というのは、最初は完全に主観的な存在だけど、文章は自分の中に他者を取り入れて客観化していくプロセスとともにうまくなっていくわけだよ。

逆にいうと、自分を出さないような人畜無害な文章ばっかり書いてる人はさ、いつまでたっても客観化しないんだよね。

だから僕は、みんながフィクションばっかりにこだわらずに、もっと自分の事を書いた方がいいと思うんだけど、みんな小説を書きたがるんだよね。

自分を露出するという意味では、書くっていうのは勇気が要ることだし、みんなテクニックの蓄積でうまくなると思ってる節があるんだけど、むしろそうじゃなくって、精神的な態度みたいなものが、書くことを通じて変わってゆくところを僕は見てるのね。

精神性の変化には点数なんか付けられないし、共通のものさしも、今言った以上のものはないんだよ。

外で計りたければ、新人賞に応募するなり、自分でいろいろ頑張ってみるしかないよね。みんな受験世代でさ、点数を追っかけるようなところがあるのはわかるんだけどさ、それとは違う事が起きてるんだよって、まず、自覚して欲しいよね。

例えばね、ある小説のジャンルに限定して、そん中のある作家を選んで、そいつを分析して、その作家とおんなじように書けるっていうことをＨＯＷ　ＴＯにまとめることは簡単かもしれない。

それはもう、「順列と組み合わせ」の世界なんだよね。

でも、それはシステムであって、もともとシステムからはみ出してる人間ほど、ものを書きたいと思うわけじゃない。こんだけあらゆることがシステム化された世の中で、そこから脱出したいっていう想いがあるからこそ、想像力を働かせてものを書くんでしょう。

「文章というシステムに順応するにはどうしたらいいんでしょう」って聞いてくる人が多いと、ものを書きたいという欲望が弱々しいんじゃないかって思うんだよね。

書かずにはいられない、ってんじゃなくて、書いてみようかなくらいのさ。

書いたら面白いんじゃないのかな……くらいのさ。それはそれで理由のあることだから、いいんだけどね。ただ、プロに通じる道ではない。


もうちょっと欲を出して、書いたら絶対人に喜んでもらいたいとかさ、自分にしか書けない世界を書きたいとかさ、次の欲を持ってる人間はやっぱり伸びるよね。

この本はさ、手取り足取りのマニュアルじゃなくって、同じ目標を持った人間の、誰もがつまづくような「知っていたほうがいい」「持っているほうがいい」そんな知恵を凝縮したハンドブックでありたいんだ。

目指す山があってさ、その山を登っていくのは他の誰でもない、自分なんだよ。このメルマガは、そこで全体を俯瞰する地図や、方向をたしかめるコンパスのような役割をしたい。

「文章上達の基準」は自由に……、自分のその足で実感すればいいと思うんだよね。その人なりにさ。

そういう人はどんどん伸びていくと思うんだよな。


――文章を書く人たちと、文章にまったく関わりのない人たちのへだたりを、村松さんはどう捉えていますか?


いろいろ習い事ってあるでしょう。例えば俳句とかだと、その俳句を読んで消費してくれる人ってのは、たいていみんな俳句を習ってる人なんだよね。

日本舞踊なんかでもそうでしょ。だいたいその人の家族や知り合いが見に行って、ついでにほかの人のも見るだけで、日本舞踊が好きで見に行く人ってほとんどいないんだわ。

構造的には文章も同じなんだけど、文章ってのは裾野が広いわけよ。誰でも読書くらいはするし、作文とかも学校で書かされるし、新聞や雑誌は毎日読むし、特別なことでなくても文章との接点ってあるわけだから。

小説の読者というのは、昔からたくさんいて、インターネットが発達して、その人たちが隠れていた「書きたい人」として、どんどん目立ってきたということではないかな。

それでも、文章に関心がない人っている。どうして、ものを書く人と書かない人が別れるかっていう疑問があるよね。

すごく根本的に言って、うまくいろんなことに適応しちゃってる人はそんなに書く必要を感じないのね。そもそもは。

だからまあ、美男子に生まれて、スポーツ万能で、頭もよくって、成績も、家柄も、性格もよくてっていう人はさ、それなりにこの世の中に自由にアクセスしていくだけで楽しいわけだよ。

で、やっぱり顔が悪かったり、体力なかったり、性格悪かったり、金がなかったり……うーん、あとなにがあるんだっけな。とにかく、世の中とうまくいかない理由って、誰でもいろいろあるじゃない？

そういう人ってのは世界と自分との間にどんどん隙間が出来てくる訳だよね。

その隙間を埋めるっていうのが、言葉の役割なんだな。

そもそも世界と一体だったら言葉は生まれない訳で、心理学でも自他ってのはあるとき別れていくんだよ。

唯我独尊って言葉があるけど、生まれたばっかりの時は世界と自分が一つなの。

それでだんだん不快感……ていうの？　自分の思い通りにならないということが起きてきて、親が、泣いてんのにおっぱいくれないとか、そういううまくいかないことが起きていく中で、「自他……」自分と自分以外のものの違いを認識していくんだよね。

世界と自分がどんどん別れていくんだけど、発達段階としてその自他が別れた頃から、言葉っていうのが生まれるんだよね。

だから、ご飯のことを「まんま」って言ったり、お母さんのことを「ママ」って言ったり、まあ唇のプルプル（笑）なわけだけど。親がそれを子どもに復唱してやることで言葉として定着していく。

で、お腹が空いたり、おしめを変えてほしいとき、「マンマ」と叫ぶ。そういう呼びかけをまず覚えて、発達していくんだよね。

基本的にはうまくいかないことを埋めていくために言葉って生まれていくんだけど。

で、どんどん自他が別れていくと、人間はいろいろ考えちゃうんだよ。


うまくいってる時には考えない。

例えば、ここにクーラーがついていればクーラーのことは忘れて、ただ快適にいるわけだけど、クーラーが壊れていて暑かったら「クーラーどうしたの?」という言葉が必要になってくるんだよね。

最初っから涼しければ「クーラー」という言葉は、いらない。

電灯だって、切れて暗くなるから「あっ、デンキきれた」って、初めて意識されるわけで、そうじゃないときは忘れられているわけですよ。


だから、自分の中でうまくいかないことを治癒するために言葉ってのは生まれてきてるんだよ。人の肉体が傷つくと血が出るでしょう。それと同じように人がうまく世界とつながれないと、そこに言葉が必要になってうまれてくるんだよ。

ものを書くという行為も、必ず自分の中に「他人に認められたい」とか、「愛されたい」

とか、「自分のいちばん深い悩みを人と共有したい」とか、っていう欲求と結びついてるはずなんだ。そういうエネルギーで書かれた文章は、どんどん純化していったときに、自分を癒すだけではなくて、他の人も癒す力を持つことがあるんだね。

みんなそこまで自覚しないで、「なんとなく書きたい」っていうところで書いているでしょ。でも、本当は最初の欲求に戻らないと、一番強い「書くエネルギー」が出てこない。

書くことにシステムを求めるっていうこと自体がちょっと違うって言い続けてるのは、そういうことなんだよね。

もともと世の中のシステムにうまく嵌れないっていう悲しみが文章になるはずなのに、そこにまたシステムを求めて「お前、何する気や?」と。

もっと、その人が一番孤独になれる場所を探してるはずなのに。自分のオリジナリティはこれなんだ! っていうのを。

イージーな道に逃げようとするのはよろしくない。

――書かないで済む人ってのは恵まれている人ということなんでしょうか?

うん。

でも、人は誰でもいずれうまくいかないことにぶつかるよね。ぶつかったときに非常に弱いかもしれない。どんなに恵まれているように見える人でも、人知れず悩んでいることもあるし。


――最近のベストセラーの傾向ですが、著者が長年作家を目指していた人ではなくて、何かの技術者であったり、特殊な情報を持っていたりするケースが多いと新聞で読みました。いまのまま、作家を目指していても大丈夫なんでしょうか？　バイオテクノロジーとかヒトゲノムとか、今から勉強しなくてもいいのでしょうか？


あまり気にすることないと思うんだけど。

すごい冒険家や船乗りで、誰も体験したことがないようなことを平気でやってのける人がいても、その人が面白い文章を書けるとは限らない。

科学技術だって、ノーベル賞の科学者がサイエンスノベルを書いたら、話題にはなるだろうけど、面白いかどうかは保証されない。

自分の体験したこと、知っていることから何を引き出すかが大切なんで、自分の体験や知識を、もう一度客観的に見て消化することができない人は文章を書けないんだよ。体験したことを自分にとっての意味にフィードバックしていくことで、体験が経験に深まっていくんだね。

体験っていうのはナマ。経験というのはもっと昇華されたもの、と言葉は使いわけるんだ。自分にとっての意味をつかみ出す力っていうのは、作家にも必要なものだ。むしろ一番必要なものだよ。だから、科学の専門家が小説を書いたとしたら、その人は小説家的な資質を自分の仕事を通じて育てていたんだ。

専門の壁を超えちゃう知性というのがあるんだよ。それは誰もが持っているものではないけれど。

例えば、棋士の米長邦雄が将棋で自分の世界観を作り上げて、それは人生全般にも通じるという本を書いて売れているんだけど……。なんかそういうさ、自分の物にしちゃえば他の世界にも通じる理解の仕方があるんだよね。

でも、じゃあ、今度は物を書くのに高度な専門性が必要かと言われたらそんなことはない。主婦でも、すごく面白い物を書く人はいる。特別な知識はないけれども、なんでもない日常とか当たり前と言われている生活を過ごしているだけなのに、面白い発見のある文章を書く人もいる。

とはいえ、現代の小説では、遺伝子操作の先端的問題がミステリーの題材になったりとか、小説に含まれている情報自体が非常に刺激的なケースもでてきたよね。昔は、それはおどろおどろしいただの飾りつけですまされた部分もあったけど、今はあまりいいかげんな道具立てじゃ、読者が許してくれないから、否応なく作家の方もかなり突っ込んだ内容にしなくちゃいけないのは確かなのかもしれないね。作家もプライドがあるから、いちばん目の肥えた人をも唸らせるだけのものを作りたいに違いない。

マニアックな読者は、ああこれはあの本から取った知識だな、ということも見抜いてしまうからね。そういうお里が知れる感じというのは、作家としては恥ずかしい。そういうマニアックな読者にも、え、こんな情報や発想をどこから？ と思わせたい。昔から、なんでも知ってるような顔をしていなければいけないものだったんじゃないのかな。ある種の作家っていうのは。

昔の作家を読むと、「かなわないなあ」という人もいるよ。

本を乱読して、すごく勉強をしていたとしか思えない。たぶん好きでやっているんだと思うけど。そういう「すごい勉強」というのも作家の領分にはある。

それから、実際は勉強したての聞きかじりのことを、映画のセットみたいに、どこまでも奥行きを持つかのように見せるテクニックも作家のものだ。

だけど、知識より文章力のほうが根幹にあるのだから、修行中の人は、そんなことに気をとられたりせずに、文章にこそ、まず集中したほうがいいね。　（インタビュー　網　悟）

INDEX

＊＊＊＊＊＊＊＊＊＊＊＊＊＊＊＊＊＊＊＊

＊＊＊＊＊＊＊＊＊＊＊＊＊＊＊＊＊＊＊＊

Q 書く動機

私が物を書く動機の大部分（ひょっとすると一〇〇パーセント）は、「上手いと誉められたい」「面白がらせたい」「感動させたい」「お金をもらいたい」――といった非常に直截的なものだと感じています。喩えて言うなら作文を提出する小学生のような気持ちというか。

創作のテーマにしても、「なんとしてもこれを伝えたい」といった内面から湧き出す欲求からではなく、「これを書けば受けるんじゃないか」というような意識で選ぶ事がほとんどです。初めて人目を意識して書いた学生の頃から現在に至るまで、ほぼ一貫してこんな調子です。

多分そのせいだと思うのですが、自分の書くものってなんだか薄っぺらい、と最近感じるようになりました。

自分の内面を照らしてテーマを探してみるのですが、どうしても前述のような境地を抜け出すことが出来ません。

自分の内部を探索しつつもどこかで「受け狙い」をしている自分に気づき、またか、と思ってしまいます。

この状態を脱出するために、どんな努力をすべきでしょう。

Ⓐ
えー、正直でよろしい。
「上手いと誉められたい」「面白がらせたい」「感動させたい」「お金をもらいたい」人が文章を書く目的なんてそんなものです。
どんなに深刻ぶった作家でも、文章を書く動機はこの四つくらいにつきるのではないでしょうか。

文は人なり、といいます。
その人の人生より深い文章なんて書きようがないのだから、適当なところであきらめておけばよろしい。

しかし、どうしてもそれでは満足できない人には、さらにヤバい道があります。
自分のいちばん恥ずかしいこと、いちばん人に知られたくないこと、いちばん考えたり思い出したりすることが苦痛なことを、なるべく正直に書いて発表するといいでしょう。

そこには、さまざまな心理的なエネルギーが渦巻いています。そこをつつけば、あなたの隠れたテーマも飛び出してくるかもしれません。

それを、あくまで「なるべく正直に書く」のであって、全部書く必要はありません。

若干形を変えたり、最後まで伏せておく内容があってもいいのです。

どちらにしても、それほど人の反応を恐れることはありません。

一度、書いてしまえば、他人は自分に大した関心を持っていないことがよくわかります。

自分が恥ずかしいと痛烈に感じることも、他人にとっては、しょせんは他人事だとわかると、どんどん自分の秘密が書けるようになってきます。どんどんヤバいことを書いて、他人にインパクトを与えないと気が済まなくなってきたら、しめたものです。

自意識の壁を乗り越えてしまうと、文章がとても自由にかけるようになります。ぜひ一度お試しください。

思い出して苦痛なことが何もない人は、とても幸せな人なので、ディープな文章は書けなくても、その幸せを噛みしめてください。

Q 引用と著作権

多分たくさんの人が思う疑問だと思います。歌の歌詞や、小説の一文を引用する時の著作権はどうなっているんですか？

またなにか権利が必要な時はどのように手筈を整えればよろしいのでしょうか？

Ⓐ

無料の原稿、無料の媒体では全然気にする必要はありません。

だってカネのとりようがないもの。

たぶん何も言われないし、言われたって払わなければいいのです。

もう二十年前で時効だからいいますが、僕が『宝島』編集部にいたときも、最もうるさい音楽著作権すら、ときどきシカトしていました。

ちゃんとやると、たった一つの歌詞のためにわざわざ向こうのビルまで出向いて、書類書いて、部数少な目に嘘書いて三〇〇〇円くらい払うの。

それで半日つぶれちゃうから。代わりに行ってくれるアシスタントなんていないからね。

今はひょっとして、ネットとかでできるのかな？

ちっとも知りません。

あまり興味ないし、困ったこともない。

少部数とはいえ、一応市販されている雑誌でも、敵の目はいきとどかないのだから、ましてや、ネットなんか大丈夫です。

文句言われたらとりさげればいいです。

ＮＨＫの受信料と同じで、相手が小さければ、向こうは取り立てる能力も気力もありません。

ギャラの出る仕事では、そういう心配や判断は担当編集者がしてくれます。

というか、著作権ていうのは、一般論では処理できなくて、個別のケースでみないといけないことが多い。

だから、その人に聞いてください。


どうしてこういう質問が最初に出るかな。

モノ書きなんてものは、僕の感覚では、もっとイリーガルで自由なものなんですけど。

どうしても合法的でありたいなら、カネを徴収しそうなところに質問してみればいいです。

カネをとられるか、ダメっていわれるか、とても面倒なことになると思いますが、著作権についての知識は増えるでしょう。

普通、プロのライターはヤバそうだと思ったら、逃げます。
でも、意識するのは、著作権よりむしろ差別問題ですね。

Q 長く書いて削る

長く書いたものを後から縮めるという書き方はよくない、というアドバイスを以前頂きましたが、その具体的な理由をぜひ教えてください。

A

長く書いたものを削るという方法は、練習方法としては決して悪いものではありません。とくに最初にかなりのスピードで書き、次にじっくり推敲するということであれば、練習方法として推薦したいくらいです。

速く書くことも、推敲して文章をシャープにしていくことも意識的に練習できるからです。

ただ、僕はそういう「癖をつけてはいけない」と言ったのです。

なぜなら、この方法はたぶん時間がかかる。文章を書く現場ではそんな悠長なことをしている余裕がないことが多いのです。

この速く書いて推敲するという方法を、何度か体験したら、今度は頭脳の内部で行うようにしなくてはなりません。

コンピュータの印刷機能に「プレビュー」というのがありますね。これは実際に印刷してみなくても、仕上がり具合を見ることができる機能です。

同様に実際に長い原稿を書かなくても、人間は頭の中だけでその編集作業を済ませることができるのです。

その作業に慣れてくると、頭の中で長い原稿らしきものを思い浮かべる必要もなくなってきます。

その作業は自動化されて無意識の中で済ませられるようになるのです。

長く書いたものを削るという方法を守り続けると、それを内部化自動化する機能が働きません。

赤ん坊だって、はいはいにこだわっている限り、立って歩くことはできません。できたと思ったら、それは捨てて次のレベルに行くのです。

一回書いたらそれが完全原稿。あくまでそれが理想です。

Q 「へ」と「に」

「へ」と「に」の違いは？

新宿へ行く
新宿に行く

A

「へ」は方向、「に」は地点が意識された表現。

Q つらいのに書く

文章を書いているとたまにとてもツラクなってしまうのはナゼでしょう。

上手く書けなくてツライというのとは違う意味なんです。

書くのは好きなのに、自分がマルハダカになったようで、なんとなく「ごめんなさぁぁい！」という気分になってしまいます。

そして、ツライツライと言いながらそれでも書いてしまうのはこれまたナゼなのでしょう。

もしかして自虐Mなのでしょうか……。

A

フロイトという人が人間の精神を意識と無意識に分けて考えました。

僕は最近、このことをものすごく簡単に解釈するようになりました。

僕の解釈では、無意識が闇だとすると、言葉は光なのです。なぜなら、言葉があるところに無意識はありません。

言葉という光で自分の精神を照らしていると、ふいに闇の中から自分の見たくないものが浮かび上がってきてしまうこともあります。

だから、つらくなったり落ち込んだりすることもあります。

しかし、それはあなたの言葉の使い方がリアルで大胆だからです。

言葉という光を持っていても、決してヤバいほうにはその光を向けないで、自分の知っている領域だけを照らして満足している人が多いように思います。

そういう人は、コワい目に合うこともないけれど、自分の精神の中に隠れた宝物を見いだすこともありません。

書くということは、どこまでも深く自分の精神世界にダイブしていく冒険なのです。

Q一人称と視点

小説を書いて発表したのですが、一人称小説としては視点が混乱していると言われました。どういうことでしょう。

A

一人称小説では、視点は語り手（主人公）の内部にあります。そこから見えた事柄を書くというのがフェアです。

あなたの小説を読んでみましたが、

「レンゲはその店がどんな料理出すのだったか思いだそうとしばらく頑張ってみたのだけれど結局まるでなにも思い出せないままにあきらめた。」

という表現があります。

これはたしかに一人称の視点ではありません。

「レンゲは思いだそうとした」

「しばらく頑張った」

という推測になります。

「思い出せないままにあきらめた」

というのは、一人称だとすると、外側の様子から見た推測になります。

そうでなければ、神のような視点から彼女の内面をも透視しているということになります。

そんなのいいじゃないよ、と思うかもしれませんが、気になる人には気になるのでしょう。

こういう議論は推理小説の世界で始まったのではないでしょうか。昔、佐野洋という作家が「推理日記」という本の中で論じていました。

つまり、こういう書き方をしてしまうと、この女性は外から見えた通りのことしか考えていない、という前提ができるわけで、それで別の場所では重大な隠し事をしていたりすると、非常にアンフェアな推理小説ができあがるわけです。

したがって、普通の小説においても、

「レンゲはその店がどんな料理出すのだったか思いだそうとしばらく頑張ってみたのだけれど結局まるでなにも思い出せないままにあきらめたように見えた。」

と最後に「見えた」をつけるべきでしょう。

⑩掌編から長編へ

掌編を書き続ける、のは長編のトレーニングにはなると思うけど、でもそれはあくまで掌編で。

つまり一体いつ長編って書いたらいいのでしょう。

なんでそういう疑問かっていうと、ネットで読書してみるとわかるけど長編のネット小説ってロクなものがない。最後まで読めたものはごくごくわずか。

たぶん力量がないのに書き始めるとだらだら長編に「なっちゃう」作品が多いからだと思うんだけど、じゃあ自分は、って省みると、一体全体長編書いたものなのかどうかよーわからんです。

いや書いているけど、短編ほどはっきり自分で「あ、これならいい」とか自己判断ができないっていうのもあるな。

うーん。

A
掌編でやっておいたほうがいいのは、一にも二にもテーマの把握です。
では、テーマとは何か。
これを皆さん、あらすじと混同したり、意外にあやふやに理解しているのではないでしょうか。

文章においてテーマとは、何を書いて、何を書かないかの基準です。

書くということは、膨大な量のいらない情報を書かないで端折るということです。

子どもの作文はこのテーマがないことが多いから「朝起きて歯を磨きました」からはじまったりします。

文章とはつまるところ、テーマなのです。

どういうテーマを選ぶか。そのテーマに基づいて、実際にどういう場面を切り取ってくるか。

このセンスが文章の切れ味です。

このテーマの感覚が明晰に練り上がって、長編にふさわしい、あるいは長編でしか表現できないテーマを発見したときが、長編の書き頃です。

Q命名法

架空の物語を書く時、人物の「名前」を考えるのが苦手です。

登場人物の名前は、どうやって決めるのが適切でしょうか?

内容にもよると思いますが、知った人の名前だと気恥ずかしくて書けません。

架空の名前をこしらえるにしても、名前が作品に与える影響とか気になります。

いかがでしょうか？


Ⓐ 実際の人名というのは、さまざまな感情やら、誰かの名前の一字やら、そのときの流行りやら、親族の集合的無意識やら、さまざまなものを反映しているから、しっくりしているよね。

それに比べて小説の人名とか、ペンネームというのは、頭だけで考えちゃうからなんか浮いていていて見え透いていて、気恥ずかしいというのがある。

僕の大学の先輩は胤臣（たねおみ）ってペンネームつけたものなあ。

何がたねおみだいって思ったもんね。本人には言わなかったけど。


で、解決法ですが、実際の人名をかっぱらってくればいいです。

昔は電話帳ぱらぱらして、選んだりしたものです。

これからは電話帳がなくなるらしいけど、何か代わりのものがあるでしょう。

もらった名刺とか。そのまま使うのが気がひけたら、二人分苗字と名前くっつけたりね。

ちょっとアレンジすればいいのです。

Ⓠ束縛と自由

紙媒体の文章には、傍点とか、ゴシック表記とか、強調ツールがあるのに、WEB上のテキスト文章だと使えません。

不利だと感じているのですが、実際はいかがでしょうか?

Ⓐ

そりゃ、たしかに不利だ。

ウェブ制作の仕事をすると、ルビがなくて不便だと感じることがある。

しかし、それはテキストに限定した話だ。画像にすれば、特大の文字だって使えるし、カラーの写真やイラストも（印刷なら金がかかるが）、簡単に使うことができる。

そして、理論的には世界中の人に一個人が自分の表現を発表することができる。

紙にはないウェブのメリットがたくさんある。

それぞれの媒体の特性の違いを理解して、それに沿ってやるしかない。

そもそも束縛があるから、芸が成立するのである。

落語の三題噺だって、題にしばられてそれをクリアしてみせるから芸。

俳句だって五七五という狭っくるしい文字数だからこそ、表現が成り立つ。不自由さがあるからこそ、そこに工夫が生まれ、表現が生まれるという両面性をみないといけない。

ただ自由が広がればいいというものではない。

不自由さにとらわれてはいけない。

！！！強調の仕方なんて他にもいくらでもある！！！

と思わなくてはね。

Ⓠきまりごと

原稿用紙や縦書き文章では、書き出しで一マス開けるきまりがありますが、WEB上のテキスト文章では気にしなくて良いものなのでしょうか？

Ⓐ

勝手にしろー。自分の自由にしろー！

という感じ。

僕は両方使うけれども、受け取る人によっては一字下げなしに直されるね。

一字下げないのがネットでは主流かもしれない。

まず一字下げをしたのとしていないのを、メルマガとウェブで見て、自分はどちらが読みやすいか、気持ちいいのかを感じるべきだね。

自分の感覚を働かせないで、どこかに正しい答があるだろう、と探すのは、文章書きとしてはあまりよろしくない。

もともと、一字下げというのは、活字を手で拾っていた時代に植字工の都合で始まったらしい。

教育現場とマスコミでも表記の基準違うしね。

絶対の答なんかないんよ。

Q 縦書き、横書き

WEB上で文章を書くものとして、縦書きを意識すべきでしょうか?

正直に言えば、ここ数年縦書きの文章を書いていません。

出版される文章は縦書きのほうがずっと多いので、気になります。

横書きの原稿が、縦書きで印刷されると違ってくるものなのですか?

Ａ

ウェブに書く限りは、意識しなくていいでしょう。縦でも横でも面白い文章は面白いし、つまらない文章はつまらない。あえて細かいことをいうと、年号などの数字、英語の横文字は縦組みだと見づらくなります。

Ｑ縦書き、横書き、再考

例えば文学賞とかの選考はすべて縦書きですね。縦書きで美しい表記・出しにくい表記があるとして（例えば指摘の通りの英単語だの三桁以上の数字）ですけど、どう逃げるべき？　というかそれはそのときってことですかね？　ときどき紙媒体の編集者さんのサイトなんかだと、縦が当然、縦で読めねーものは不完全みたいな言われ方もしていたようですが？

Ａ

まず文学賞に本当に出すなら、ふだん書いていたものを読み返して整えて出すでしょう。

そのときに考えればいいです。

ここでは、ふだん書くときと文学賞に出すときの話が、どちらつかずになっています。発表する媒体が変われば、当然文章も変わります。両方に通用するようにと考えるのは早手回しのようで、じつはかえってムダが多いのです。

親しい人間と話すときと、関係の遠い人間と話すときでは、同じ事柄を話しても、話す語調も、話す内容も変わってくるでしょう。

そういうモードの切り替えを、文章のプロはつねに意識します。

この質疑応答にしても、今は質問の内容に合わせて語調がバラバラです。

そのほうが書きやすいのです。わりと僕はそういうこと平気です。

でも、もしも本にまとめるとしたら、それを統一したほうがいいかとかを改めて考えることになるわけです。

だけど、今から本にするときのために、語調や文字使いを神経質に統一するということはしません。

そのために自由性を失うことは犠牲が大きいのです。

本にするときには、編集者、校正者がそういうことは細かく心配してくれます。

細かい表記の心配必ずしも作家のものではありません。

なんつーか、この件は枝葉末節の心配という感じが否めないのです。

たとえば、船の設計の話をしようというときに、船の食堂のテーブルクロスはどうしたらいいでしょう、とか、ナイフとフォークの並び順は、というようなことを聞かれているような感じ。

文章はお受験ではないので、同点だったときに、字がきれいなほうが有利、とか、そういう理屈はありません。

勝つときは、判定ではなくノックアウトでなければいけません。

出版界では、縦書きは当然です。僕も理由もないのに横書きにしている本は読みたくありません。

しかし、「縦で読めねーもの」は、横でも「読めねー」でしょう。

それだけのことです。


Q有料？　無料？

文章修行をしようと思いウエブ上で「なんとか遊」と言う塾へ入り、添削指導を受けましたが結果として、時間的に経済的に精神的に大きな打撃を受けました。詐欺行為だと思いました。

金イコール良質な指導ということに直結しませんが、昨今はそういう世の中です。この教室は良心的だなあと思いますが、無料でやってゆけるのですか。そうお願いできれば大変ありがたいと思います。

Ⓐ

編集者といってもジャンルも多様で、経験もさまざま。多くの編集者は教育者というより、買い付け業者なので、有料の文章指導で、あなたのような体験をする人が出ることは、容易に想像がつきます。むしろ、うまくいくことのほうが稀でしょう。

しかーし！　このメルマガは（自分でいうのもなんですが）、内容のすばらしさ良質さにも関わらず、無料なのです。

どうしてかというと、一つは、ぼくにはこのQ＆Aを将来単行本にしたいという意図があります。文章を書きたい人たちの関心がどこにあるか、ということをライブに感じ取ることは、ぼくにとってたいへん意味があるのです。

もう一つには、書くという複雑怪奇な内的行為について、どれくらい認識を共有していくことができるか、どうすれば有効なアドバイスをすることができるか、を考えることは、ぼくにとって大変スリリングなテーマなのです。

それから、将来このスクールをベースにして、有料のバーチャルスクールや、スクーリングを行いたいとも思っています。

もちろん、自由参加ですので、このスクール自体はあくまで無料です。

そういうわけで、安心してご参加ください。


どうしても気が済まない場合は、お中元なりお歳暮なりお送りください（笑）。住所をお教えします。一つよろしく。

Ⓠ最高の文章上達法

文章を上達させる秘訣は読書なのでしょうか？

それとも、たくさん量書けばコツがわかるのでしょうか？

Ⓐ

この間、面白い話を聞きました。

民謡歌手の修行の話です。民謡歌手は中学を出ると内弟子に入るのだそうです。そうすると、「おしん」よりひどいいじめと忍耐の世界が待っていて、朝早くから夜遅くまで、練習するヒマもなく雑用にこき使われるのだそうです。そうして、五年ほどすると、師匠に呼び出されて、その前で突然歌えと言われるらしいのです。すると練習もしていないのに、自分がかつて歌ったときより一オクターブ以上も高音が出て、小節も見事に回るのだといいます。つまり、歌手の卵は毎日毎晩、家事、雑用をしながら、プロの上手な節回しを聞いているのです。その結果、自分で歌いもしないのに、いつの間にか内部で発声器官が育っていたのですね。

いじめはとにかく、こういう無意識の教育というのはすごい。今は完全に失われてしまっていますが大切なことだと思います。

もし、最高の文章上達法は、と問われたら、ぼくはまず何も書かずに、筋のいい日本語の古典的作品を、五年とは言わず、三年読め、といいます。それができる人は、半端に作品を書くより、それをやったほうがいいです。

「古典とは何」と聞かれると、ぼく自身が古典に弱いので困るのですが、実行したい人は、森鴎外の全作品を読む、ということからはじめたらいいでしょう。

読むこと、体験すること、人と心を触れあうことは、いわば書くことの根っこの部分です。書くことは、茎や葉や花などの地上部分に当たります。根が充実すればするだけ、美しい花が咲くはずです。

Q 読み返しと訂正

自分の文章を書き終え、数日後に読み返し訂正。そのまた数日後に訂正。だいたい私は掌編で三回、長編で七回くらい読み返すのですが、いざ表に出すと、渋い反応が返ってきたりします。文章に対する勉強不足が引き起こしてると思いますが、大体プロになると、何度ほど読み返すものなのでしょうか?

A 聞いて回ったことはありませんが、全然読み返さないか、読み返しても一回という人が多いと思います。

理由は人によって違うかもしれないのでぼくなりの説明をします。

なぜかというと、人は一晩寝ると変わってしまうからで、昨日の自分には面白かったものも、今日の自分には面白いとは限りません。

しかし、今日の自分が手を入れてしまうと、今度は昨日の自分が感じていた面白さが消えてしまうかもしれません。

だから、ぼくの場合、たとえば、一晩おいて、今日のぼくという他人が見て、意味のわかり辛いところ、流れが不自然なところをチェックしてなおすだけで、もう一度その世界にはいっていくことはしません。

また時間がないから、書き上げたらすぐ送ってしまうこともあります。

その先では編集者が読んで、まずければ戻してくるわけで、その機能まで含めてプロが書くという行為は成立しているわけです。

あなたも一回にしてみましょう。

あまりなおすと、整形手術をしすぎた人みたいに最初のよさがなくなってしまいます。

Q商業出版心得

最近、原稿用紙にして五〇〇枚ほどの長編小説を完成させました。

現在、それをある出版社に送付して結果を待っています。

書き上げた当初は「これで面白くなった、今度こそ出版されるだろう」と、自分の本が書店に並ぶこと以外は考えられない状態でした。

しかし出版社から何の音沙汰もないまま一カ月が過ぎてしまいました。

自信と呼べるものはすでになく、かろうじて可能性を捨てきれない、という程度です。


この間、知人にその作品を読んでもらい、感想をもらったりもしました。

その意見を参考に、あらためてその作品を俯瞰してみると、前回よりはマシになった、とは言えるにしても、これでようやく小説になった、とは言い切れないのです。

そして執筆時には見えなかった欠点が痛いほど目に付くようになってきました。

そんなふうになると、とたんにその作品が価値のないもののような、どうでもよいものに思えてくるのです。

わたしはその作品を世に出すためにできる限りの努力を重ねてきました。人生をかけてきました。

そのおかげで、自分の人生も価値のないもののように思えてくるのです。


どうしても世に出したい。

その一心でその作品を執筆し、書き直してきました。

出版社に断られ、あるいは黙殺されて、しかしそれをあきらめることはできませんでした。

今度こそは、今度こそはと書き上げるたびに思い、ひと月後には己の未熟に愕然とするのです。

そんなことをくり返して、もう六年になります。


例年のパターンから考えると秋頃にはそれを抜本的に見直す覚悟がかたまり、これから自分がやろうとすることの困難に気が遠くなりながらも、それを改訂する作業に取りかかることになると思われます。

すでにそのためのアイディアもちらほらと浮かんできていて苦笑を禁じ得ません。


前置きが長くなりました。質問です。

素人の書き下ろした長編小説を商業出版する場合、心得ておくべき

1・具体的なアプローチ
2・心構え
3・その他有益な情報等
ありましたら、お教え下さい。

またわたし（のような素人）が自作小説の商業出版という夢を現実にするまでには、あとどのくらいハードルが残っているのでしょうか？

お答えできる範囲でお願いいたします。

Ⓐ

五〇〇枚の小説を書き上げる努力、さらにそれを何度も書き直す粘り強い努力には頭が下がります。実際的なアドバイスをお望みでしょうから、率直にお答えします。

あなたはけっこうヤバい局面にいます。

まず、僕としては気になるのが「編集者は本当に原稿を読んでいるのか？」ということです。

小説家志望者は多く、小説の編集者の机の上には、持ち込まれた原稿が山積みになっているのです。むごいようですが、これはときには何か月、ときには半年、ときには永遠に読まれません。

もし、あなたが何のつてもなく原稿を出版社に送りつけているのなら、読んでもらうことはとても難しいでしょう。

すごく面白そうなタイトル、今日的なテーマ、魅力的な書き出しの文章、圧倒的な展開があって、なおかつ、それらが封筒越しに高さ三メートルくらいの巨大なオーラを放っていなければ編集者の注意をひけません。

原稿を送られる側の立場になって考えてください。素人が書いた五〇〇枚の小説、それが山と積まれていたら、あなたは忙しい日常業務の間にていねいに読みたいと思いますか？しかも編集者は読むことが仕事であり、また個人的にも読書家です。一流の著者の書いたものだけでも読む本はたくさんあり、人一倍舌が肥えているのです。

原稿を送っても編集者によっては封筒から取り出しません。僕なら封筒から原稿を出すところまではします。そこで、添えられた手紙と原稿の一枚目を読んで、何か特別なものを感じなかったら、ほぼそれでおしまいです。

したがって、そこでピンときてもらえなかった場合、書き直しても何の意味もありません。

そこで新たな疑問が湧きます。

なぜあなたは小説の賞に応募しないで、出版社に原稿を送るのでしょう?

プライドですか? それとも他の理由が?

賞には新人を発掘しようという意欲と、下読みをする人間の手配があって、こちらのほうが原稿はずっとフェアに扱われるでしょう。


ひょっとして何年間か、あるいは六年ずっと同じ小説をいじっているのでしょうか?

それはちょっとしつこすぎです。

評価されなかったのなら、次の作品にとりかかるほうが自然です。

その作品を捨てていない、ということは、それにくだされた評価を受け入れたくない、という気持ちがあるからです。

あなたの文章を拝見すると、堅実な努力を積み重ねれば小説は出版される、作家になれるという前提というか、思いこみがあるようですが、それはありません。

比喩でいえば、商業作家になることは、あなたのいうようなハードル競争ではなくて、高跳びなので、跳べない人には永遠に跳びこせない高さにバーがあるのです。

これだけやったから報われるはずだ、などという線はどこにもないのです。

あなたは原稿が評価されずに落ち込んでくると「自分の人生も価値のないもののように思えてくる」と書いておられます。

これは逆にいうと、あなたは商業作家として成功する夢を見ることによって、陶酔感、優越感、自我の拡大感といったものを先取りしてしまっているのです。

その証拠にあなたは最初に「書き上げた当初は『これで面白くなった、今度こそ出版されるだろう』と、自分の本が書店に並ぶこと以外は考えられない状態でした。」と書いておられます。

しかし、その自信の根拠はどこにありますか？

ないでしょう。

あるはずがないのです。

ある出版社でベストセラーになった本も、それ以前に他の出版社では見向きもされなかった、という事例はたくさんあります。

それくらい本が出版されるかどうかというのは、不確実なものです。

それでも、自分の本が出ると確信してしまうのは、あとで入る金をあてにして、無担保で高利の金を借りるようなものです。

後で自分が何者でもないと感じて苦しむのは当たり前なのです。

そして、今のあなたがさらに危険なのは、自分が努力したことを担保にして、甘い自己憐憫の感情にまでひたろうとしていることです。

自分の作品に自負を持つことは、けっして悪いことではありません。それは書くことを持続するエネルギーになります。

しかし、あなたの文章にはすでに「自分は何者かであるはずだ」、という頑なさが表れています。それは他人の客観的な評価を恐れる態度になります。知人に読んでもらったといって、何人の人に読んでもらったのでしょう。その人は本当に歯に衣きせぬ意見を言ってくれますか?

短い文面で、わからない部分はいろいろありますが、とりあえず、僕に言えるのは、あなたの作品を一度客観的な評価にさらすことが必要だということです。

賞に応募してみるか、あるいは、インターネットで小説の書き出しを公開して、続きを読みたいかどうか、読者に尋ねてみてください。

そこに再スタートを切る鍵があります。

それがコワいようなら、あなたは重症です。

文章を書くことはたしかに人生を賭けるに値することですが、その対価をむさぼろうとしてはいけません。

音楽を学ぶ人が、プロの音楽家にならなくても、音楽を楽しむことができるように、書く人は、書くという行為だけで半分以上は報われているものだと僕は思います。

Q 笑わせたい

人を笑わせる文章を書きたいのですが、上手く書けません。

笑わせる、あるいは軽く読んでもらう文章を書くにはどうすれば良いのでしょうか?

A

これは「軽い」質問に見えて、空前絶後の難問です。

笑いは、身近なもののように見えて、じつは哲学のテーマになってしまうくらい捉えがたいものです。

僕が知る限り、笑いについてのもっとも適切な説明は、二〇世紀最高の神秘思想家の一人グルジェフ氏の「笑いは人間が内部にある余剰なエネルギーを捨てるために行う行為である」というものです。続けて彼は「ちなみにキリストは生涯一度も笑わなかった」と言っています。完全に内的エネルギーを制御していた（ケチだった）、ということです。

この解釈によれば、「箸が転げるのもおかしい」というのは、少女たちの性エネルギーの溢れるほどの発露だし、「笑門来福」というのは、笑いの絶えない家には、笑えるだけエネルギーが充実しているわけで、福がきて当然ということになります。では、人に余剰なエネルギーを捨てさせるにはどうするか。それにはまず、人の内部のエネルギーの水位を高めてやって、そのエネルギーを、あるはけ口から流してやればいい。

と説明するのは簡単ですが、それを文章でどうやるか、と聞かれると、もうそれは個人の工夫と努力でやっていただくしかない。

お芝居を見ても、ある日は笑いがとれた場面やセリフが、別の日は全然だったり、逆に全然笑いをとる予定でなかった箇所が受けてしまったりするものです。

微妙な呼吸の違いで、笑えるかどうかがわかります。

文字通り、息を詰めて笑いのエネルギーを誘導するしかないのですね。

軽い文章というのもまた難しい。

串田孫一という随筆家は、若い女性編集者から原稿を依頼されて、〆切まで時間がないので断ろうとすると、「いつものように軽いのでけっこうですからお願いします」と言われたと苦笑まじりに書いています。じつは軽い原稿ほど時間と手間がかかるのだ、というのです。

何が軽い原稿か、ということを定義してもつまらないので、このお話でこの質問に関する答は終わりにします。

Ⓠ努力の方法

小説家になるための「努力」とは、具体的にどんな事なんでしょうか?

私にはいっぱい本を読んで、文章をたくさん書く。くらいしか思いつきません。

Ⓐ

方法は無数にあります。

たとえば、

電車の中で見た人の生活をすみずみまで想像する。

本を途中で閉じて、続きを自分で考える。
読んだ小説のあらすじを書き出してみる。
夢日記をつける。
知り合いや友人の話を根ほり葉ほり聞く。
面白い人や物事に出会えるように積極的に動く。
興味を持った事柄については多角的徹底的に調べる。
自分なりの年表を作成する。
町や風景の様子を文字で描写する。
人物を短い文章で表現する。

いちいち、何の役にたつか書きませんけど、まあざっと以上のようなことはあげられます。人の何倍も行動し、何十倍も観察することです。
要するに、小説を書こうという意識さえもっていれば、日常生活のあらゆることが役に立つでしょう。

Q才能判断

もの書きの才能のあるなしは自分で判断できるのでしょうか?

A

努力すればするほど判断できるでしょう。

スポーツと同じです。

地区大会レベルなのか、県大会レベルなのか、インターハイレベルなのか、国際大会レベルなのか、オリンピックレベルなのか。

上には上がいます。

才能のない人ほど、自分の限界が早くわかるでしょう。

才能がかなりあっても、最終的に勝者にならない人もいるでしょう。

才能がやや欠けていても、努力でなんとかしてしまう人もいるでしょう。

結局、努力してみないとわかりません。

努力した挙げ句に挫折する可能性もつねにあるでしょう。

Q 作品評価

他人の作品を読んでゆくと、はじめは面白くないなあとか、どっか合わないところがあるのですが、たくさん読んでゆくと、作者像が自分で確立されてしまって、その世界に入ってしまい、その人の作品に思い入れが強くなり正しく批評ができなくなってしまいます。逆に、作者像ができてしまうと、それとは違うイメージの作品を作者が書いたときに、それだけで拒絶反応が出てしまいます。

これでは正しくものを読む目が育たない気がするのですがいかがなものでしょうか。

A

これは外在的な評価と内在的な評価がごっちゃになってしまった状態ですね。

人間の心の働きには単純にいうと同調と反発の二つの働きがあります。

反発が働くと、批判的になり、作品を外から他人のものとして読むことになります。批判する場合、一般に他の同種の作品と比べて評価する場合が多いです。いわば空間的な読み方といえます。

同調が働くと、作者がどんな気持ちで作品を書いたかがわかるようになり、作者と同一化する傾向が強まります。同調的な読み方は、同一作者の進歩や変化に敏感です。いわば時間的な読み方と言っていいでしょう。ある作品を評価するには、最初さっと読んで外在的な印象をまとめ、それからじっくり内在的に中身を読んでいくのがいいでしょう。

Q 書く気合

電車の中などで話の筋を考えていると、自分は天才だと確信するのですが、帰ってからパソコンの電源を入れると、すっかりすべてを忘れていて自分が阿呆だと再認識してしまいます。しかも、書いているとちっとも面白くありません。とくに、よし書くぞと気合を入れれば入れるほど、気持ちがなえてくるのはなぜでしょう。

A

これは夢の中のできごとが不合理なのに、リアリティがあるのと同じです。自分が天才だと感じるときには、あなたは夢の世界にいるのですが、書こうとするときには目覚めてしまっているのです。

これを防ぐには、夢の中にいても目覚めているか、目覚めていても夢を見ているか、しなくてはなりません。

小説を書くというのは、いわば白日夢に関する技術なのです。

Q 詩って何?

「詩」がものすごく曖昧なとらえ方をされてると思います。わたしも国語の授業が嫌いだったので、定義だとか、そのあたりはよく分からないですが、自分の言いたことを自由に文章にしたのが「詩」なのでしょうか?

ネット上でそんな「詩」が氾濫していると思うのですが。

A

アルチュール・ランボオは、詩は「言葉の錬金術」だといいました。錬金術ならば、本来異質なもの、対立するものが融合することによって化学反応を起こし、第三のまったく新しい物質が生みだされなければなりません。

詩の場合は、言葉と言葉が出会うことによって、日常的な次元での言葉の意味を超えた効果、現象を読者の中に引き起こさなければなりません。

そういう意味での詩と呼べるものが、今の日本にどれほどあるのかは疑問です。

難しいのは、西洋の詩も漢詩も、本来朗読されるもので、その音韻学的な部分にも錬金術の秘密があるのです。これに対して日本の詩は基本的に黙読されています。

哲学者の故林達夫氏は、「ヨーロッパでは、詩と小説と戯曲は、対等な三つの文芸ジャンルである」という意味のことを言っています。

日本では詩といえば、俳句、短歌という短詩が本筋です。日本では小説が優位で、他の二つはマイナーです。

そのあとに漢詩が来て、明治以降になって、例の『海潮音』に始まる西洋の訳詩が入ってくるわけでしょう。歴史が浅いのです。

そのあと、『詩とメルヘン』のやなせたかしと、銀色夏生がすっかり詩を堕落させたといってもいいのですが、まあ、商品として成立してしまったものを、横からそれは詩ではない、といっても詮無いことです。

ただ、単なる心情の垂れ流しを、わかちがき（改行）を多用することによって、詩らしい体裁にしてしまうというのは困ったもので、そういうのは、全部改行をとってつなげてしまうと、普通の文章だったりします。

どんどん
改行して
言葉をぶっちぎれば
それなりに
不思議な
気持ちに
なりもするが
いったい
こんなものが

詩

なのかい?

Q比喩上達法

比喩が苦手です。

ですからときどき他人の小説から比喩をパクって書いているのですが、あとで読み直してみるとそこの文だけ妙に浮いてしまいひとりで苦笑いしています。

比喩の上達法があれば教えて下さい。

A

比喩が苦手なら、比喩を使わないで書いたほうがいいでしょう。

僕の文章には比喩が多いのですが、比喩というのは、新しい世界をなんとか既知の世界の事柄に結びつけて理解しようという心の働きから生まれるものです。

ある種の引っ込み思案な性格が比喩的に世界を理解しようという方向付けをしたのです。

これに対して、新しい世界を現実そのものとして受け入れる力があれば、別に比喩は不要なわけです。

比喩を使う使わないというのは、そういうふだんの心の働きから生まれるものなので、練習でうまくなるものかどうかよくわかりません。

しかし、どうしても上達したいというなら、あらゆるものを比喩で語るというゲームをしてみるのがいいでしょう。

たとえば、食べ物を人の比喩で語るというのを毎日やります。

「このマックのハンバーガーは、女の子のいるバーに来て、いちばん安いボトルを入れてチビチビのみながら、つまらない自慢話をしていく税務署員のような味がする」

というようなことを食事どきに周囲の人に言いましょう。一年くらい続ければたぶん効果があるでしょう。

ちなみに矢作俊彦の『マンハッタン・オプ』という短編集は、全編マニアックな比喩が機関銃のように乱射されます。古本屋ででも見つけたら手に入れてください。

また、井上ひさしは、タイトルは忘れたけれども、文章を論じた著書で、比喩は七種類に分類できるといっていました。

直喩、暗喩、隠喩、とか、そういう類です。

面倒なので僕は読みませんでしたが、比喩を研究したいなら探して読むと参考になるかもしれません。

Q 続・商業出版心得

先日は、私の長く重たい質問に真摯にお答えいただき、ありがとうございました。

実は、今日、返事が届きました。
郵便受けをのぞくとうすっぺらの封筒が一通入っていました。
五〇〇枚の原稿を送付した出版社からでした。
消印をみると昨日の午後に投函されたようです。
たちまち過去の忌まわしい記憶の数々がよみがえってきました。

嗚呼、きっと例の形式張った文体で始まり、最後は決まって「残念ながら……」でしめくくられる、あの手紙なのだ！

しかしこんなことを六年もやっているので開封までの躊躇はこれまでで最短でした。結果を伝えてくれるだけでも幸運である、ということを私は学んでいました。

最悪の事態を思い浮かべ、それを受け入れる覚悟を決めて封を切りました。
中には紙切れ一枚が四つ折りになって入っていました。

一読したとき、それがどういうことなのか、わかりませんでした。

何度か読み直して、どうやら没になったわけではない、ということはわかりました。さらに、一文一文丁寧に読み返しました。

その作品は小説（フィクション）なのですが、それは私のちょっと珍しい体験をもとに書き下ろしたものでした。それをノンフィクションに仕立て上げた方がよい、とのアドバイスをいただきました。

もしそうすることが可能なら、出版を検討させていただきたく……

などとは一言も書かれておりませんでした。

ただ、そうしていただけるなら、「それを読んでみたいし、内容についても相談したい」と書かれてありました。慎重な言い回しでした。

これを「脈アリ！」と判断した私は即刻記載されている電話番号に電話をかけました。運良く担当者につながり、フィクションからノンフィクションへの書き直しに応じる旨を伝え、ではどの章のどの部分を削りましょうか、というような具体的な話に移行しかけたところで、その担当者はうろたえだしました。どうやら手紙を投函した昨日の今日に著者から連絡があるとは思っていなかったようで、とりあえず具体的な話は後日メールで、ということとなり、受話器を置きました。

またまた長くなってしまいました。

質問です。

まったく無名の作家志望者が自作原稿を出版社に送付し、後日出版社の担当者から「興味がある」という旨の返事をもらって以降、作家志望者が晴れて作家となるまでのステップとその際に気を配るべき点などについて、お教え下さい。


1・担当者（編集者）と初めて会うときは？

Tシャツにジーンズでいいのか、スーツでビシッと決めた方がいいのか。

担当者はそこで何を見、何を判断し、何を報告するのか。

2・作品が出版される、されないの分岐点は？

度重なる書き直しに応じた挙げ句、出版されなかった作品はこの世にあまたあると聞いております。

3・どうにか出版にまでこぎ着けたとして、にもかかわらずそこに待ち受ける現実とは？

甘い期待を抱くな、とは言いますが……

私はこのチャンスを逃すわけにはいきません。

どうか一つ、わたくしめを作家にさせて下さい。

よろしくお願いいたします。

Ⓐ

編集者から連絡があった、ということはまずはワンランクアップですね。

おめでとう。

たぶん編集者が電話でうろたえた、ということは、まだ原稿を深く読んではいないのです。

しかし、それをうまくごまかさずに、というか、ごまかせずにうろたえる、ということは、わりとまじめな編集者だと思われます。

またメールで送るということは、あらためてきちんと読んで、それを文書化するエネルギーと時間を割いてくれるわけで、たしかにそれなりの評価をもらったと思っていいでしょう。

ただ、編集者によっては、熱されやすくさめやすい人もいます。

送られてくるメールが、どれくらいていねいに書かれているかで、相手の本気度をある程度測れるでしょう。

もちろん、原稿をいじらされたあげくにモノにならない場合もあります。

出版される基準の一般則はありません。

一つの出版社の基準だって微妙に揺れ動いています。

ある本を出して売れなかった、という経験があれば、それに近い本は敬遠されたりします。

また、市場で売れている本に似た本であれば、急いで出すところもあるでしょう。

出版社には、普遍的な価値を追求する部分もありますが、時代性の波に揺れている部分もあります。

その出版社の出している本に自分の作品に近いものがあるかどうか、売れていそうかどうかは、見ておく必要があります。


では、どういう方向に努力すればいいか。

ここでは、あなたの「素直さ」と「柔軟性」が問われていると考えるといいでしょう。

「素直さ」、というのは、編集者の指示に従うということです。

僕の友人は新人賞に応募して、編集者から接触があり、書き直し作業をしたのですが、編集者の指定したラストとは違うものにしたので、それっきり、関係がとぎれてしまいました。「俺の作品は俺のほうがわかっている」というような自己主張は一切禁物です。

そして、「柔軟性」はさらに深く、「素直さ」が問われます。つまり、フィクションをノンフィクションに書き変える、という指示があったとき、そう言われたから従うということではなく、その指示を作品をさらによくする契機にしなければいけない、ということです。そのためには、編集者の意図を言葉の端々や、メールの内容からよく理解しなければいけません。理解し、納得できたなら、作品をさらによいものにする、という視点が自分の中にできてくるはずです。

これができれば、担当編集者は力になってくれると思います。

ただ、その先に、担当編集者が上（編集長や編集会議）に企画を通すという関門が待っているわけで、これは作品自体の力と運にかかっています。

とりあえず、できることは担当編集者のアドバイスをいちばん深いところで理解して実行する、これだけです。

編集者に会うときの服装は、あなたがリラックスできるもので、礼を失しない程度に清潔感のあるもの、ということでいいでしょう。

作家やライターは、あまりネクタイをしません。

ふだんスーツを着ているならそれでもいいと思いますが、着慣れないスーツなど着ていくと、ちょっと田舎っぽい、というか、いかにも場慣れしない感じが強調されます。もっとも、実際に慣れていないわけで、それだけで編集者が悪い印象を持つことはないですが。

編集者が何を見るかといえば、人によっても違うと思いますが、ぼんやりと全体を見ます。

ここで嫌われるのは、作品に対する感覚が自己流で凝り固まった感じではないでしょうか。

作家としてまだこれから伸びるかどうか、ということはなんとなく評価されると思います。


3の質問は、……まだ置いておきましょう。

今度メールをくださるときは、
1・年齢
2・出版社
3・本の簡単な内容
をさしつかえなければ教えてください。
2と3は、本が出版されない限り公開しません。

1もいやだったらしませんけど。

この123がわかると、もう少し具体的なアドバイスができるかもしれません。

とくに出版社は、自費出版系だと著者がお金を出すのですから、またずいぶん色合いの違った話になります。

では、健闘を祈ります。

Q 自分露出

自分をさらけ出して書なくてはいけないのではないかと思うのですが、知らないうちに自己弁護や、自分を気持ちよくさせるためうそを書いてしまいます。

周りからよく見られたいと思うからだと思うのですが、どうしたらよいのでしょう。

特に、対人恐怖症なので人の目がとても怖いのです。

ネットは匿名性が高いので、完全に人前に出なければ何も恥ずかしくなく書ける気もするのですが、そうやるのはインチキのような気がするのですがどうでしょうか。

Ⓐ

唇は女性性器のシンボルである、と聞いたことがあります。それで女性たちは、口紅を塗ることによって、唇を隠蔽すると同時に強調しているのだと。

さらけ出すということを考えれば、隠す、という反作用が出てくるのは当然のことです。でもまた隠そうとすればするほど目立つ、というのもまた真実なので、それはもう堂々と隠したほうがいいですね。

過剰な自己弁護、過剰な嘘、というものも芸風となりえます。

ネットでも恥の意識を捨ててはいけません。恥を知らない人たちはたくさんいるので目立ちません。恥じらいながら過剰にやる、これがいいのです。

Ⓠ願望と現実

じつは隣の奥さんが大変な美人で、この人と関係を持ちたいと常に思っているのですが、行動を起こす勇気が無く断念しています。

そこで、せめて自分が書く小説の中だけでもこの奥さんと関係を持とうと思ったのですが、今度は妻や家族、隣の奥さんなどにその小説を読まれてしまうと実にまずい状況になるのではないかと恐れています。

プロの作家は小説の中で己の願望を書く場合、かなり身近な現実社会への影響を恐れないのでしょうか?

A

昔の私小説作家の中には、女房がいながら、女中やら、周囲のいろいろな女に手を出して、それを生で書いてしまい、人間関係がぐちゃぐちゃになって、そのぐちゃぐちゃの人間関係の中でアドレナリンをだしながらネタを拾って、またその関係を小説に書くという、生活を文学に喰わせてしまったような人がいるらしいです。

まあ、これはあまりお勧めしません。


ジョン・レノンは、『ノルウェーの森』という自分の曲について、浮気のことを奥さんにばれないように歌った歌だ、と後日インタビューで述べています。

この曲を聞いてもとても抽象的で、想像で書いた曲か、本当に浮気して書いた曲か、なんてことはわかりません。

逃げ道なんかいくらでもあるでしょう。名前やシチュエーションを変えたらもうわかりませんよ。それでも不安なら、うさぎさんの一家の話にするとか、ヨーロッパ中世の話にするとか、ロボットの話にするとか。いろいろ気が済むまで置き換えてみればいいのです。

Q表記の制限

小説の表現は、新聞や雑誌の記事の表現に比べれば、かなり自由でよいとある本に書かれてました。常用漢字表にない漢字や読み、あて字もかなり小説上ではみうけますが、このあたりの制限はいかがでしょうか?

例えば、「ご覧頂きたい」という文は、「ご覧いただきたい」が正解だと思うのですが、前者でも一般的に通じるし、結構使われてます。

A

作家は自分の書いた作品の中では王様なので、その書いたものは絶対です。

どういう表記でも作家がこれでいいのだ、といえば、オーケーです。

校閲者、編集者は、校正刷りに鉛筆で疑問点を書いて来ますが、作家がこれでいいのだ、といえば、それまでです。

もともと、表記の統一は、教育行政上の都合で文部省が決めたり、マスコミが自分たちの統一ルールを決めたりしたものなので、自由な個人がそれに従う義理はありません。

Qリアリティー

わたくし、文芸山脈の文章道場（http://www.bungeisanmyaku.com/cgi/doujou/index.cgi）に作品を載せさせてもらった時、あまりにもリアリティーがないと言う評価を受け、いたく傷付いたのですが（嘘です）、リアリティーというのは、どれ程重要な物なのでしょうか？

A

リアリティーという言葉は、三つの違う次元で使われています。

第一にいわゆる写実性の高さです。

絵でいえば、デフォルメしたり抽象化したり省略したりせずに、写真のような絵を描くことが一つのリアリズムです。

第二に嘘をつくレベルが安定していることです。

たとえば、童話に出てくる動物は、人間のようにお互い話をすることがあります。もちろん、実際の動物は人間の言葉を話しませんが、それは無言のうちに了解された前提なので、実際にはありえなくても、リアリティがないということにはなりません。

しかし、追いつめられたうさぎがライオンと素手（？）で戦って根性で勝ってしまう、というようなお話にすると、もう共通のルールがなくなってしまうので、リアリティーは失われます。


第三のリアリティは、作者にとって、そのテーマが切実であるかどうかということです。

知・情・意といいますが、文章とは、作者の思考・感情・意志がバランスがとれて反映しているのがいいのです。読者もそのエネルギーを敏感に感受しているのです。

たとえば、作者自身の心が動かないまま、悲しいお話を思いつくままに書いたとすると、そこには作為だけが見えてしまって、人の心を打つには至りません。

これも一つのリアリティと呼ばれるものです。

以上の中に思いあたるものがありますでしょうか。これらのリアリティーは、それぞれがそれなりに大切なものです。

物を書く人間は、このような言葉の多義性に敏感でなければなりません。また、多義的な言葉を使う場合はきびしく限定して使うようにしなければなりません。

■以下三つの質問は、長編小説のキャラクターを中心とした話題です。けっこうディープな秘伝を公開することになってしまいました。人によっては抽象的なことを書いているように思えるかもしれませんが、これはヘビーな書き手にとっては、全く実際的な問題に即したノウハウなのです。
しかし、これは書くほうにとっても、読むほうにとってもややヘビーなので、その後はまたバラエティに富んだ質問に戻りたいと思います。

Ⓠキャラクターの書き分け

小説の中に登場させる人物たち、主人公とか相手方役の女性とかは、書き進めれば進むほど自分自身の分身になってしまうような気がします。

どのような点に注意すればいいのですか。

Ⓐ

宮城谷昌光という中国小説の大家がいて、僕は愛読しているのですが、この人の人物造形というのが、パターンが決まっているのです。どの小説でも同じような主人公が出てくる。単行本数冊に亘るものが多いので、図書館で借りてとびとびに読んでいると、どの小説をどこまで読んだのかさっぱりわからなくなります。

つまり、自分の使い慣れたキャラをいろいろな小説に使い回している感じです。

それでも、人物にも小説にも強い魅力があります。

作家として、すごく不器用な人だと思うけれども、それが一種の小説の厚みになっています。

一流の作家にもそういうタイプの人がいるということは、最低数人のキャラクターを書き分けられれば、小説は書けるということです。

そんなに無数のキャラクターを書き分けることを最初から狙う必要はありません。

さて、分身という言葉を使われましたが、本当に分身になっていれば十分だと思います。

つまり、あなたの中の多様な面がそれぞれ何人かの別のキャラクターとして出ていれば、よいと思います。

困るのは、何人出てきても、分身どころか、同一人物としか思えない場合です。

たぶん質問の主旨はそういうことですね。


まず、こういうことで煮詰まらないためには、自分の性格の中にあらゆるキャラクターがいると感じることです。

ユングは、顕在的に顕れていない性格は、潜在的に強く存在している、といいました。

要するに、人間の中にはあらゆる性格があって、それが顕れているか、隠れているか、の差があるだけだというのです。

ニーチェは、もし人間が何百年も生きるようになったら、性格は不変であるという概念は無くなるだろう、と言っています。

つまり、長いレンジでみれば、性格もどんどん変わっていくということです。ということは、やはり、性格のあらゆる要素をすでに人間が持っているということです。

自分の中にすべての性格がある、これが前提です（書くという繊細な作業においては、どのような考え方を持っているかが、全体に大きな影響を及ぼします）。

この考え方をもとに、さらにキャラクターに複雑な味わいを持たせるには、「下敷きを敷く」と仮に僕が呼んでいる方法があります。

たとえば、キャラクターに、身近な人物をモデルとして貼り付けるのです。そうすると、あなたの意図したキャラクターの行動と、モデルの行動類型との両方を満たす表現を考えることになります。これは大きな限定で、作業はより複雑になりますが、そこで生まれる摩擦が面白い味を生み出します。また、キャラクターの書き分けも容易になるでしょう。

下敷きにするものは、この他に星座、血液型、易、タロットなどの属性でもいいのです。ある程度研究が必要ですが、キャラクターにそれぞれ、たとえば、「蠍座のA型」などの性格を振り当てると、それぞれの個性が際立つでしょう。

易やタロットのような抽象的なものは、プロットに下敷きとして貼り付けることもできます。

以上はけっこう「裏技」で、秘伝の名にふさわしいものです。でも技としては非常に高度なので、今すぐ必要な人は多くないでしょう。また、実際に応用するのも簡単ではありません。でも、こういうこともある、と覚えておいてください。

Q 設定の変更

僕は小説を書く時、まず最初にすべての登場人物の性格や素性を事細かに考え、次に大まかなあらすじを考えて、小説を書き始めます。

しかし、小説を書いているうちに、予想外の展開で、新たな人物や追加情報などを加えたくなるときがあります。

最初の設定に変更を加えるということはいけないのでしょうか?

A

最初に、この「ということはいけないのでしょうか?」という質問の言葉についてお話したいと思います。

これは、どこかにちゃんとした正解があってそれによって判断してもらおう、という質問の仕方です。しかも、自分の外にその正解があるように言ってしまっています。

これは普通の学校でものを習うときの態度としては、正しいものですが、このスクールでは違います。なぜなら、外に正解があると思うことは、そこで自分の思考を停止することだからです。しかし、この場合は決して思考を停止してはいけません。

この質問の場合、「いけない」というのは、小説としてマイナスである、という意味ですね。

しかし、A、Bという二つの表現方法があるとき、どちらが優れているか、どちらを選ぶべきか、という判断を作者は決して手放してはいけません。

それは作者にとって、最も大切なものです。

自分の作品に向かうとき、人は神になり、王になるのです。

「はじめに言葉ありき」。創世記で神は六日間で世界を創造しました。そのとき、神は草木の一本一本に至るまで、自分のビジョンを実現したのです。

人間は神様にはなかなかなりきれませんが、せめて王様程度には自分の王国に君臨したいものです。

その王国で、人は名君であっても暴君であっても、ときには暗君であってすら許されるのですが、君臨するのを辞めることだけは道に反します。

表現上の問題で悩んだとき、作者はそこから意識を切ってはいけません。パソコンでいえば、スリープ状態にしておくことは許されます。つまり、そのことをじっと意識的に考え続ける必要はありませんが、考えることを放棄してはいけません。

考えることを放棄しなければ、人は無意識の中でその作業を続けるのです。しかし、パソコンでいうとスイッチを切った状態にしてしまうと、同じ問題意識を再現するのに大きなエネルギーと時間がかかります。そして、多くの場合、問題を再現することすらできません。それほど人の意識は激しく、大きく時間とともに移り変わっています。物を書く人は、このような意識の力学に精通していかなければなりません。

さて、自分で考えるという行為を手放さなければ、この質問に答えるのは簡単ではないでしょうか。予定変更があっても、その結果、小説がよいものになるならオーケー。そうでなければダメと。

その上でさらにいえば、一般に書いている途中で予定変更を迫られることは、どちらかというと喜ぶべき兆候といえます。

小説家は、「作中の登場人物が途中から勝手に動き出した」という表現をします。これは、人物に魂が吹き込まれた、小説が生き生きとした生命を持ち出したという意味です。

作家はこの時点で、人に命令する王様から、世界を裏で支え、じっと見つめているだけの神様に出世するのです。

この時点で、作家はじつは、自分が小説を書いた、作品世界を作り出した、という感覚とは一歩違う世界に足を踏み入れています。

では、どういう感覚かというと、「作品が天から、自分を通じて地上に降りてきた」という感覚です。作家は一個の回路に過ぎなくなってしまう。

作家というものは、そもそも自意識が強い、エゴの固まりのような生き物ですが、それが自分自分と主張しているうちに、究極的には自分を超えてしまう境地までいってしまう。強烈に自分がある、ということと、自分がない、ということがクラインの壺のようにつながってしまう。こういう不思議な状態になると、作家としてほぼ完成されたといっていいのです。

長く書きましたが、つまり、予定変更したい衝動を感じたら、それは生かすべきです。その衝動を作品をよくするきっかけとして消化する。それができるようになると、あなたの作品はワンランクアップです。

Q 登場人物のリアリティ

私は、プロットとリアリティとテーマ（カタカナばかりになりましたが）は自分にとって小説の三大要素であると勝手に考えています。

登場人物にリアリティを持たせようとすると、その性格の人物はこのような状況下ではこのように考え行動するであろうということを、いつも考えていなければならないように思えます。登場人物は一人だけではなく、数人いるわけですからそうなると大変な作業になります。このような場合どのようにすればいいのですか。小説家は一日中登場人物のことを考え続けているものですか？

A

プロットとリアリティとテーマに三分するのは、よく小説というものがわかっておられると思います。僕の場合、これを人間の知・情・意と結びつけて考えています。

つまり、プロットは思考、リアリティ（表現）は感情、テーマは意志です。

プロットを考えるときは、冷静に思考します。

表現には豊かな感情を反映させます。豊かな感情というのは、激しく波打つ感情ではありません。たらいの水が波打つように、ゆるやかに大きく自分の心を動かします。

静かなようでいて、大きな力が込められているようにします。

テーマは、自分が書き続ける意志と何度も照らし合わせなくてはなりません。

自分が何を書きたいのか、なぜ書きたいのか、ということを問いかけ続けると、次第にテーマというものは深くなっていきます。

この知情意の一つ一つが明確で、それが見事に統合されていると、結果的に小説も見事なものになります。


さて、質問の件。

登場人物一人一人の考えと行動を考え抜くのは、大変な作業である、と。

しかし、ここで驚くべきなのは、あなたがそれは大変だけれどもできると感じていることです。

そして、たぶん本当にできるのでしょう。

これはキャラの描き分け、というレベルの話ではありません。

それは、あなたの持っている特殊技能だと自覚したほうがいいでしょう。

多くの人は芝居の書き割りのように他人を描くだけで、すべての人物を立体的にとらえるレベルにありません。

つまり、あなたは他の人が二次元的に処理していることを、三次元のポリゴンで処理しようとして、演算に時間がかかるといっているようなものです。

この特質はぜひ活かすべきです。

長編や、登場人物が多い作品が無理なら、登場人物の少ない短編で、じっくりと腰を据えて、あなたの手法をとことん追求してみてください。

そんなことでは、いつまでも長編が書けないとお考えですか？

それが違うのです。


書いているうちに、あなたは同じ作業をどんどん効率よくやれるようになります。

このためには、先ほど書いたように意識を切らないことが大切です。

意識のスイッチをオンにしておくと、人間はマルチタスクで、裏で（つまり無意識で）そのことを考え続けます。寝ているときも、ご飯を食べているときも、新聞を読んでいるときも、裏でこの機能が働き続けるようになると、再びパソコンの前に座ったとき、ほとんど書くことは固まっています。

素人の多くは机の前に座ってから、さて何を書こうかな、と考え出す。外から見える姿は一緒でも、活用している時間に雲泥の差が生じるので、これがわからない人、できない人は質的にも量的にも勝ち目がないです。


この無意識化がさらに進んでくると、自分の中に自動計算ソフトができあがります。

最初は人物を立体的にとらえようとすれば、息をつめて洗面器の水に顔をつけるように、かなり息苦しい作業になるかもしれません。しかし、要領がわかってくるにつれて、あなたの中には3Dポリゴンソフトのようなものが形成され、その作業は自動的なものになります。本当かな、と思うかもしれませんが、人間というのは、一粒のお米の上に般若心経を書く能力があるのです。意識さえ集中できれば、かなり人間の機能は拡張できるのです。そういうソフトが完成した時点で、長編を書き始めれば、あなたの小説は他の追随を許さない精緻なものになるでしょう。

マルチタスクと自動ソフト生成、これは秘伝の中でも、人間の無意識領域まで使い倒すという、「奥の手」に属するもので、本来なら秘密の巻物にでも書いておきたいことです。しかし、まあ公開してしまった以上、皆さん、ぜひ試してみてください。そして、よかったら結果を報告してください。

Ⓠマンガの原作

漫画が大好きです。でも絵がかけないので原作をかいてみたいです。

かきかたは、やはりシナリオのように書くのでしょうか？

A
昔、小池一雄の原作のコピーを見せてもらったことがありますが、シナリオ的なスタイルでした。人によってそれぞれでしょうが、シナリオ風でもオーケーでしょう。

Q 文章を膨らませる

文章を書くとき、わたしは「起承転結」を心でつぶやきながら文をつくります。ですが、それだと、文章が短くなってしまいます。大学の教授にも卒論を書いてて「ダメだ！　文が貧弱だ」と言われて返されました。ショックです。どうすれば、文章を膨らませる事が出来るのですか？

A
あなたは文が貧弱だと言われたのを「文章が短い」からだと思っているようですが、すでにここで取り違えています。短くても豊かな文章はあります。そして、起承転結を考えると文章が短くなる、というのも論理をなしていません。トルストイの『戦争と平和』にも起承転結はあります。

貧弱なのはあなたの言葉に対する把握力です。握力が極端に弱い人はフライパンを持っても落としてしまうから料理ができません。それと同様に、あなたは言葉を把握する力がゆるーいので、論理的に文章を積み重ねることができないのです。

では、どうしてあなたの言葉に対する把握力がゆるいかというと、他者と真剣に言葉のやりとりをした経験がないからです。なぜそういう経験がないかというと、それはたぶん、あなたが親の庇護下にあって、ゆるーい世界で生きてきたからです。

まあ、ここまでいうのは、余計なお世話ですが、世の中に出ると何かときびしいですから、今のうちに自分を鍛えておくことをお薦めします。

さて、文章を書くというのは、あなたが考えているより、ずっと全人間的なパフォーマンスです。

文章を膨らませるためには（これは文字量を多くすることではありません、念のため）、まず文献を読むのに目を使い、人の話を聞くのに耳を使い、取材に行くのに足を使い、書く対象を愛するのに心を使い、考えるために頭を使うことです。

そうして自分の手足、目、心、頭を動かした分が文章の膨らみになります。

あなたは頭の中のごく狭い領域を使えば、文を書けると考えているようですが、「起承転結」をおまじないのように唱えていればいい文章が書けると誰かに教えられたのですか?ただでさえ狭い頭の中でそんな念仏を唱えていたら、考えるスペースなくなってしまうでしょう。こういう作業をするためには、頭と心の作業場を広くあけておかなくてはいけません。「起承転結」は、構成を考える、という書く作業のごく一部に役立つに過ぎません。わかりますか?

Ⓠアドバイスの方法

はじめまして、健康運動指導士で×××と申します。

本日、はじめてメールマガジン拝受いたしましたが、とても興味深く読ませていただきました。(特に、文章上達について質問を受けて、逆に問い返されるくだりから客観性の話)

私自身、質問を受けて返答するという立場でもあり、わかりやすく人の心に届くような文章を心がけていきたいと考えております。

村松さまが、質問を受けたときに、返答する上で、まず考えること、文章としてまとめて伝える過程で意識していることなどありますか?

また、「考える」ことが苦手な人に、考えたくさせるようなアドバイスの仕方の秘訣などありましたら、ぜひお聞かせください。

Ⓐ

僕はその人の言ったことを聞くと同時に、その人が言えなかったこと、言わなかったことに重きをおきます。その真ん中に話しかけるようにしています。

三日月のように見えるときも、月は球体です。

その明るい部分が語られた部分だとすると、暗い部分は語られなかった部分。

明るい部分だけ見てると中心を取り損なう。あくまで球体の中心に働きかけるようにします。

あと、僕のいうことをそれなりに納得してもらっているとしたら、それは、答えの一本道だけじゃなくて、その脇道も全部知っているということです。自分自身の体験として、道に迷ったこともあれば、わざと道草や回り道をしたりして実験したこともある。人の知識の受け売りではないから、その周辺のことをよく知っているのです。だから、異論反論があったとしても、そっちの道行きたいなら行ってもいいけど、行くとこうなっちゃうよ、ということが言えるんだね。でも、実際はあまり反論されない。言う準備があると、人は言わなくても納得してくれる。

言う準備がないと人は鋭くそこをついてくる（笑）。そういうもんだね。

それから人を考えさせようとしてはダメです。人間は、考えなくても、もっと直観的にいいものを理解できるのです。相手を信じてそこに働きかけるべきです。

それが自然で説得力があります。

水は低いほうに流れる。その流れを誘導するのは簡単だけど、水を高いほうにやろうとしたら、いくらがんばっても徒労に終わる。この場合、低いほうというのは、レベルが低いということではなく、自然な本性のほうにということです。

では、人の本性とは何か。それは心が自由であること。

逆に強制が増えていくのを人間は嫌います。

健康法の世界では、相手に不健康というネガティブなレッテルを貼って、何をしてはいけない、何をしなさい、と強制する論法が目立ちます。

強制している上に、相手を否定しているので、下手をすると、相手を意固地にさせます。

そもそも健康法とその尺度にもいろいろあって、肥満はいけない、糖分のとりすぎはいけない、塩分のとりすぎはいけない、カルシウムの不足はいけない、ビタミンの不足もいけない、運動不足はいけない、過度のストレスはいけない、姿勢が悪いのはいけない、気が回ってないのはいけない、活性酸素もいけないと、人によって違うことをいうので、いちいち聞いていられないのです。

そういう禁止項目に新たに何かを付け足そうとすれば、人はそっぽを向くし、そんなことは何一つ気にしなくていい、といえば、人は興味を持ちます。つまり、現代人はありきたりの健康法には飽き飽きしているので、自分にあった費用対効果の高い方法だけを探しているのです。

それに答えられる内容をあなたが持っていれば、単刀直入に語っても、人は耳を傾けると思います。それがなければ、どんなに語り口を工夫しても通じる人は少ないでしょう。

Q同人について

村松さん、こんにちは。

今回届いた、メールはかなりの読み応え！　でした！！！

そんな、佳境に入った観のある『文章秘伝』に、以下のような、拙い質問をお送りしてごめんなさい。

でも、聞いてくださいまし。

半年ほど前から、カルチャーセンターの小説教室に通っておりまして、今回、専任の講師が主催する同人に誘われました。

ところがこの教室は、講師にとって実質的には、同人養成所ともいえる場所で、めぼしい人には、直接声がかかり、教室を辞めて行くしくみです。

問題なのは、同人誌の発行と教室が重なるときで、その間の教室での原稿は、ろくろく目を通してもらえず、「つまらない」「安直だ」といったアドバイスのみで、おしまいです。私自身、誉めてもらえた原稿もありましたが、的外れに感じたものもありました（これは、他の方のものでも感じました）。

以前、同人の方々と同席する機会があったのですが、古株の方にカラオケを誘われました。気が進まなかったので、やんわりとお断りしました。

それでもしつこく誘われるので、苦手なのでとこたえると、「物書きとして、そういう場の空気を感じて、いろいろ人間を観察することも大事なんだけどな。ま、君がそれでいいのなら構わないけどね」と一瞥されました。

文章に関して、どんなことを言われても構わない。

むしろ、人それぞれに違う受け止め方を聞きたいと、切に思っています。

自分の力のなさを棚に上げて、ずうずうしいことを言っているのは、重々承知です。

でも、読み込もうとする意思があまり感じられない人たちのなかで、作品の感想のやり取りをして、はたしてどうなのか、始めたばかりの私にはわかりません。

ただのわがままなんでしょうか？

インターネットでの、作品募集があるのは知っていますが、いまいちマシンに弱くて、Ｊ-ＰＥＧ等が使いこなせません。

長々と愚痴ばかりの文章になってしまいましたが、同人に入る基準というか、何か目安になるアドバイスをお願いいたします。

A いやー、世の文章教室というのは、お金をとってずいぶん大ざっぱな運営をしているのですね。同人に入るというのは、指導者に魅力があるか、仲間に魅力があるか、どちらかだと思うのですが、お話を読む限り、どちらもあまり大したことなさそうです。カラオケだ、セクハラだ、酒盛りだ、というのは、古参会員にとっては楽しいのかもしれないけれども、それを強要するような体質はあまりにも泥臭いねー。

その点、インターネットベースの活動はいいですよ。教える側からしても、教室で教えるより、むしろ利点が多いのです。

ぼくも教室で教えたことがありますが、当時ＯＨＰのような機材もなくて、一人の文章を批評しても、それが全体には伝わらないのです。

それに比べると、インターネットというのはたいへん便利で、書いた文章もその批評も全員に読んでもらうことができます。また、こうして一人の質問に答えても、じつに五〇〇人の人に読んでもらうことができます。

それは目には見えないけれども、ものすごいパワーだよね。

文芸山脈という同人は、もう三年目になります。辞めちゃった人もいるけれども、基本的に和気藹々と、大人のつきあいをしています。年に何回かオフをやって、そうすると、文章の話やその他の話、もうたまにしか会えない分、話が止まらないね。

まあ、僕がいちばんオフ好きなのですけど。

ここには、文章道場への投稿をして、一定レベル以上の水準だと同人に認められれば入れます。

ネット上の文章集団にもいろいろ過不足はあるでしょうが、少なくとも古参がイバるというノリは少ないと思うので検討されてはいかがですか。

マシンが苦手とか、そういうことはあまり関係ないと思いますよ。

(ところで、質問文中の「一瞥」の使い方は間違いです。)

■後日、同人について質問された方から、こんなお礼のメールが来ました。

「たしかに古株の会員の方は、形を変えたセクハラ・エロオヤジです。渡辺淳一か、何かのつもりでいるのかとさえ思ったことを、ここに告白いたします。

件の同人は、縦の人間関係がかなり厳しいらしく、古い方は上からものを言うかたが多いです。

同人と教室の合同新年会で、幹事のかた（古株の女性）がお酒の追加を訊いて回っていたので、タイミングを外さないように、手を挙げてお願いしました。

そうしましたら、先輩をアゴで使うなんて生意気だと叱られてしまいました。

私としては、えっ？

訊いてくださったからお願いしたのに、それってだめだったの？　でした。

おっとっと、またしてもグチですね……。お耳汚しであいすみません。

ほかにもこの同人に憧れている方が、大勢いらっしゃるようなので、私はパスさせていただくことに決めました。

迷える子豚を、決心に至るまで導いてくださって、ありがとうございました。」

まあ、たしかにこういうところでとぐろを巻いているオヤジにも、妙に文学的だったり、うまいやつもいると思う。だけど、彼らがプロになれるかっていったら、まずなれないんだな。

というのは、小さい山の八合目まで登って、そこでえばっちゃっているんだから。

プロはもっとずっと高い山の高みを登り続けているからね。

過去の文章家の至った高みを見上げていれば、そんな半端なプライドなんかもてないはずなんだよ。

上には上がある、ということが見えていない人はある程度以上成長しないね。

やめてよかったよ。

Q 盗作と引用

「盗作と引用の差」は? どのくらいまで似ていると盗作となってしまうのか。よろしくお願い致します。

A

引用というのは、出典を明記している場合、明記しなくても誰もがオリジナルを知っている場合になります。

では、それ以外はみんな盗作か、といえば、そんなことはありません。

たとえば、喫茶店で隣でカップルが話をしていた。この内容が面白かったので、エッセイに書いた。これは盗作ではありませんね。それを面白いと思って拾い上げる作者のセンスと、文章にするときのアレンジというものがあるからです。


では、本からいいとこどりする場合は、どうか。

これは著作者の表現意志というものがすでにあるわけで、その内容の一部を自分の著作に無断で引用すれば、盗用になります。

しかし、丸ごと盗むのではなく、微妙にアレンジしてあった場合、たぶん法的には立証はとても難しくなるでしょう。

同じだということを証明するのは簡単だけれども、似ている、ということを証明し、さらにそこに盗む意志があったということを証明するのは難しいからです。


盗用騒動で僕の記憶に残っているのは、某女流作家の何かの作品で、地味な記録資料的な作品から、いろいろな部分を無断で抜き出して使って問題になったケースです。

この場合は、表現をそのままに使っている場合が多く、盗用された側の主張が社会的に認められたと記憶します。

たぶん、この場合、作家自身がこの抜き出し作業をやっていないのだと思われます。

つまり、資料をあたるアシスタントを抱えていて、このアシスタントがデータ原稿を作る際に、ほとんどそのまま抜き書きしていたのを、作家がまたそのまま使ってしまったということだと思います。


では、これで文章がアレンジしてあったらどうか。文章はアレンジしてあったけれども、オリジナルの中にあった数字とかがそのまま使われていたらどうか。

この数字自体も自分がオリジナルに確認した数字だと、現著者が主張したら？

立証は難しいけれども争いにはなるでしょう。

では、資料になる本が二冊あって、両方の数字を使ってあったら？

ここらへんで、話はどんどんグレーになっていって、法的な立証範囲を外れるでしょう。


もともと表現物の問題というのは、極端なケース以外は法的判断になじまないのです。著作権という概念自体が普遍的な整合性を欠いていると、ぼくは感じています。

まあ、僕は法律の専門家でもないし、法の原文も読んでいないのですが、それほど間違ったことは言っていないと思います。


盗用を考える場合、法的な問題とともに倫理的な問題があります。こちらの領域でも判定はつねにグレーでしょう。つまり、作者の表現意志が原本を消化し、自分の作品の素材と化していればセーフ、原本の魅力によりかかっていればアウト、ということになります。

この問題になると、日本には「本歌取り」の伝統があるということがよく言われます。過去の作品のいいとこどりをするのはオーケーという和歌の世界の伝統で、これがあるから、日本人は比較的著作権問題に寛容だといわれていました。

つまり、ある人がAという作品があることをベースに利用して、Bという作品を作ったとして、BがAより優れた作品であったり、Aと同様に優れた作品で別個に鑑賞するに耐えるオリジナリティを持っていたら、それはいいではないかということです。

著作権の立場に立つと、Aの作者の権利が侵害されたということになりますが、もっと大きく、純粋に表現の世界の立場から見ると、読者はBという優れた作品を新たに得たということになります。

このように盗用の問題は多面的に見ることが必要です。簡単にはわりきれないものと思っていてください。

Q 反論されないためには

ネットで反論されないためには？　物を書くと必ず反論があります。例えば「日本は単一民族だ」と書くと、反発されて「日本は単一民族ではない、朝鮮人、アイヌ人もいる」と怒る人がいます。

この場合、注釈をつければ問題は無いのでしょうけど、それでは文章が冗長になってしまい変です。

これは極端な例ですが、何を書いても批判する人から見れば、問題があり反発の対象になります。

全てのことに配慮すると政治家の七色答弁のような、どうにでもとれる文章か、面白みにかけます。

コミュニケーションを目的に文章を書いているのに、書けば書く程、敵が増えてしまうようで怖いです。このままでは、怖くて自由に文章が書けません。

どうすればよいのでしょうか、ご指導をお願い致します。

それはあなた無理があるよ。

Ⓐ

「日本は単一民族だ」と書くこと自体に。
極端な例だと書いているけど、ほんとに書いたんじゃないの？（笑）
それは飢えたオオカミの群の中に肉を放り投げて「喰うな」というに等しいわ。

「日本は単一民族だ」という意見は、ほとんど間違っているし、古くて否定されているし、非常に政治的だ。注釈をつけるどころか、丸一冊の本を書いても、その立場は守りきれない。それを不用意に書いたらぼこぼこにされるよ。
ぼこぼこにされる発言ベスト一〇に選びたいくらいだ。

たとえば、あなたが一行目に、「日本は単一民族だ」と書いたとする。そうすると、二行目を読もうとする人は、そのことを前提として読まなければいけない。その文章を読もうとする限り、いわば、「日本は単一民族だ」という意見をあなたに押しつけられるわけだ。だから、違う意見の人は全員反発するよね。

では、絶対人から反論されない言葉は何か？

それは女性が
「私はあなたが嫌いだ」

という言葉を生理的嫌悪から発したときだと、誰かが言っていた。その女性に鳥肌がたっていたりしたら、もうこれは覆しようがないね。

つまり、生理に根ざして、しかもその人自身の感覚から発せられた言葉というのは、他人には否定しようがない。

要するに、あなたが「日本は単一民族だ」と言いたいときには、それがどうあなたの利害や、感覚や、生理や、思想や体験に結びつくのか、僕にはまるっきり想像がつかない。社会科の宿題ならいざ知らず、自分で自由に書きたいことを書く場所で、「日本は単一民族だ」という文章を入れて何事が書きたいのかと思う。あなたの利害にも、感覚にも、生理にも、思想や体験にも結びついていないとしたら、それはかなり空虚な意見になってしまうのではないかな。

そういう空虚さを議論好きは、すかさずついてくるからね。

まあ人の揚げ足をとるのが好きな連中もどうかと思うが、やはり、あなたの発言にも不用意な部分があると思う。

でも、自分の感覚が確実に届いている世界で語っていれば、自由に反論しうるし、反発者の数もそんなに多くないと思うんだよね。


自分の感覚と表現を結びつけるということについて、もうちょっと説明しよう。

たとえば、あなたがうなぎを食べて「まずい」と思ったとする。

しかし、そこで
「うなぎはまずい」

と言ったら、うなぎ好きは怒る。うなぎはじつはおいしいからだ。しかし、

「ぼくはうなぎがまずいと思った」

「ぼくはうなぎが嫌いだ」

と言えば、それはあなた自身の問題になり、人には何も強制していないから怒る人はいない。

おおぜいの人から反発されないための第一条は、まず人に自分の意見を強制しないことだ。

第二は、同じ内容のことを言ってもきちんと自分のこととして書くことだ。

どう書けば、読者のエネルギーがどう流れるかは、書く人間が制御することだ。読んで反発した人間をうらむより、右のような見方で自分の文章を読み直してみたほうがいいよ。

Ｑネットと出版

文芸サイトのスタッフをしている者です。

プロの方も当サイトにお忍びで参加されているようで、そういう隠れプロの方から「このあいだサイトに出した文章を手直しして出版することになったから削除してくれ」という依頼があります。

言われるままに対応していますが、今現在全くのパンピーである自分がネット上で発表している作品に買い手がつく、出版デビューするとなったら、私はネット上の作品を引っ込めはしないけれどなあ、と素人考えながら思います。

だって所詮ネットで読める（タダだ）から読むっていう人は、私の文章を買ってまで読まない人なんだし、でもそういうレベルの読者に作品を見せるのを止めちゃったらものすごくイヂメられそうでしょう（笑）

えと、要するにお聞きしたいのは、ネットでまず発表された作品を出版することになったとき、ネットでの元作品の閲覧を制限する必要ってあるんだろうか？　ってことです。

Ⓐ 簡単に言って、ネットにおいてあることが売れ行きの妨げになるなら、誰でもネットから下げるでしょう。それは出版社に対する仁義でもあります。一冊でも多く本を売りたいですからね。

あるところでは、一〇〇円で売っているものを、あるところでは無料でおいてあるとなったら、人は無料のほうにいきます。

しかし、実際のところ、ネットで見に行くのだって、無料ではないし、時間は余計かかるし、ばらばらなものを集め直すのは面倒だし、紙のほうが読みやすいし、ありがたみがあるし。まあ、同じモノとはいえないのですね。

そういうわけで、ネットにおいてあるかどうかは、現時点で本の売り上げにはあんまり関係ないような気がします。もちろん、置いてあることがプラスに働くこともあるしね。

だから、それは作者の考え方次第でしょう。

だけど、紙の世界で本が出せるとなったら「上がり」みたいな感じで、完全に足を抜かれたら、そんなに気分よくないでしょうね。

そういう紙とネットの上下関係は事実としてあるし、今後もなくならない（薄まるにしても）と思うね。

ただ、だからこそネットが面白いということがある。紙とネットが違う次元で違う性質を持っているからこそ、そのズレがエネルギーを生み出すわけだから。

Ｑ親しまれる文章

私は仕事で健康食品の販売をしています。月に一回お客様に商品を宅配便で送っているんですが、毎月ポーンと商品だけ送りつけられても、お客さんは面白くないだろうと思い、健康に関する情報を盛り込んだＢ４サイズの小さな新聞を書くことにしたんです。

私が勝手に始めた、この新聞づくりなんですが、だんだんその新聞の配布範囲と枚数が増えていき、今ではメルマガまで書いています。（登録人数はあまり多くありませんが……）

素人なのに、人前に出すのが恥ずかしい気持ちですが、お客さんを楽しませたくて、毎月発行しています。

小説家とか、プロとかそんなんじゃなくていいんです。

他人が読んで親しみを持てるような文章や、構成などアドバイスがあったら教えてください。

Ⓐ 健康食品であれば、物に即して書くのを中心にするのがいいでしょう。

私の目白の事務所の近所に安くて品揃えのいい『田中屋』という酒屋がありますが、ここが何よりいいのは、多くのお酒に一言コメントが書いてあることなのですね。

スコッチなどに「頑固な職人肌の醸造所」などと書いてあると、飲んでみたくなります。

また買ったあとも、イギリス人の頑固な職人の顔などを思い浮かべて飲むと、うまいわけです。

たった一言のコメントが商品とお客を結びつけ、味をよくします。

健康食品であれば、毎回商品をとりあげて、それぞれの商品がどんなに健康にいいのかを書くことです。ネタがなくても、ちょっとずつ角度を変えて何か書くことが必要です。それでも書けなくなったら、何か資料を探す、というようにしていくと、意外に書くことは広がっていきます。

お客は、書かれたものが自分が買っていない商品であれば、欲しいと思い、買った商品であれば、買ってよかったと思います。そして、健康にいい、と思って食べれば、本当に健康になるのです。

これはいわゆる言霊のパワーの名残りですね。言葉には、もともと意味だけでなく、実体的な力が宿っていたのです。

あなたが健康にいい、と書くことによって、お客さんがいい気持ちになって、健康になる。これはかなり幸せな言葉の使い方だと思います。

■質問のうれしいお礼のメールをもらったので、紹介します。
こういう現場で即効的に役立つものから、じんわりと効く理論まで、ピンからキリまで行ける『秘伝』でありたいね。

「村松恒平様

こんにちは！

『文章秘伝』いつも楽しく拝見させていただいてます。

「親しまれる文章」ということで村松さんにアドバイスをいただきました。健康食品の新聞を作っている者です。

その節はどうもありがとうございました。

その後の新聞の様子をぜひお話ししたくて、メールさせていただきました。

村松さんのアドバイスでは「毎回商品を取り上げて健康に則して文章を書いていくと良い」、「健康に良い！　とあなたが書けばそれを読んだ人は本当に健康になるものなのです。」とおっしゃてくれました。

そのアドバイスを頭に入れて新聞作りに励んでいます。

新聞作りはもうすぐ一年になりますが、アドバイスを受けた後ぐらいから、急激に上達しているのが自分でも分かります。お客様に月１回の新聞をとても楽しみにしているよなどと言ってもらえるようにもなりました。すごく嬉しい気持ちです。

ありがとうございました！

毎回ワンランクアップした新聞になるよう、感性に磨きをかけて頑張ろうと思います。行き詰まった時はまたご相談させてください。

それでは、少々長くなってしまいましたが失礼します。もう一回ぐらい寒くなりそうです。体調にご留意されてお仕事頑張ってください。」

Qリライトのポイント

いま、ある広報などのリライト作業をしています。リライト作業は好きなほうなので納期がきつくても結構楽しんでやっていますが、村松さんのHPを拝見したとき、たくさんのリライトをしてこられたのを知り、驚くと同時に少し「いいな」と思ったりしました。

広報などと一般書籍のリライトは、また全然違う内容だと思いますが、一般において、リライトをするときの心構えというのは、どんなものなのでしょうか。こういうふうにする、こういうことはしてはいけない、など、村松さん流のポイントをよろしければ聞かせてください。

それから、桑田さんの本をリライトなさったときは、どんな思い出がおありですか?


Ⓐ まず、業界外の人のためにリライトということから説明すると、文字通り「もう一度書く」ということで、テープ起こしした原稿や、データ原稿や、資料から、最終的な入稿用の原稿に仕上げる作業を主にいいます。

データ原稿とは、取材内容をそのまま書き写した原稿です。これは、取材する人間と、書く人間が分業するところからできた原稿です。

つまり、若いデータマンというのが現場で飛び回っていろいろな人に話を聞き、ベテランで文章力のある記者がそれをまとめる、という分業が大きな雑誌にはあるのです。

さて、雑誌などに載せる場合のリライトの要点は、「どれくらいの内容が入るか、長さを見極める」ということです。

インタビューのテープをそのまま起こすと、ほぼ一分間が四〇〇字一枚分です。したがって、正味一時間程度のインタビューをすると、六〇枚分の原稿になるわけですが、それを

「五枚にまとめてください」というような注文が来るわけです。

素人の人はびっくりするかもしれませんが、雑誌ではそれが当たり前なのです。データ原稿から書く場合も、データマンは原稿料一枚いくらでやっていますから、がんばってすごいボリュームを上げてくるわけです。それをばっさばっさと切り捨てて、おいしいところだけ残さなくてはなりません。

正直なところ、私はこれはあまり得意ではありません。まあ、人並みにはやりますけど。どうしてかというと、なるべくたくさんの内容を詰め込もうとしてしまうのです。もう二割か三割内容が少ないほうがすっきりすると思っても、いい内容がこのまま、闇に葬られてしまうのはもったいない、と思ってしまうのです。

まあケチですね（笑）。

とにかく、短い原稿のリライトのコツはいいところだけとって、あとは思い切りよく捨てる、という気合いのよさですね、たぶん。

単行本の仕事の場合、インタビューも自分でするので、リライトと呼ぶ定義も、つまり「人が話したこと」を「まとめる」というようなことになると思います。

タレント本などの場合は、ゴーストライターなんて呼ばれますが、これは取材して書くよりも、あることないことお話を作ってしまうというニュアンスが強い言葉で、最近あまり使われません。

タレント本にもリアルが求められるようになったからでしょうか。


単行本の場合は、四〇〇字三〇〇枚程度原稿が必要になりますから、雑誌と違って、「広く薄く丁寧に延ばす」という努力になってきます。

内容の全体を見渡して、内容を整理し、重複や説明不足がないように、構成を作るところがいちばん大切で、そのあとは、なるべく具体的でわかりやすい表現を心がけます。

最近の新書には、平気で重複した内容を何度も繰り返したり、いい加減なものがたくさんありますね。


桑田佳祐のインタビューは、一回が三〇枚近い雑誌としては異例に長いもので、これが四回連続でした。彼の若いときの独特の感覚言語を活かしつつ、読者にわかりやすく提供するということを考えていました。また、エピソードをピックアップする場合は、個々のエピソードをただ並べるだけでなく、エピソード一つ一つを通じて桑田佳祐という人物の個性が強く浮かび上がるように配慮しました。

私もサザンや桑田佳祐のファンでしたが、あのときは、そんなことより、桑田佳祐の発想や、言葉の飛躍を聞き漏らさないように追いかけることに一生懸命でしたね。

Ⓠ宗教的な文章

質問というか悩みの相談です。

私が勝手に思うことですが、何が難しいといって、宗教に人々を招くパンフレット、トラクトと言っておりますが、これほど難しいものは無いのでは、と思います。

短い文章で、イエス様の愛を伝え、創造、堕落、救済、完成の大筋の神学を外れない、しかも感動を与える。

こんなことができるトラクトはほとんどありません。

何とかそのようなものを一つ書きたいのです。どうしたら良いと思いますか?

大学者でさえも出来ないようなこのことが、レーナ・マリアの「イエス様はベスト・フレンド」というようなサラッとした文章で表現されているのを見ると、そのような才能も無しに文章を書くことが無駄に思えてしまいます。

善くないものを提供しているような気にさえなります。
少々文章力がある気でおりますと、「愛されるために」というような一七〇〇〇人も読者のいるメルマガの独特の質感のある文章に、妬みを憶えます。
このような劣等感にうちのめされない為に何かしておられますか？

以上、纏まらない質問でした。
これほど、質問を求めておられるメルマガも無いと思いあえて、質問させていただきました。

神様の祝福をお祈り致します。

A
宗教的な文章についてですね。
私には『神様学入門』（洋泉社）という著書があって、神様を語らせると丸一冊本を書いてしまうくらい、この件には、うるさいのです。

話は神様とは関係ないところから始まりますが、私はかつて採用広告の企画とコピーの仕事をしていました。新入社員を勧誘する、いわゆるリクルート広告です。これは社員募集を行う会社が広告主になるわけです。何百人、何千人、場合によっては何万人という社員を抱えた会社の声なき声を、パンフレットという具体的なメッセージにまとめるわけです。

不思議なことに、このパンフレットには、その会社の体質が如実に顕れます。

保守的な会社の制作物は予算があっても地味で、先進的な会社が通す企画には、いろいろ仕掛けがあり、華やかさがあります。風通しがいい会社の制作物は表現もスカっとしていますが、部下が進めた企画を上司がひっくり返すような体質の会社のパンフレットは、どこか表現もちぐはぐでいやな感じになります。

トラクトというのも、これと同じようなものだと思います。キリスト教のように大きく古い組織だと、配慮しなければならないことが多くなり、偉い人のチェックが入るたびに、表現は無難なものになり、刺激は少なくならざるをえないでしょう。

だから、大きな宗教のパンフレットは、道徳的なばかりでつまらないのですね。

怪しい小さな宗教のものには、ときどき過激で面白いものがあります。

キリスト教では、マイスター・エックハルトの『エックハルト説教集』（岩波文庫）がいいですね。

これは公式の説教集ですが、マイスター・エックハルトの信仰が、あまりに純粋であるが故に過激で、私のようにキリスト教徒でない人間でも、時代を超えて胸を打たれるものがあります。

もっともマイスター・エックハルトは、この書物のために異端審問にかけられそうになっています。

というわけで、宗教を代表するパンフレットは、その性質上、平均的、中間的、微温的な無難なものになる傾向があります。このような表現に飽き足らないならば、もっと個人的にいわゆる「信仰告白」というものを書くことになるのでしょう。

つまり、あなたがあなた自身の「創造、堕落、救済、完成」について書くのです。

信仰を持つことで本当にあなたの魂が救済されたのなら、それを率直に書けば、それ自体が非常に感動的な読み物になるでしょう。

ただ、気になるのは、あなたが文章のよしあしや、そこから受ける感動を、技巧や才能の問題に還元しようとしていることです。文章上達を望まれるのはけっこうですが、人の表現力や文章の味を、借りたり、もらったりしてつけ加えることはできません。

文は人なり、というように、文章は最終的にその人自身の生き方と結びついてくるからです。文章というものは、極めれば極めるほど、その人の精神のあり方に即したものになるし、また、その精神の限界以上の表現をすることはできません。つきつめれば、文章の技術とは、ただ赤心になる技術です。赤心とは、赤裸々な心、赤ん坊のような心です。

それは何ももたず、何ものにもとらわれない心です。

キリスト教では、「富める者が天国への門をくぐるのは、針の穴にラクダを通すより難しい」といいませんか?

あなたの文を読むと、「私がもう少し富んでいれば、いろいろな人に富をわけることができるのに」と言っているように読みとれます。

つまり、あなたが表現力の豊かな者、人に認められた者の富をうらやんでいるからです。

しかし、神の偉大さを伝えるのに、世俗的な表現力の多寡を心配するのですか?

メルマガの部数で、信仰の深さを測れますか?

もしあなたが本当に信仰に生きようとするなら、まずあなた自身が最も貧しき者にならなければなりません。

貧しき者として輝かねばなりません。

そのためには自らの貧しさを知り、自分の心のすべてを神に明け渡すことです。

金持ちが財産を捨てることが難しいように、文才を持った者が文章の技巧を捨てるのは難しいことです。

しかし、捨てたときに見えてくるものがあります。


この『秘伝スクール』では、技巧を重んじません。技巧的に見える教えがあっても、それを蓄積してはいけません。使ってみてすぐ忘れてしまうのがいいのです。

一度も所有したことがないものを人間は捨てることはできません。

だから、一度は所有する。しかし、それを捨てるのです。

それによって人は自由になります。


自由にして自在、それは技巧以上のものです。

あなたはもう十分に持っています。これからは貧しくなるべきです。

神様の祝福をお祈り致します。

Ｑいつまで新人？

自分がなぜ書くことが好きなのか。
なぜ読むことが好きなのか。
その答えがわからなくなったとき、このメルマガを読むと、
「ああ、そうだったんだ」と
大切なことがどこからかゆっくりと蘇ってくる気がします。
きょうはとても初歩的な質問をさせてください。

「新人賞」とは、
どこまでのレベルの新人を指すのでしょうか。

何年か前に、いくつかの出版社から、数冊の著書が出ています。
新人賞などは獲っておらず、知り合いの編集者から声をかけていただき、書いてみたところ本になってしまった……という、たまたまのデビューでした。

その後、しばらく書くことをやめていましたが、一年ほど前から再び書き始めました。間があいてしまったため、当時担当してくださったエディターの方々は文芸から経理や漫画など違う部署に異動されています。果たして書いた作品をどこへ持っていけばよいのか。

以前に書いたものは児童文学およびライトノベル系です。ですから、たとえば純文学系のコンクールなら、「新人」と自分で解釈して送ってもいいのか。

もし、過去に出版物がある場合は「新人」と認められないということならば、どう営業していけばいいのか。

応募規定を読んでも「新人にかぎる」とあるだけで、「新人」についての解釈が明記されたものは、なかなか見かけません。

とりとめのない質問になってしまい申し訳ありません。プロの方からのご意見が聞ければ嬉しいです。

Ⓐ

文芸の編集者に確認したわけではありませんが、たぶん、純文学の世界では、あなたは新人として通用します。

純文学の世界の編集者は、児童文学やライトノベル（少年少女向きの現代的な小説のことですかね？）を純文学と同等のものと思っていないでしょう。

もっと低い存在と見なしているはずです。

したがって、その世界で著書があっても、あなたは新人です。

彼らがいやがっているのは、自分の同業者、つまり純文学の他の編集者が手をつけてものにならなかったフレッシュでない作家が、新人賞という釣り竿にまたかかってくることです。

あなたの純文学作家としての力量は未知数ですから、彼らにとってはフレッシュな素材です。

後は作品次第でしょう。

その他の営業方法としては、たとえ、異動はしていても、前につきあいのあった編集者に相談してみることです。あなたの過去の作品が売れていたり、それなりに評価されていれば、誰か担当の人を紹介してくれるかもしれません。

あなたは比較的ラッキーなデビューをしたようだから、その運が残っていれば、誰かいい編集者とめぐりあえるかもしれません。

Q 推敲の終わらせかた

わたしは書き終えた原稿を延々推敲し続け、ある時期を過ぎると書き直し、ということの繰り返しでいつまでたっても原稿が完成しません。

ある人は「締め切りがないから完成しない」と言いました。

しかし、締め切りを設定しても同じでした。納得がいかない原稿だからと見合わせてしまうのです。

どうすればいいでしょうか?

A

前にも書いたと思いますが、推敲作業は一回でいい、というのがぼくの基本的な考えです。

つまり、書いて一晩寝る。翌朝、改めて原稿を読むとき、その人は書いた人間とは別人になっているのです。

だから、他人の目の代わりができる。他人の目でざっと批判的に読んだら、細かい点を直して終了です。

あなたの場合、何が起きているかというと、お芝居の演出に日替わりで別の人が来ているようなものです。

ある演出家が決めたことを、次の演出家は気に入らない。それで作ったことを壊してしまい、別のものを作り出す。その翌日には別の演出家が別のプランでいじり出す。

これではいくら書き直しても、内容はよくなっていきません。かえって、整形手術を何十回も繰り返した人のように、元の顔もわからない不気味なものになってしまいます。

ここから脱出するためには、総合演出監督を自分の中に立てることです。つまり、その作品において成功させたい狙いは何なのかをはっきりさせて、書き直すときは、つねにその軸に立ち返ることです。

つまり、あなたの中に次々に立ち現れる演出家を演出助手に格下げして、その特性に応じて担当を決め、全体の効果に奉仕させるということです。

これによって、別の演出家が来るたびに方向違いに流れていたエネルギーを、一つの焦点に向けて流すことができます。成功すれば、非常に高い完成度の作品ができるかもしれません。また、いつまでも完成しない、ということもありえません。

問題はあなたがきちんとした目標を立て、その一点に集中するように自分の中の他人たちを制御していけるかどうかです。

健闘を祈ります。

Q 遅筆、早筆

ライターをしながら、エッセイ系を中心にせっせと公募活動を続けています。

仕事も公募も、「書くことが好き」というだけでなく何かを伝えたいという思いで楽しんでいるのですが、なにしろ筆（正確にはキーボードですが）が遅くて困っています。

言葉がスルスルと出てくることもごくたまにあるのですが、たった四〇〇字程度を書くのに何時間もかかるのです。

そしてさらにそれを推敲する時間もあわせると、一つの作品を作り上げるのにいったい何日かかったのだろうと自分でも分からなくなるほどです。

ワープロ入力速度ではないので、「四〇〇字何分」などという基準はないと思うのですが、こんなに時間がかかる私は、ひょっとしたら文章を書くことに向いていないのではないかと悩んでしまいます。

愚問ですみません。

A

筆の速い遅いは、不思議なもので、物理的な時間では計りにくいものがあります。

ぼくも筆の遅いほうだったので、友人のライターたちに速いほうか遅いほうか聞いたことがあるのですが、そのときは、みんな首をひねって「わかんなーい」と答えました。

速いときは速いし、煮詰まったときは遅くなるので、なかなか人と比べてどうということは言えないのです。

一般的にいって、筆が遅いのは、それだけ悩む能力があるということで、決して悪いことではありません。悩むということは、そこに自分なりの課題を見いだしているということです。

むしろ、すらすらたくさん書くのに中身がない、という人のほうがどうにも救いようがないのです。

あと、筆の速い人では、憑依型の人がいます。書き始めるとすごい集中力でものに取り憑かれたように書く人。こういう人ではすごいボリュームを書く人がいます。量ではちょっとかないません。

しかし、こういうタイプで書き始めるまでにすごく時間がかかる人もいる。そういう助走期間を含めるとすごく時間がかかっている計算になる人もいます。

要するに人それぞれなので、向いてないなんて、悲観することはありません。

ライターをやりながら、公募もこなしているなんて、立派なものではありませんか。

また、速く書けるようになるためには、キーボードに向かってから考え出すのでは遅いということも覚えておいてください。このことは以前次のように書きました。部分引用でわかりにくいかもしれませんが、参考にしてください。

「書いているうちに、あなたは同じ作業をどんどん効率よくやれるようになります。このためには、先ほど書いたように意識を切らないことが大切です。

意識のスイッチをオンにしておくと、人間はマルチタスクで、裏で（つまり無意識で）そのことを考え続けます。寝ているときも、ご飯を食べているときも、新聞を読んでいるときも、裏でこの機能が働き続けるようになると、再びパソコンの前に座ったとき、ほとんど書くことは固まっています。

素人の多くは机の前に座ってから、さて何を書こうかな、と考え出す。外から見える姿は一緒でも、活用している時間に雲泥の差が生じるので、これがわからない人、できない人は質的にも量的にも勝ち目がないです。」

Ⓠライターから作家へ

いつも興味深く拝見しています。

村松さんのアドバイスは的確で分かりやすく、読んでいると孤独だった文章の創作世界にも数多くの仲間がいるのだと気づかされ勇気さえ湧いてきます。

これからもとても楽しみにしています。

さて私の悩みですが、将来の野望はいっぱしの小説家になることです。単純に、何かを残すことが私の生まれてきた証になればと思うのです。

そこで若いうちに色々な経験をしようと考え高校、大学と思いっきり遊ぶことに専念しました。

アルバイトで貯めたお金でコンパやクラブ、海外旅行なら韓国サイパンバリミラノフィレンツェローマロンドンパリ……。

しかし夢中になりすぎたのか、小・中学校とライフワークだった文章を書くという方法をさっぱり忘れ、二三歳になる今では小説を書くのがとても苦痛になってしまいました。

書いている間は自己陶酔の最中にいるため平気ですが、時間をかけて書いたものを読み直すと腹が立つほど凡作です。

そして次の章の構成などを考える前に嫌気がさして放り出してしまうのです。

理想と現実のギャップに自身がついていけないのだと思いますが、夢は変わらず現在食えないライターをして文章を勉強中です。

こんな私に何か言ってやれることはありますか。

どうか救いの手を。

❹

あなたの場合、「書く」という内向的な回路を流れていたエネルギーを、外向的な回路に向け直してしまったのですね。

しかし、お金を稼いで遊び回ったパワーも半端ではないようなので、そのことはマイナスにはならないでしょう。

世の中にはすごい体験をしているのに、そのことを面白く書けない人もいれば、ごく普通の日常を送っているのに書くものはめちゃ面白いという人もいます。

しかし、具体的な体験と想像力とをバランスよく、両方を持っているに越したことはありません。

しかし、エネルギーを再び書くことに向けるには、高校大学の七年間と同じくらいの時間がかかるかもしれません。

若いあなたはこれを長すぎると感じるでしょうが、決してそんなことはありません。

自分の中の作家性を育てるのは、植物を育てるのと同じで、今日水をたくさんやったから、明日たくさん育つというわけにはいきません。毎日水をやりながら、じっと待つことが大切です。

あなたは自分の作品を凡作だといいましたが、これは作品を評価する目があるということです。

その目を大切にして審美眼をさらに磨いてください。自分の気持ちが書くことにいかない間は、よい作品をたくさん読むことです。

何がよい小説なのか、自分が書きたい小説とは何なのか、自分はどんな作家になりたいのかをしっかり見つめてください。

それからライターをされているということですが、これも慣れてしまうと、誰かから原稿を受注して、締め切りを切られないと書けない体質になってしまうので、ご用心。作家と似ていて違う仕事なので、作家になりたいなら、無自覚にやってはいけません。

いっそ違う仕事をして、今は読むことに専念したほうがいいかもしれません。

そうでなければ、取材技術を学ぶとか、資料検索のノウハウを身につけるとか、小説を書くのに役立つ具体的な目的意識を持って、ライターの仕事をしたほうがいいでしょう。

そんなところがアドバイスです。

Ⓠ書く喜び

村松さんの書くことの喜びって何ですか？

Ⓐ

この短い質問には、僕はいくらでも長く答えられる。長すぎることがないように答えようと思うが、それでも少し長くなるだろう。個人的なことを書くけれども、皆さんと共通点があったり、参考になることがあればいいね。

小学生の頃、僕は内気で少しぼうっとした、いわゆるとろい子どもで、いつも学校で口喧嘩になると簡単に負けていた。そのくせ、負けるのは悔しくて、家に帰る頃になれば、ああ言えばよかった、こう言い返せばよかった、ということで頭がいっぱいになっていた。とっさに出てこなかった言葉が、心とか頭の中に溜まってしまうのだ。

僕はこの外に向かって発せられない自分の内的言語が、とても多いタイプかもしれない。作文は嫌いだという同級生が多かったけれども、僕は好きだった。原稿用紙を前にして、自分の中の言葉をゆっくり積み重ねていく作業は、話すことよりずっと楽しかったし、得意だった。

僕の場合、自分の思ったことをその場その場で表現していくのが下手だから、代償的に書き言葉が発達したのだと自分では思っている。

ライター仲間にも口から先に生まれてきたようなのがいるから、こういうことは文章書きの一般則にはならないと思うけれども。

だから、作文が先生にほめられると嬉しかった。

プロのライターになってからは、自分の書いたものが印刷物になるということが素朴に嬉しかったということがあったと思う。

最近はそういうのはあまりない。印刷物になる頃には、何か他のことを考えている。

印刷物はもはや通り過ぎてしまった景色のようなもので、それほど見たくない。

ただ、かなり前に自分が書いたものをときどき読むのは面白い。さえない、と思っていたものが気分によってけっこう面白く読めたり、最近発見したと思っていたことを、じつはずいぶん前に書いていたりする。

若いときは若いときなりに、今と同じテーマをつかんでいたのだな、と思うことがある。

ただ表現が違う。結局、螺旋を描くようにして、自分は同じテーマを巡っているだけにも思える。

自分の文章を読んでいると、セミが自分の抜け殻を見ているような気分だ。それは自分自身に似ているが、自分そのものではなく、すでに自分はそこにはいない。

だからといって、セミのような立派な変身を遂げたわけでもなく、だいたい同じようなものが地上でうろうろしているのである。しかし、言いたいことを吐き出して脱皮した分だけ、自分は少し新鮮に、自由になれたように感じる。

そういう自己観察も文章を書く喜びかもしれない。

人に褒められて喜ぶということは、少なくなった。嬉しくないわけはないけれども、感激はしない。その代わり、反響がなかったり、クレームがついて書き直しになっても、落ち込むこともない。長いライター生活の中で、ようやく自己評価が客観的なものに安定してきたので、他人の評価によって左右されることが少ないのである。

しかし、このメルマガを始めてから、「勇気が出た」とか、「励まされた」とかのメールをもらうことがあり、これはかなり嬉しい。

そもそも文章を書くというのは、ちっぽけな行為である。

自分の心、自分の頭、自分の指先と、パソコン一台があればできる。保存するデータ量だって小さいし。ビルを建てたり、道路を作ったりする仕事量から考えれば、物理的には圧倒的に小さいのである。

しかし、その小さく作ったものでも手を離せば、世界に広がっていく力がある。

ある人がそれで「勇気を与えられた」といったとき、もうその仕事量はビルを建てることとは違う次元で限りない広がりを持つように思う。


人はたとえば、目の前にコップがあれば、それを疑いようのない実在として扱う。

しかし、心の中はどうだろう。それは目に見えない、混沌として曖昧な闇のような存在ではないか。個人の思考内容、感情、意志は、客観的な実在性のないものとして、ときとしてぞんざいに扱われることがある。

しかし、言葉はそれらを客観的に共有できるものに変換することができる。

それは本来の心そのものではないが、客観的に共有できるという意味で、精神の半物質化されたものだと僕は考えている。

あなたはこの文章を読んで、僕の思考内容や、心の動きをあるレベルで理解することができる。それはすごい言葉の機能だと思う。

『大工と鬼六』という民話があるが、これに出てくる鬼は自分の名前を知られると退散してしまう。つまり、この鬼は名を知られることによって、混沌としたパワーを失ってしまったのだ。

つまり、名前や言葉は、混沌の中からある存在を召喚し、実体化すると同時に、それを封じ込め、鎮める力がある。

人間は言葉を使って、自分の精神の混沌と向かい合うことができる。精神の実体は混沌そのものであるかもしれないが、人間がそれとつきあう方法は、言葉を用いるしかない。

人間の悩みの大半は言葉の混乱によって複雑化するように僕は思う。

言葉は一方で、そのように形のないものを実体化させるが、一方では、「現実」というものの支配力を軟化させる力があると僕は思う。

たとえば、刑務所に何十年も囚われていても自由な精神を失わない人間がいる。

また一方では、一般社会の中で人並みの能力を持って暮らしていても、「現実」の壁に囚われて窒息しそうな毎日を送っている人間もいる。

「現実」が一枚岩ではなく、じつは多層的なものであり、人間はそこに自由に働きかけることができる、ということを認識させるのは言葉の仕事であり、もっと広くは想像力や表現の仕事だろう。

ジョン・レノンの名曲『イマジン』は、全くそういうテーマを率直かつ大胆に歌っている。現代の日本は、教育、医療、産業、娯楽まであらゆるものがシステム化していく。人間は非常に一様化した「現実」と向かい合う方向に流れている。

そこから逸脱、脱出するための見取り図を示すということが、僕は現代の文学のみならず、あらゆる表現の課題だろうと思っている。


僕にとって、文章を書く楽しみというのは、想像力と現実との間に橋をかけて両者の間のグレーゾーンを広げていくことだろうか。両者の境目をあやふやにしてやりたいという衝動がある。両者が峻別された世界は人間にとってあまり楽しくない世界のように思われる。このグレーゾーンを広げるという作業には、ときには非常に精度の高い表現力を要求される。

よく人は「これ以上は言葉にできない」という。物事の神髄、本質は言葉にならないところにあるという意見には、僕も同意する。しかし、たいていそういうことを簡単にいう人は、言葉で表現できることは限界まで言葉にするという努力をしていない。

僕は、ここからはたしかに言葉にならないんだ、という、遠近法でいうなら消失点までをきちんと書き込みたい。そうでなければ神髄に対しても失礼であろうと思うのだ。

そういう作業をしていると、ときとして、表現したい内容がどんどん加速してきて、言葉をオーバードライブしてしまうことがある。つまり、必要な言葉が存在しない場所に行ってしまう。そういうとき、言葉の意味というのは、なんといびつで、言葉の体系というのはなんとスカスカなのだろうと、瞬間的に感じるのだ。

言葉を使って言葉から離陸しそうになっている瞬間だね。こういうときは、最高にクールに集中している。集中しているからわかんないけど、たぶんすごい快感なんだろうね。

Ⓠ新人賞応募規定

以前同人誌に発表した、長編によるシリーズの語り出しとなる長編作品があります（その作品のみ発表）。その中の部分をシリーズの全作品を見渡しても重複しないよう削除訂正追加して、改作した作品を新人賞に応募したとします。この場合、新人賞の応募前提の、『同人誌等に発表した事の無い作品であること』という必要条件を充たさない事になるのでしょうか？　この場合、主人公に関わる重要な人物が生き続けず亡くなったケースで、物語の筋は基本的に変わらないと言う前提での質問です。もっと具体的に言いますと、作品の約二五パーセントを削りその内の或る部分はあとの作品に時間的順序に従って出てくるようになっています。（但し、連作の夫々の長編は独立した形になっています。この膨大なシリーズを今後最終的にどうするかまだ決めていません。）

Ⓐ

これをどう判定するか、ということは、その雑誌の編集部がジャッジすることであって、僕に聞かれてもわからない。

たとえば、あなたがそれを新作だと理屈をつけて投稿した、そして入選したところで、入賞を知った誰かが、「その話ならここに載っていますぜ」と同人誌を送りつけてご注進に及んだら、そこから編集部内の協議がはじまるでしょう。

その結果が白になるか、黒になるか、ということは僕にはわからないのですよ。

ただ、たしかに言えることは、黒に近い灰色ではあるということ。

僕ならそれで新人賞には応募しません。

そこであなたの手段としては、
1・その雑誌に直接聞いてみること
（ただし、親切に答えてもらえるかどうかは知りません）
2・同人誌での発表はかまわないという賞にターゲットを変更すること
3・別の作品で応募すること

ぼくは、今、どんな賞があって、どんな規定か知らないのですが、たぶん2がいいのではないですか。

Ⓠ高校生の投稿

初めまして。

メルマガ、いつも楽しく読ませていただいております。

早速ですが質問をさせていただきます。

私は今、新人賞に応募しようと考えています。

ですが、親には反対されているし、学校もそういった活動には結構厳しいようで、以前漫画雑誌に原稿を投稿した人が処分を受けた（どの程度かはわかりませんが）と言う噂を聞きました。

私は現在高校生なのですが、新人賞に投稿した等と言う場合、当然親には連絡が行くと思うのですが、学校にそういった連絡は行くのでしょうか。

くだらない質問で申し訳ありませんが、教えて下さい。

宜しくお願いします。

A
何の新人賞か知らないけれども、教育がらみでない普通の出版社の賞なら、学校には連絡は行きません。出版社はあくまで作家個人と関係をもちます。

親にも行かないと思うけれどなあ。

もちろん、親は出版社からあなたあてに手紙が来たら、怪しむよね。

本当にまずければ、学校外の友人のところを連絡先に指定しても大丈夫だと思うよ。

それでペンネームをつければ、ばれないでしょう。

ようするに作品次第だね。

新人賞をとったら、胸を張って、親とも学校とも喧嘩しなさい。

応援するからね。

Ｑ味のある文章

はじめまして。いつも楽しく拝見しています。

アドバイスが具体的ですごくわかりやすいです。


私は関西でフリーライターをしています。

仕事は主に旅行情報誌、グルメ本の取材執筆です。

私に対する評価はいつも「よくまとまっている」「安心できる」です。

仕事は続けてあるので、能力もそこそこあると思うのですが、私自身、自分の文章は「ただまとまってるだけで味がない」おもしろ味がないと思うのです。


どうしたら文章に味わいがでるのでしょう。

それはいろんな人生経験を積んだら、などというアドバイスではない具体的な、実践できる方法を教えていただけませんか？

Ⓐ 文章の味なんて無理に出すものではなくて、自然ににじみ出るものでしょう。だから、僕も「人生経験を積みなさい」といって終わりにしたいけれどもね。

それで終わらないところが『秘伝スクール』のいいところ。

さて、味に対比されるものは、機能だね。最近は味よりも栄養に重点を置く機能性食品なんて言葉があって、この対比はわかりやすいと思う。

つまり、あなたは、機能的な文章は書けるけれども、味のある文章に自信がないわけだ。機能的な文章というのは、数学的な言葉でいうと「必要にして十分な文章」という感じになると思う。書かなければいけないことは書いてあって、しかも、余分なことに文字数を使っていない。

これをきっちりやれるライターは、それだけで値打ちがあるんだけどね。

で、味というのは、余分なところや、遊びの部分から出るんだよね。あと、意図した遊びよりも、無意識的なものが反映された部分も味になる。たとえば、工業デザインなんか見ると、昔の扇風機とか、お湯のポットとか、ストーブとか、今見ると、けっこう味がある形をしている。
でも、その味は意図して狙ったわけではなくて、そのときなりに機能を追求していたはずなのに、時代の波に洗われたときに、不思議な雰囲気を発するようになる。工業的な都合もいろいろあると思うが、そこにはそれ以上に時代的な無意識が反映しているのではないかと思う。

というわけで味というのは促成栽培には適さないのだが、あえて訓練法を問われれば、文章の機能性をそぎ落としてやればいいということになる。

1・依頼された文章の表現を今までより圧縮して、その圧縮した分で遊ぶ。一見無駄なことを書く。

2・無用の文章を書く

3・無意味な文章を書く

1は、話のまくらに凝るとか、そういう楽しみ。あまりやりすぎて仕事をなくさないように。

2は、なるべく目的のない文章を書くということ。目的がないと機能もない。依頼された文章だけを書いているライターは、しだいにそういう自分のための文章を書かなくなるからね。

3は、究極の修行法。文章から全部意味を削ぎ落とす。意味が通じそうになるのを必死に回避して書き続ける。意味を削ぎ落としても、人間には個人個人に言葉の固有のリズム感があり、また言葉への偏愛、フェチもあり、やってみると、意味のない鼻歌のようなものを自動筆記することになる。

これは、機能、意味に囚われた書き手には、よいリハビリになるだろう。やりすぎると帰ってこれなくなるかもしれないから、適当なところでやめること。

以上の三つを実行すれば、きっとあなたも味のある文章が書けるよ。

Ⓠ作文好きな子どもにするには

中一の息子がいて、作文がかなり嫌いで、将来的にも受験の時など必要になる！　と言ってもいやがります。

なんとか、子どもでも、作文を苦もなく書けるようにご指導おねがいします。

子どもの日記は「そして」と「楽しかった。」ばかりです。

A

これは無理です。

というか、インスタントにはとても無理です。

まずお子さんを作文好きにさせる前に、読書を好きにさせなければいけません。

遠回りのようですが、読書が好きな子どもは、やがて文章が上手になります。


では、どうしたら読書を好きにさせられるか。

頑固なロバに水を飲ませる方法はない、と言います。

ただし、いつでも気が向いたら水が飲めるように、水辺につれて行くことはできる、とも言いますね。

親にできるのは、環境を整えることだけです。

読書によい環境とは、まず親が本が好きでよく読み、それについて楽しく話をすることです。

次に子どもが読みたいであろう本を見極めて、そっと勧めてみることです。それでも鼻も引っかけられない可能性は高いです。そのときに怒らないためにも、本は買わずに図書館で借りたほうがいいでしょう。

押しつけられると子どもは本を嫌いになります。もちろん受験に必要だ、と言われるともっと嫌いになります。

そうして、一、二年の間に、二冊か三冊、子どもに本を読ませて、面白いと言わせられたら、まず成功としなければなりません。

そういうペースで少しずつ本好きにしていくしかないですね。


子どもには、発展段階があります。それを見極めて、必要なときに必要な環境を与える、というのが最良の教育です。

こんな気長な答はお気に召さないと思いますが。

受験にはとても間に合わないですが、塾のようなカリキュラムの押しつけを当スクールに求められても無理です。

受験は、いい大学に入るか、いい企業に就職するかで勝負がつく世界です。

しかし、ここでは一生かかっても勝負をつけない方法、いわば人生との戦いをひきわけに持ち込む方法を教えているのです。

文章や本とのつきあいは、一生ものだと考えて、ゆっくりお子さんを本好き、作文好きにしてください。

Ⓠ読み手の心をつかむエッセイ

エッセイの書き方を教えてください！

ワタクシ大学受験のためエッセイを書かねばなりません。

しかし、今まで作文、小論文は書いたことがありますが、エッセイとなると困ってしまいます。

テーマが決められていればまだ何とかなりそうな気もしますが、全てこちらの自由なのです。

読み手の心をつかむようなエッセイってどうしたら書けますか？

よろしくお願いします。

これも受験がらみですね。

「読み手の心をつかむようなエッセイ」の書き方、そんなものがあったら僕も知りたい、と言いたい感じですが。

Ⓐ

でも、とりあえずのコツを伝授しましょう。

エッセイはものごとをよく観察するところから始まりますが、その観察力を半分とっておくことです。そして、その半分で自分の心の動きを観察します。

たとえば、電車の中で茶髪の若者が老人に席を譲った、という情景をあなたが観る。しかし、観察力の半分はそれを観ているあなた自身を観察しているのです。

そのときあなたは何を感じているのか。

「心が温かくなった」なんて月並みな感想しか浮かばなかったら、その感想は書かずに捨ててしまう。誰でもが感じるようなことは書いても仕方がないのです。

心をしんとさせて、もっと微細な違和感、心にひっかかる感じを大切にすることです。

エッセイをいつも書いていると、心がピクンと反応する感じが出てくるはずです。

その感覚をていねいにほどいて言葉にできれば、それに共感してくれる人が現れるでしょう。

このコツをつかめば、あなたも立派なエッセイストです。

Ⓠ文体について

文体についての質問なのですが、当然、駆け出しの私には、自分らしい色を出すことは、まだまだ無理です。

滑らかな語り口調で、文章を書かれるかたがいらっしゃいますが、それはどのように鍛錬すればよいのでしょうか。

よく、気に入った作家の文章を、写経のように写し取る、本をたくさん読むなど、耳にしますが、やはり我流で書き続けていくと、弊害が出てくるのでしょうか。

知人が、村上龍が大好きだということで、つまったときはいつもパクって済ませています。これでは亜流になってしまうのでは、と思います。

本はそこそこ読んでいるのですが、情けないかな、文体の影響を受けにくいのです。

これって、素養がないってことなんでしょうか。

ここのところ自分の文章に、自信が持てないどころか、どんどん酷くなっているようで(他人の目がどっかへ行っちゃってる)、書きたいことを、読者に伝わるように書けない自分に、ジレンマを感じて、凹んでいます。

どうか、教えてください。

A
これは文体というよりも、むしろ気分が落ち込んでいることが問題に思える質問の文章ですね。読んでいるとへにゃちょこりんな気分になって、どんどん脱力していきます（笑）。元気を出してください。とりあえず、文体の話をしましょう。

文体論というのは、僕の若い頃に文学者たちがけっこうややこしい入り組んだ議論をしていたように思うのですが、内容はあまり深く知らないし、細かく記憶してもいません。だから、僕流の個人的な考えになると思います。僕流なのは、いつでもそうですが、とくに文体についてはうるさい人がひょっとするといるような気もするので、世の中には全然違う文体についての考え方があっても読者の皆さんがとまどうことがないようにお断りしておきます。

文体についての議論で僕の印象に残っているのは、「文体は、長編小説を最後まで書き抜くのに必要だ」とある作家がいっていたことです。

これはマラソンのような長距離を走り抜くためには、きちんとしたフォームが必要だ、ということです。

では、正しいフォームを身につけるにはどうするか？　走ってみるしかないのですね。走ってみて、自分にとって、いちばん自然で走りやすい姿勢を見つければいい。

ところが、何度も書きましたが、人間というのは、一晩寝ると気分も変わってじつは別人のようになってしまうことが多いのです。だから、前日傑作だと思って書いたものを翌日はぶん投げたくなってしまう。

しかし、長編小説は何か月もかかって書くものですから、それでは絶対に完成しない。前日までの文章を書き継いでいく必要があります。この書き継ぐときに必要な要素の集合が「文体」の始まりです。

文章の中には、当然作者のものの見方が含まれています。

そして、それはまた文体にも反映しています。

たとえば、僕はその日の気分によって、一人称が「僕」「ぼく」「私」ときどきは「俺」になったりします。それをわりとふだん野放しにしているわけですが、同じことを書き始めても、一人称が「僕」である場合と、「俺」である場合には、書き進めているうちにだんだん書く内容が変わってくると思うのです。

「である」と「ですます」でも、変わってきます。ときどき、僕は一つの文の中で「である」と「ですます」を混在させてしまうことがあって、それを統一しようと、「である」で書いた部分を「ですます」に直したりすると、どうも座りが悪い。

最初から「ですます」で書いたら違う表現を選んだだろうなあ、と感じることがあります。「である」と「ですます」のどちらを選択するかで、このように表現は揺れ動きます。だから、場合によっては書く内容や論旨まで別のものになる可能性があります。

文体が変われば内容が変わるということは、つまり、文体には著者の「視点の位置」が含まれている。著者の世界観までが含まれていると言えるのです。

長い文章を書くために文体を持つということは、同時にどんな気分の日も、つねに同じ視点からものを見ようと努力することなのです。

そうして書き継いでいくうちに、最初の文体は窮屈で、いろいろ調整しなければならなくなることもあるでしょう。そういう書く作業の実践の中で磨かれて次第にはっきりしていくものが文体である、と僕は考えています。

つまり、それは作家としてブレない視線を持つということと、同時に実現できることでもあります。

文体を確立することは、作家としての視点を確立することでもあります。

だから、文体が気になるなら、まず自分の限界まで長いものを書いてみることです。「自分の色を出す」とか、誰かの文章を写すとか、パクるとか、そういうレベルで文体を考えるというのは、いかにも「アマチュアの趣味」です。

とにかく自分の足で走る、走りながら感じ、考えることです。


短文の場合は、短距離走ですから、多少悪いフォームでも最後まで走り抜けてしまえばいいのです。ただ毎週コラムを書くなどの場合は、やはり最高時速をコンスタントに出すためによいフォームが必要でしょう。

雑誌連載などの場合は、文章量に制約があることが重要になります。その長さの感覚をフィードバックして文体を整えることになります。

しかし、いずれにしろ、文体は自然にできあがるものです。考えすぎるものではありません。

文体はライターより作家のものであり、僕自身は今まで自分の文章に対して文体という言葉を使って考えたことがありません。

Q 単調な文末

短い文章などを書いていても、わたしが一番悩むのは、末尾の書き方が揃ってしまうことです。大抵の場合、「です」や「ます」調に揃ってしまい、表現が浅く単調になってしまいます。色々な文章の末尾を思い出しては参考にしようとするのですが、わたしの頭に浮かぶ例ではうまく当てはまるものがあまりありません。

自然で単調さを感じさせない文章の書き方をアドバイスください。


A これは、誰でも同じだと思います。

僕なんかも読み返すと、けっこう気になるのですが、あまり気にしすぎないようにしています。

何度も読み返すと、黙読する速度などによって、違和感を生じる場所が違うのです。

結局、きりがないので、同じ文末が何回も続いたり、同じ言い回しが続いたりする極端な箇所だけに手を入れるようにしています。

とにかくこの作業はうっとうしいのです。誰か作家が、それがいやで、いっそ文末を全部一緒にして作品を書いてみた、と言っていた気がします。

つまり、この件に関して特効薬はないのです。

この作家のようなことはしないほうがいいと思いますが、あまりこだわりすぎるのもよくないでしょう。

僕は他の人の作品を読むときは、全然そのことが気にかかったことはありません。

その文章の世界に入ってしまえば、読者はそんなに意識しないものだと思います。

思い切りよく書いて、そのことを心配するエネルギーは他の要素に向けたほうがいいでしょう。

Ｑタイトルのつけかた

初めて質問します。

こういうことに慣れていないので初歩的なことになるのですが、なかなかいいタイトルが思い浮かびません。

実際には小説のタイトルはどんな風につけられているのでしょうか。


私の場合は、パソコンに直接入力する関係で、思いつきでタイトルを入れてしまいます。

文章も思いつきで、書き始めることが多く、内容が変化するたびにタイトルもその方へ引き摺られてしまいます。

そして、文章が出来上がってから、推敲する時にも迷いが生じて初めに考えたタイトルとは、かけ離れています。内容とタイトルとの食い違いもあって、発表する気になれません。

いいタイトルのつけかたのヒントでも、教えてください。

よろしくお願いします。

Ⓐ

タイトルはけっこう文章ができあがってからつけられることが多いです。よくわからないけれど、半分以上はそうではないでしょうか。

たとえば、雑誌の記事であれば、仮のタイトルがあって、最終的なタイトルは原稿があがったあとでつけるケースがあります。

エッセイなどでも、タイトルはあとでつけることが多いのではないでしょうか。

また著者ではなく、編集者がタイトルをつける場合もあります。

つまり、タイトルは、原稿という混沌とした世界をわかりやすいパッケージに入れる作業なので、必ずしも本人がつけているとは限りません。

僕は編集者として人の本のタイトルもたくさんつけています。

本の場合もタイトルをつけるのは、仕上げ作業ですね。タイトルを先につけてしまうと、そのタイトルの引力が働いて、文章が書きにくくなることがあります。

作家の場合は、そういう制約も理解した上で、イメージを固めるために先につけるという人もいるでしょう。それでも、どう転んでもいいような骨太なタイトルにするとか、あやふやなタイトルにするとか、逃げ道を用意しているのではないでしょうか。質問のように右往左往するようなら、仮タイトルで文章を書き上げてから正式タイトルをつけたほうがいいでしょう。

一般によい文章ほどタイトルがつけやすいものです。

何が書いてあるかわからないような文章は、タイトルもなかなかいいのがつけられません。

一つのバロメーターにしてください。

Ⓠ批評って何？

はじめまして、こんにちは。

いつも興味深く拝見させてもらってます。

学校から「小林秀雄の批評文を読んでそれに対する批評をする」という課題がでたのですが、批評文というものが良く分かりません。小学館の国語辞典によれば批評とは、「事物の善悪・是非・美醜などを評価し論じること。長所・短所などを指摘して価値を決めること。批判。」とありますが、与えられた課題を読んでみてもあまりぴんときません。どちらかといえば、批評の対象に対する個人の意見、考えというような気がするのですが、批評とはそういうものなのでしょうか。

ぜひ私に批評とは、これだ！　というものを教えてください。

Ⓐ

批評についてはずいぶん遠いところから話を始めます。


神道に鎮魂帰神法という神おろしの技法があります。

これには流儀がいろいろありますが、基本的に神様を降ろす人と、神様を受け入れる器となる人がいます。

一定の儀式を行っているうちに、この器になる人の中に神様が降りてきます。

そして

「我は□○×の大神なるぞ」

と名乗りをあげます。神様はご指名で降りてくるわけではなく、参加者のレベルが高く、儀式がうまくいくほど上級の神が降りてきます。

しかし、上級の神様の名が出たからといって、そこで手を叩いて喜んではいけません。下級の霊が人間をからかいに来ていることがあるからです。

そこで、審神者（さにわ）という第三の存在が登場します。彼は簡単な問答を通じて、あるいは一目で、その神様が本物かどうかを見抜きます。

「お前は□○×の大神を名乗っているが、実は裏山のポンポコ狸であろう！」

と一喝すると、動物霊は参りましたと退散します。

鎮魂帰神法は、この審神者（さにわ）という見識と経験のある存在がいないとたいへん危険なのです。

批評家の役割は、本来この審神者（さにわ）のようなものであるべきでしょう。

現代であれば、たとえば、あなたが某社のハンバーガーを買う。そのときにハンバーガーの企業は利潤を追求するという目的を満たし、あなたは腹を満たします。

企業もあなたも納得ずくで物とお金のやりとりをしているのだから、誰にも文句を言われる筋合いはない、という二者の論理しかありません。

そこで、「待てよ」、と。「いかに安くてもそんなものばかり食っていたら、感覚をダメにしますよ」と。「とくに小さい子どもに年中食べさせているお母さん、子どもの体までダメにしますよ」と、耳の痛いことを言うのが批評の役割です。

しかし、現代では、こういう言葉はあまり届きません。なぜなら、ハンバーガー屋は大宣伝を打つクライアントだからです。大新聞やテレビ、ラジオは決して彼らの悪口を言いません。むしろ欲望を喚起する広告を無批判に大量に流します。

したがって、純粋な批評というものは、大きなメディアには載らないのです。

本当に批判的な批評が載るとしたら、広告を出さない存在をターゲットにしたものです。

だから、花森安治は批評の自由を確保するために、一切広告をとらない『暮らしの手帖』を創刊したのです。

批評を書いても載せるメディアがなくては仕方がありませんからね。

以上はいわばいちばん原理的な話なので、もう少し文芸的な批評の話に移りましょう。

いわゆる批評というものを僕は三種類にわけて考えています。

1・制作者に対するアドバイス
2・ユーザーが商品を購入するかどうかを決定するためのガイド的な評価
3・対象を批評するような振りをしてじつは自分自身を語ってしまうもの

現代の主流は、なんといっても2でしょう。1は、昔から制作者は無理解な評論家に言いたいことを言われて傷つくものと相場が決まっています。大新聞にこの手の書き方が多いですが、何百万人もの読者がいるメディアを通じて、制作者に意見しなくてもいいだろう、という気がします。またこういうところにページを持っているのはある種の権力なので、すぐにちやほやされて偉そうになったり、批評される側とつるんだりして本当のことを書かなくなるようなこともあるでしょう。

ユーザーガイドは、目のある人の意見ならたいへん役に立ちます。しかし、最近はどうでもいいような人に書かせるものもあります。基本的な読解力に欠けた人を起用して、しかも、たぶんノーチェックで原稿を載せているものがあります。

つまり、これは「人それぞれいろいろな意見があっていい」という考え方のいきついた先でしょう。「いろいろな意見があっていい」のはたしかですが、それらの意見を統合していくという、ともすれば摩擦を生むややこしい作業をしないと、価値に対する評価は生まれないのです。ただ意見を併記すればいいというものではありません。最初に審神者（さにわ）のことを書いたように、批評というのは本来、本物偽物を見破る力です。

しかし、現代ではモノにも人間にも本物も偽物もない、という主張が流行っているような気がします。

どうせ全部偽物じゃん、と開き直っていれば人生簡単ですが、それでは人生の楽しみに奥行きも広がりもありません。


さて、小林秀雄。やっと小林秀雄です。

この人は、いろいろ批判の多い人ですが、魅力もまた多い人です。

本物偽物ということにこだわった人で、「骨董の真贋を見抜く目を育てるには本物と偽物を見比べるのではなくて、本物だけを見続けたほうがいい」という意味のことを言っています。

今、人気の白州正子の兄貴分に当たる人で、白州正子なんかよりずっと面白いんだけど、今の時代は白州正子の人畜無害で上品な趣味のよさのほうがうけるのでしょう。

小林秀雄は、前記の3の「対象を批評するような振りをしてじつは自分自身を語ってしまう」人でした。

「振りをして」、というのは言い過ぎで、「対象を批評することを通して自分自身を語ってしまう人」くらいにしたほうがいいかもしれませんが。

質問者の困惑もたぶんそこらへんにあるのだと思います。

2のユーザーガイド的な批評であれば、明快にこれはいい、これはよくないと、はっきり点数をつけるように評価するからわかりやすいのです。

しかし、モーツァルトの音楽や、ゴッホの絵に点数をつけられる人はいません。

仮に誰かがつけたとしても、それは客観的な意味をなさないでしょう。

小林秀雄の興味の対象は、そういうとても点数では測りきれないものでした。

そういう測りきれないものの深さの中に自分の感覚を釣り糸のように降ろしていくと、自分の中からどういう言葉が出てくるのか。その距離感を通じて、対象を語り、自分を語ったのです。つまり、対象を語ることはイコール自分を語ることなのです。

これは批評だけではなく、書くという行為はすべてそういう側面を持っています。

小林秀雄のこういう態度、方法論が、たぶん、インテリや左翼的な人々の間で主観的だと批判されたのだと思うのです（僕はその議論自体は深く知りません）。

しかし、そうすると芸術に対して客観的な批評はありうるのか、とか、印象批評はどうだとか、技術批評ならどうだとか、ややこしい議論が起こります。文章というより、美学、芸術学の領域です。そこらへんを短い言葉で論じる準備は僕にはありません。

以上書いたことを前提に、批評についての本、小林秀雄批判の本など、図書館で探してみてください。

小林秀雄を批評する、というのは、かなり意地の悪い課題で、たぶん主観主義として否定するか、小林秀雄がするのを真似て、あなたと小林秀雄の距離を語るしかないような気がしますね。

Ⓠ文章の硬さをとる

はじめまして。

私は仕事柄レポート（報告書）を書かされる機会が多いのですが、もともと文章を書くことが得意な方ではありません。書きたいことはたくさんあるのですが、いざ文章を書くとなると構えてしまって、その構成や表現方法にあまりにも時間がかかりすぎます。また、書き上がった文章もいつも回りから文章が硬すぎると言われます。何か普段から気軽にできる文章の訓練法はないでしょうか。ご教示ください。

A

文章の硬さをとるというテーマで、報告書の書き方をお話ししましょう。まず、硬さをビジュアルから考えます。そうすると、どうしても、漢字より平仮名のほうが柔らかい。「ご教示ください」とあなたは書きましたが、これだったら「教えてください」のほうが当然、柔らかい。

七文字中一文字漢字が多いということは、漢字率約一四パーセントアップです（笑）。しかも漢字は画数が多いので、使用インキ大幅アップで（笑）、印刷すると全体が黒っぽくなります。

それであなたのようなタイプの人は改行をあまりしない。一行空けもあまりしないから（決めつけてすみません）、視覚的にはガツンとした四角くて黒い固まりが目に飛び込んで来ることになります。

これは読む人に、めんどう臭い気持ち、逃げだしたい気持ち、退屈なことに時間と自由を束縛される恐怖感を生み出します。

これと正反対にするには、まず漢字を少なくします。といっても、もちろん、漢字には集約感があり、意味を直観的にとらえやすくさせますから、バランスの問題と考えてください。

それから、小さなテーマごとに一行空けてみましょう。そして、一つのテーマごとになるべく気の利いた小見出しを。

そうすると、人はその小見出しをざっと見て、全体を把握でき、読みたいところから自分で自由に文章に出入りできるので圧迫感や束縛感がないのです。

しかも、一口カツのように内容が整理されて読みやすい。

このように、いいことが多いので、紙をけちって文字数をつめこんではいけません。

紙の余白や白い部分がどんなに人の気持ちを救うものか、試みに紙の前後左右のマージンや行間を詰めつめにしてプリントしてみればわかります。

いやーな気持ちになりますよ。

もう一つ、事実と、あなた自身の分析、コメントははっきりわけて書いたほうがいいでしょう。質問の短い文でも、事実と性急な自己分析がごっちゃになっています。この書き方のために、あなたは自分の意見になんとか客観性を持たせようとするあまり、固くなってしまうのです。

客観的に言える数字や事実を先に書いて、それについて分析したことを書きます。

それもあなた個人の分析か、あなたの上司や、あなたのいるセクション全体の認識かをきちんとわけたほうがいいでしょう。最後に許されるなら、あなたの意見、コメントをつけてそのテーマを総括し、ぴりっとさせます。

・事実
・分析
・コメント

のようにはっきり形式的にわけたほうがいいでしょう。

このようにわければ、事実さえおさえてあれば、分析、コメントの言葉は柔らかくできます。

このやり方は、意見の責任の所在がはっきりしてしまうので、あなたの分析や視点が甘ければ、指摘されることが多くなるでしょう。でも、それはあなた以外の人には、じつはすでにだいたい見えていることなので、もしあなたが前向きに仕事をしていきたいなら、受け入れなくてはなりません。受け入れられれば、すごく勉強になるでしょう。

それほど仕事に前向きでないなら、分析はいろいろな人の意見を聞き、対立する意見は併記することです。コメントは控えめにするか、しないほうがいいでしょう。

Q 表現を探す

このあいだのメルマガで、「言葉で表現できることは限界まで言葉にする、そして遠近法で言うなら、消失点までをきちんと書き込みたい」と言うのが胸にすとんと落ちる感じでした。何かを伝えようとしていつも中途半端で辞めていたなと解る思いでした。しかし限界まで表現するには、どんなことを心がければいいのでしょうか。観察力が足りないのだとは感じているのですが。

A

物事を精密克明に書くためには、総合的な文章能力を要求されます。

しかし、ここでは、この課題に直接関わるただ一つのことを論じましょう。

それは、紋切り型の表現を避ける、ということです。紋切り型というのは、便利なのです。

たとえば、葬式では、「このたびはどうもご愁傷様です」ということをもぞもぞという。

この決まり切ったことがいいのであって、「故人はいつも偉そうで、イヤな奴でしたが、いざ死なれてみると不思議に悲しくないこともないですね」というような発言の具体性はないほうがいいのです。

しかし、文章表現においては、一センチでも一ミリでもいいから、具体性を求めて前進することです。

紋切り型というと、慣用句や成句のようなものを思い浮かべるかもしれませんが、たった一語でも紋切り型というのは成立するのです。

たとえば、「悲しい」という言葉。この言葉が好きで使う人は多いと思うのですが、ある状態を「悲しい」と表現してしまえば、そこで表現は停止してしまうのです。

それは悲しいという言葉が便利すぎるからです。

では、この便利な言葉を使用禁止にしたらどうなるか。

あなたなら、どうやって悲しみをあらわしますか？

「胸がしめつけられた」「胃が石のように固くなった」「涙がとまらない」「涙も出ない」のように身体的な反応によって表すこともできます。

また誰かの死の悲しみなら、大きな悲しみの波が来る前に、「ざまあみろ」という言葉が浮かぶかもしれない。そのように感情の中にアンビバレンツなものが含まれていることを時間的な経過に沿って表現することもできるでしょう。

「悲しい」という紋切り型の言葉を禁止しただけで、表現は具体性を帯び、さまざまな発展の可能性を帯びるのです。その代わりに、最善の言葉を選び出すためには、創意工夫と精神的なエネルギーを必要とします。

じつはそこで費やされて、表現に再結晶されたエネルギーこそが作者のオリジナリティであり、読者にとっては「おいしい」部分なのです。

表現を探すエネルギーの消費を避けて、紋切り型の表現だけでツルツルと書かれた文章がありますが、そういう摩擦のない文章は読者の中にも何かを生み出す力がありません。紋切り型になりやすい言葉としては、他に「美しい」、「おいしい」などがすぐに浮かびます。他にもいろいろあるでしょう。

皆さんも自分の文章の中にそういう表現を見つけたら、なるべくその言葉を捨ててしまう努力をしてみてください。

捨てることで、あなたは未知の世界と出会います。

Ⓠ空想癖

すみません。他の方の質問と、ちょっと趣旨がちがうのですが……

じつは、私は、子供の頃から、空想癖があります。

いろんな、オリジナルなストーリーが映画のようにありありと「見える」瞬間があることも多々ありました。

小説を読んでいて、その映像が頭の中で見えるので、何年かすると「あの小説は読んだ」ではなく「あの小説の映画を見た」と偽の記憶があったこともあります。

「ええ〜？　あれは、映画化されてないよ！」と言われて気が付いたぐらいです。


そんなわけで、ちょっとでもボーっとした時には、頭の中で自分ではない主人公のドラマが展開されているんです。

昔は、ヒマなOLだったので、ひたすらそれを書いていました。

人に見せると皆、「おもしろいよ。小説家になれる。」と言ってくれました。

話はおもしろくても、文章力が、コレではすぐにプロにはなれないと思いましたので、「よ〜し！　三〇歳で小説家になるぞお！！」と張り切ってました。

ちなみにその時、二三歳。

その間、いろんなジャンルを書いてみました。

SF。ミステリー。ラブストーリー。

これは、本当にいけるかもと思い始めた頃、私は転職しインテリアコーディネーターという面白い仕事を発見してしまいました。

私の想像性を十分満足させてくれました。さらなるステップアップのため、専門学校に通って、建築士の資格を取り、仕事を続けながら結婚して、子供を三人生み、現在四二歳です。

で、今はものすごく多忙でとても何かを書くという時間がとれないのですが、（きょうは、仕事が休みなのでこのメール書いてますが、すぐに朝食の準備が待ってます。子供が三人いては、食堂は修羅場です）

問題なのは、書けないのに、もう小説を書く気は毛頭ないのに、いまだに、頭の中のストーリー展開が続いているんです。

今回のメルマガで、主婦作家のことが載っていましたが、私のような超多忙な主婦ではないと思います。

何より、今の仕事に満足していますし、小説家の夢はもういいんです。

この、空想癖、一歩間違えば精神科行きかもと思ったことがあります。

そのくらい、頻繁に、日常生活を圧迫してます。

プロの小説家の方は、どうしていらっしゃるんでしょう。
やっぱり、頭の中でいろんな登場人物が生きているわけですよね。
それは、自分の思うときだけ、浮かんでくるものなのでしょうか。
ヒッコメル方法があるのでしょうか。
私は、「今」の瞬間を生きていないようです。
仕事に集中している時はよいのですけど、その他はふっと意識が飛んでいます。
なんとかした〜い。

なんだか、長々と書いてしまいました。
プロの空想家のご意見を頂ければ幸いです。

お返事、お待ちしております。

Ⓐ
長くて個別的な質問ですが、こういう人もいるということを読者の皆さんに知ってもらう

ことも意味があると考えて採用しました。

さて、過剰な空想癖に悩まされているという質問ですね。僕も小学生の頃はそういう傾向があったのですが、いつの間にかなくなったし、空想の質量ともにかないません。ある部分うらやましいことだと思います。

この資質をあなたは否定しないほうがいいと思います。心の中は考え方一つでエネルギーの流れが大きく変わります。

あなたの心を広い庭のようなものと考えてください。そこに空想という小川がいつも流れているのです。これを堰き止めようとしたり、埋めようとすれば、水は溢れて庭を水浸しにしてしまうでしょう。

水の源はあなたの庭の外にあります。だから、そこに手をつけることはできません。あなたはもう物書きになることはないから、この小川はいらないと思っています。しかし、この小川があることが果たしてあなた自身を潤していないでしょうか。たとえば、インテリア・コーディネーターというお仕事。この仕事であなたが成功しているのは、インテリアの視覚的印象の中に物語性を自然に織り込むことができているからではありませんか？

あなたの空想癖は家族との語らいを豊かなものにしているのではありませんか?

もし、あなたがそういうことを少しも考えたり感じたりしたことがないなら、意識をそこに向けてみてください。

仕事や生活に流れている想像力というエネルギーは空想と同じなのです。想像力を意識的に自分の生活に浸透させていけば、小川の水位は自然に下がり、仕事はもっとうまくいくかもしれません。

あなたは社会的な活動が充実してきて、自分の想像力が邪魔になってきたようですが、いちばん必要なのは社会生活と内的な生活のバランスです。僕はむしろ、あなたの中に流れている小川をこのバランスのバロメーターだと考えてほしいと思います。

つまり、今、その想像力を邪魔だと感じている状態はやや社会生活がオーバーヒート気味なのです。

仕事が発展していくときは、それが面白くていくらでも時間がほしいでしょうが、長い目で見ると、バランスを欠いた状態は長く続かないし、結局非効率なのです。

まずそのように考えを変えてもらえたらと思います。

ただ、制御できない想像力というのは、たしかによいものとはいえない部分があります。

やはり、少しずつ変えていった方がいいかもしれません。そのためには、そのエネルギーを日常生活を潤す方向に変換して流していく必要があるでしょう。

これは時間がかかると思いますが、焦らず取り組んでください。

精神科に行くなどはもっての他です。精神的な問題を神経的化学的に解消しようとすることは、破壊的な結果しか生みません。そういう例を身近に見ていますので、これはやめてください。

そんなことをするくらいなら、太極拳やヨガなど、意識的に体を動かす運動をしたほうがいいでしょう。ともすれば、空想にかたよりがちな心を身体感覚と結びつけるのは効果があると思います。

Qきつい文章を直す

いつも楽しく拝見しています。

私は、ライフデザインを提案するような原稿を書くことがあるのですが、性格が反映してしまうのか、どうしても、文章がきつくなってしまいます。

性格を優しく変えることが大事なのでしょうが、とりあえず、文章だけでも優しさがにじむような文章って書けないものでしょうか?

是非、ご教授ください。よろしくお願いいたします。

A

この場合、きつい、優しくないってことを翻訳すると、あなたの文章には、「不親切」「冷たい」「傲慢」というような要素があるということですね。たぶん、積極的に優しくと考えるよりも、まず、この要素をなくせばいいのです。

二つのことが言えます。

1・専門用語の危険

質問中に「ライフデザインを提案するような原稿」とありますが、これはたいていの人にはなんのことかわからないです。

ライフデザインというから、昔でいえば人生設計のようなものでしょうか? ということは、年金、保険、税金、金融商品関係の原稿？　などと想像しますが、七割くらいそうかな、と思っても三割くらいは「よくわからん」状態にあるわけです。

もちろん、個人宛に処方箋のように書いているのか、雑誌などでもっと広い対象に対して書いているのかもわからないわけです。

どうして、あなたが「ライフデザインの提案」という言葉をポンと書いてしまったかといえば、あなたの周囲の人には十分それで通用するからです。

たぶん、あなたは何事かの専門分野に通じている方だと思いますが、こういう調子で専門用語を使ってはいませんか？

専門用語というのは、一種の隠語なのです。仲間内だけで通用する特殊な言語なのです。

つまり、それを使うことで仲間同士ではうまく交流することができる。

しかし、他人に対しては、こういう隠語の交換は排除的であり、秘密主義であり、場合によっては特権意識の顕れと受け止められます。

つまり、モノを書く人間は、専門用語を説明なしに使うことによって、読者を選別することができるのです。

知識に価値を求める人の中には、誰も知らないようなことに「ご存知のように」とつけたりする人もいます。

つまり、「ご存知のように」とつけることによって、これを知っているレベルの人しかここにはいませんよねえ、というメッセージを送っているのです。つまり、知らない人は排除し、知っている人には媚びているのです。「不親切」「冷たい」「傲慢」から脱出するためには、こういう態度をあらためなければいけません。

ぼくは文章を書くとき、相手の知識レベルは最低だと想定して書きます。だって、もったいないではないですか。魚とりの網を打つなら、いちばん底の魚まで全部さらいたい。こんなことは知っているはずだ、と知っていることを前提で書いて、もしもそれを知らない読者がそこで読むのをやめてしまったら、損ではないですか。

文章のプロは、そういうちょっとしたことで読者を逃がすのを恐れます。

専門家と呼ばれる人は、専門家同士の中で専門用語に囲まれて、世間の人の知識の水準がまったく理解できない人がいます。

だから、最低レベルと言われても想像がつかない人もいると思いますが、そういうときは、中学生か高校生のレベルだと思えばいいのです。

こういうと、僕が人をバカにしていると思うかもしれませんが、知識というのは、金融の知識もあれば、盆栽や釣りや音楽の知識もあり、料理や家事の知識もあります。

一面的な知識の量で得意になったり、人をバカにしたりするほうがおかしいのです。

人によって、得意なことも知識の領域も違うのですから、劣等感を持つ必要もありません。

「不親切」「冷たい」「傲慢」から抜け出すにはまずこれが基本です。

2・質問者は答を知っている

こっちのほうがもっと高度な話です。

すでに質問の中に答は含まれている、と世間でも言いますよね。誰が言い出したのか知らないけれども。

たとえば、あなたがぼくに質問してきたとき、ぼくはあなたが答を知らないのだと思って返答を書くのではないのです。

あなたが潜在的に知っていて形にできないことを形にしてあげるのです。

鍵を誰かが作ったとしますと、鍵穴はそれに合わせて作らなければならない。鍵穴が正しいかどうかは、鍵を回してみればわかるのです。

ということは、主体は鍵を作った人間にあるのです。

凸という質問があれば、その質問は凹という答を含んでいるのです。

1＋1＝2の簡単な計算でも（一部の実験用のサルを例外として？）動物には理解できません。だから、もちろん、動物たちは1＋1＝という質問をすることもありません。もしもあるとき、動物が1＋1＝と尋ねてきたら、そのときはすでにその動物は1＋1＝2ということがわかるわけです。

微妙なリクツですけど、おわかりでしょうか？

「ライフデザインを提案するような原稿」を書く対象が個人であれ、不特定多数の人間であれ、彼らは完全な答を持っていると考えることです。

自分の答を押しつけるのではなく、彼らがもやもやとして形にできないものの中に答を見つけ、専門知識や発想によって整理し、具体化してあげる、そういう作業だと考えると、「きつい」原稿というのは書きようがなくなると思います。

文章を書く技術というのは、一面が自分の内側にあるものを主張する技術だとすると、もう一面は人の心に寄り添う技術なのです。

Q 論争の礼儀

はじめまして。『文章秘伝』いつも目からうろこが落ちる思いで拝読しております。

さて、さっそくですが、質問させていただきたいことがあります。

非常に感情的になる傾向のある人に、その人の論に対して反論、もしくは批判を加える場合、どのようにすれば感情的にならず、また論点もずれない建設的な議論を行うことが可能でしょうか？

具体的に申し上げますと、議論の場はネット上のBBSになります。

ネット上では、匿名性も加わって、論争がすぐに醜い言い争いになりやすい傾向がありますよね。また、私自身の力不足のせいではあるのですが、文章が他の媒体を使うときより短くなってしまうことも多い為、語ろうとしたところが十分に伝わらず、苦い思いをすることも間間あります。増してや、その時の相手が自分への批判に過剰反応するタイプなら議論自体が成り立ちません。こういう場合、どういう文体で書けば、前記のような事態を防ぐことができますでしょうか？　よろしくご教授賜りたくお願いいたします。

A まず第一に大切なことは、「論争の相手に対して敬意と愛を持つこと」です。意外でしょうか？

かつての日本の猟師は、狩りの獲物に対して、心からの敬意を払っていました。スペインの闘牛士も牛に対して、敬意をもって対するといいます。またかつての戦争においては、勇者同士が名乗りを挙げあい、お互いに敬意を持って戦うという形式がいろいろな国にありました。

僕としては、現代のバトルにも、敬意というものをきちんと復活させるべきだと思います。もし、あなたが論争相手に敬意を持ちようがないというのであれば、そういう人間を相手にしてはいけません。そうしないとあなたは相手のレベルまで落ちることになります。

ここでいう愛というのは、限定的なものです。相手が何者であり、自分が何者であるか、ということについて可能性を閉じないこと。何者であっても拒否しないということです。

愛をもって戦うということは、相手が過剰に感情的になることを防ぎます。また相手の本音を引き出すことができます。

敬意を持って戦うということは、相手を恥を知る人間にします。間違った発言をしたとわかったときに自分の非を認めるというフェアプレーの精神は、お互いの敬意、恥を知る心からしか生まれません。

つまり、愛と敬意を持つことは、論争のためのきちんとしたリングを用意することです。

つまり、愛と敬意には、相手を中途半端に逃がさないようにするという実利があります。

これが論争の礼儀です。

さて、次に大事なことは「相手の意見をよく聞く」、ということです。

意見の相違はどこから生まれるでしょうか。

まず第一は、立場の相違です。これは、たとえば、イスラム教とキリスト教のような違いです。この違いは、もっと大きな「人間として」というような立場で統合していくしかない。しかし、それは人間とは何か、どうあるべきか、という概念が一致していなければ難しいのです。

このような意見の相違がある場合は、まずお互いの立場の違いを理解することからはじめなければなりません。そのためには相手の意見をよく聞くことです。


意見の相違の第二は、相手が間違った考えを持っている場合です。

この場合、最善の対処法は、相手に語らせて自己矛盾に気がつかせるという方法です。

この方法は、プラトンの『ソクラテスの弁明』とか、『ゴルギアス』といった著作にたくさん例題がありますので参照してください。

この場合も相手の意見を聞くことになります。


こういう間違った考えの人の対処法は、簡単です。

よい武道の手ほどきを受けるとわかりますが、力が入ってガチガチに固まった構えの人間というのは簡単に倒せるのです。

それは、あるところに力を集中しているためにバランスを欠いているからです。

こういう構えは、ある方向からの力には強いけれども、他の方向はとてももろいのです。

いちばん強いのは重心を真下に落として、力を抜いて自然に立った姿です。

つまり、強ばった激しい主張を持った人ほど、よわーい力で倒せるのです。

そのよわーい力というのは、素朴な疑問です。

まず相手の言っていることを最善に理解しようとします。

そして、理解できないことをまず相手に尋ねましょう。

話の筋道が理解できたら、今度は感覚的についていけない部分を聞いてみましょう。

これはもう感覚的にというしかないのですが、相手の矛盾点というのは、エネルギーがうまく流れていないので、淀んでいるのです。

そこをていねいに聞いて、くしゃくしゃに丸めた紙を広げるように、相手の主張を広げてやる。そういう作業をしているうちに、どうしても辻褄が合わないという点が出てくるのです。

これは慣れない人には難しいかもしれませんが、コツは本当に素直に見て、素直に感じ、素直に表現するということです。

相手が嫌いだ、というような雑念が入っていると、これは見えてきません。あなたも自然体ではないからです。

古い言葉で、明鏡止水の境地といいますが、心が波立つのをやめて、鏡のように静かになったとき、周囲のものがそこにクリアに映るのです。
話が抽象的なので、適切かどうかわからないけれども、時事ネタで一例をあげましょう。アフガンに自衛隊を派遣するのに、僕は反対ですが、民主党の議員に「派遣を支持」して、なおかつ、「それは対米追従ではない」、と主張している人がいると新聞で読みました。
僕だったら、まず
「アメリカが今回の戦争をする本当の意図は何ですか?」
と聞きたい。
「テロリズムの根絶」と答えたら
本当に根絶できるのか、という話をするでしょう。
「正義」と答えたら
では、アメリカが世界でいままでやってきたことのどこからどこまでが正義か、
という話をするでしょう。
「中東での利権や、その他の意図」と答えたら
では、アメリカの意図は結局自国の利益であるなら、日本は自衛隊を派遣することによってどのような政治的な利益を得るのか、

と聞くでしょう。

まあ、そういう具合で、自分が語るより、相手の考えの全体が見えるまでは、ひたすら聞くのがよいのです。相手と自分の意見の違いがどこから出てくるのかを知ることは興味深いことではありませんか。

このやり方だと、空振りに終わっても、自分は何も主張していないので、不用意な発言をして揚げ足をとられることもありません。

また、相手の言うことに聞いているうちに納得してしまったら、……それはそれでいいではありませんか。大切なのは、論争に勝つことではなく、何が真理に近いかを知ることなのです。

Ⓠ早く書く

メルマガいつも拝見しています。

技術論でもなく、精神論でもない「文章の書き方教室」、いつも感心しながら読んでいます。

私はライターをしています。海外で暮らすというような単行本を数冊出しています。雑誌の連載も少々。ライターとしてのスタートは遅くて三〇代半ば。

さて、質問は「どうしたら早く書けるのか」ということです。書く前の十分な準備をする、一回で書き上げてしまうという気構えで書く、直すのは一回か二回にとどめる、の様にすればいいのですが、思うようにいきません。これだけ時間をかけていては、プロではないなと反省の毎日です。

ご教授下さい。

Ⓐ

すでに何冊も著書のあるプロの方に、目新しい内容のお答ができるかどうかわかりませんが、とりあえずいくつか書いてみます。

まず、書くのに時間がかかるということですが、どれくらいで時間がかかりすぎだと感じているか、ということです。僕の感覚では、連載を抱えていたら、単行本の書き下ろしは、二三か月に一冊くらいがせいぜいだと思います。

もちろん、人によって書くスピードはそれぞれですが、上記のスピードくらいで書けていれば、書く速さを上げることよりも、別の方法で増収を計るべきです。

たとえば、雑誌の連載で原稿料をもらいながら、単行本にまとめるなんていうのは、いちばんいいですね。

とかく、単行本というのは、発売時期がずれたり、収入のあての外れることが多いもので、それなりにコンスタントに書く工夫は必要でしょう。

量をこなすつもりなら、僕なら早朝から午前中の時間を執筆にあてます。

七時になるともう朝の音がいろいろし始めるので、もっと静かな五時起きか、六時起きが理想です。そこから最低二、三時間。調子がいいとき、量がたくさんあるときは午前中ずっと書いていてもいいでしょう。

これには三つの利点があります。

1・電話や来客などの割り込みがほとんどない

電話や来客は、神経を削がれたり、意外にエネルギーや時間のロスが多いものです。クルマでも本当に気持ちよく走ろうと思えば、信号のない高速がいいでしょう。静かな時間帯の執筆は快適で筆も進みます。

2・同じ時間帯に書く習慣をつけられる

六時起きして書くと決めたら、毎日実行すると、だんだんその時間は書くのだな、と体や意識が習慣づけられてコンディションがよくなってきます。

3・朝は頭がすっきり

朝は空気がいい、というようなことはよくいいますが、人間は寝ている時間を使って無意識領域の整理をしているのです。ユーティリティソフトを使ってハードディスクのデータを補修するような感じで、朝は心の余計な波立ちがなく、文章の内容によく集中できます。

よく、「私は夜型で……」という人がいますが、本当に体質的な問題がある人もいるでしょうが、僕はあまり信用しません。だって夜型が多すぎる（笑）。

単なる生活習慣だと思っています。たしかに自由業ですから、夜更かしして昼頃まで寝ているというのは、他の職業にはない気持ちのいい特権ですが、効率はよくないです。

僕も「夜型」だったのですが、あるとき、夜中に原稿を書いていて、二時間くらいかかって二、三行しか書けていないのに気づいて愕然としたことがあります。

それ以来、眠くなったらさっさと寝て、翌朝書くようになりました。

また寝ている間も無意識に作業は進んでいるらしく、前の晩、どう書くか煮詰まった箇所もするすると書ける体験もしました。それ以来、あー、これは楽だ、というので、ますます寝るようになりました（笑）。

徹夜的な仕事というのは、なんとなくマスコミっぽいのですが、よほど体が頑強な人にしかお勧めしません。

また、打ち合わせ、取材の合間に書くというのも、僕はダメで、そういう日はせいぜい小さな雑用を片づけるくらいにしています。

つまり、昼のうちに、連絡、取材、打ち合わせ、雑用をきれいに片づけ、夜は翌日書くべき内容と量を確認し、またすぐ書けるように必要な資料などがあれば揃えて、それから飲みに行ったり自由時間。早朝に起きてその日の原稿はすべて書く。僕自身も忙しいときは、このスタイルにしています。

こういうワークスタイルが僕のお勧めです。

Ⓠ日米首脳会議誘致決起文の作成

今日は、毎回拝見させて頂きありがとう御座います。

恐縮と存じますが、質問及びご依頼申し上げます。

日米首脳会議誘致決起文の作成を予定しておりますが、どのような要点を中心に書いたらよろしいのかご指導ください。

当方はサラリーマンですが、小学校ＰＴＡの役員（会計）をしている関係で、一部関係者のみだけではなく、地域全体がもろ手を挙げて歓迎する内容を主にする誘致文の作成を依頼されましたが、経験が少なくイメージがわきません。

先生のご指導を期待申し上げます。

つまり、これは自分の町に日米首脳会談を呼ぶ運動を起こそう、という呼びかけの文章ですね。

A

しかし、これは無理だと思う。

あなたの町は観光地として有名なところだから、旅館やホテルなどの観光の関係者は、一時的にうるおい、また宣伝にもなるだろうけれども、そういうこととは無縁の住民（どれくらいのパーセンテージいるかわかりませんけれども）には、迷惑なだけだと思う。仮に実現したとしても、交通規制がひかれたり、警察が大量にうろうろしたり、テロや爆弾の心配をしたり、一般人には、いいことないではありませんか。

経済効果もじつは大したことないと思う。警備や政治家のおつきの関係者はおみやげも買わないし、芸者もあげない。きっとおおぜいの人間が、土足でドカドカと人の家にあがって去っていくような具合ではないですか？

でも、それを迎えるための準備にけっこう予算はかかって。

で、日米首脳にシンパシーを持っている人ばかりではないでしょう。僕なんかブッシュも小泉も大嫌いだからね。

もうこういう芸のないイベントエコノミーみたいなことはやめましょうよ、とあなたにいってもしょうがない。

文章というのは、まず、自分とその物事との関係をよく見つめなくては。なぜ、小学校ＰＴＡ会計の、しかもサラリーマンのあなたが、これを書く理由があるのかちぃともわかりません。だってあなたとあなたのお子さんには何の利益もないと思うもの。だから、一部の人の利益にしかなりようがないことを地域全体がもろ手をあげて歓迎する内容にしろ、なんて勝手なこと言われたって、イメージなんかわくはずないんだよね。でも、まあ義理があって書かなくてはならないんでしょうけど。

あなたのとるべき道は二つ。

一つは、あなたにこれを依頼した中心人物に、参考、お手本にする文章をもらう。他の地域の同様な文書があればいちばんいいですね。それをベースにして、ところどころ、地域名や表現を入れ替えてでっちあげる。

二つ目は、大人の書く文書というのは、多くそうしてできあがるのです。奥さんたちが爆弾テロが怖いと言っているとかいって、うまくこの話は「なし」にする。だってさ、本当に怖いでしょう。テロ。観光地がこの先、アメリカ大統領呼んでいいことないよ。

それでもう少し創造的な企画考えればいいじゃない。

文章を書く以前に、もう少し自分の立場や主張というものの足場を見つめましょうよ。

Ⓠ簡潔でわかりやすい文章

はじめまして。

私は医師です。

先日の「きつい文章を直す」のなかで、専門用語を説明なしに使わないようにとか、「ご存知のように」とは書くなとか、読者の知的レベルは最低と考えよというのは、まさに私もいつも考えていることです。

私は、患者さん向けのパンフレットなどをよく書いています。

病気のことを、出来るだけわかりやすく説明しようとすると、どうしても長い文章が出来上がってしまいます。

しかし、読者としては字数が多くなると、どうしても読むのが億劫になるようです。

レイアウトを工夫したり、絵を入れたりしていますが、やはり、長いと読んでくれません。

出来るだけたくさんの人に読んでもらうためには簡潔に書く必要があるように思います。

そうすると言葉足らずになったり、専門用語を使わざるを得なくなるのです。

そこで、簡潔にわかりやすい文章を書くためのアドバイスをお願いいたしたくメールしました。

何卒宜しくお願い申し上げます。

Ⓐ

患者さんの知りたいことは、はっきりしています。


1・自分の病名は何か？

2・この病気の原因は何か？

3・効果的な治療法はあるか？

4・どれくらいの期間で治るか？
5・日常の注意事項は？

パンフレットの性格にもよりますが、病名が確定しているとすれば、下の四つの疑問に答えればよろしい。

2の原因は、むずかしい理論はいりません。3との関係で書きます。こういう原因だから、こういう治療が有効です、となっていればわかりやすくて患者さんの気持ちにストンと落ちます。

4の要点は、患者さんは要するに安心したいのです。だから、治る病気ならどれくらいの期間で治ると書いてあればいい。

5は、風呂は？　食事は？　というような注意を書いてやると、これもちょっと気休めになる。

症状が単純明快で、薬などで簡単に治る病気というのは、上記のように整理すれば、それほど悩むことはないでしょう。短い文章で十分です。これさえおさえてあれば、一つの長い文章ではなく、表でも箇条書きでもいいのです。

たぶんお医者さんが文章を書かれると、つい理論の細部まで触れたくなってしまうでしょうが、あくまで、患者さんの関心の優先順位を大切にすることです。


難病の場合は、2と3をていねいに書き、治療法があれば、その最新の選択肢をすべて提示します。それぞれの治療法のメリットとデメリットを明解にし、どこでその治療を受けられるかまで書いてあれば、患者側から見ればベストです。命に関わる病気の場合、患者さん側も必死になって読みますから、多少高度な内容でも、理解しやすい文脈に整理されていればオーケーです。

ただし、内容は必ず上記の要点から逸脱しないようにします。

患者がまず何を知りたいのかを押さえてあれば、簡にして要を得た文章を書くことができます。

Ⓠ手紙の書きかた

こんにちは。

『秘伝』をいつも楽しみに読んでいます。

早速ですが、質問があります。

「結婚について両親をくどき落とす手紙の書きかた」です。


私は今一、二年後くらいに結婚したいと思う人がいて、双方同じ気持ちですが、自分の両親が保守的で「娘に結婚はしてほしいが、世間や身内に恥ずかしくない相手でなければ承知しない」という頑固タイプで、男友達や恋人についての会話など、思春期から適齢期と言われる年齢を超えるようになった今まで、両親のどちらとも交わしたことがありません。

(父親は特に昔の頑固親父タイプです。)


相手について一番の問題は、外国人だということ。

親は昔から、「外国人と結婚するのはぜったい止めてくれ」と言っていましたし、「血」や「家」を大事に思うようなタイプなので、嫌なのは間違いないと思います。

ちなみに私自身も、今留学中の身です。


日本にいた頃は、親の価値観の押し付けに対する私の反発心から、会話らしい会話もないような状態でした。

ところが月並みですが、日本を出てからは、親の愛情に素直に感謝するようになり、一時帰国やたまの電話では、今までよりずいぶん親との会話がはずむようにはなりました。

でも、結婚のことは反対されるだろうという予想、ほかの親族にも反対しそうな人がいること、どうやって口説き落とせばいいか対策がたっていないこと、単に言いにくいこと、などが重なり、言い出せないままにいます。

やはり、電話よりも手紙のほうがまだ言い出しやすいと思い、こうして質問のメールを差し上げている次第です。

ぜひ良い知恵をお貸しください。


では、今後のより一層のご活躍を心からお祈りしています。

A

いやー、こういう質問が来ることは全く予期していなかった（笑）。

でも、大切なことで頼りにしてもらってうれしいね。

まずいちばん大切なことは、あなた自身が態度を決めること。
もし親が激怒して勘当だといったらどうするか？
あなたは結婚相手をとるのか、親をとるのか。
そういう二者択一を迫られたときにどうする？

僕は結婚相手をとることを勧める。
どうしてかというと、親の態度は次第に軟化するものだからだ。
Time is on my side.
時間を自分の見方につけること。
親をいっぺんに説得することはできなくても、仲直りすることはできる。

これに対して、親をとってしまえば、恋人は失ってしまうだろうし、あなたは自分のいちばん大切な人生の判断を手放してしまうことになる。
それはずっと今後の生き方にも尾を引くだろう。

というわけで、あなたが親よりも結婚相手を選ぶことを前提に話を進めよう。

大切なのは、親の心配の種を減らしておくことだ。
心配は怒りを増幅させる。心が怒りと心配の間をいったり来たりすると、いつまでも感情の波立ちが終わらない。
怒りの炎だけで、心配という油を注がなければ、やがてそれは燃え尽きる。
まず心配の種をできるだけ減らそう。

まず、親が心配することは
1・悪い男にだまされているのではないか？
2・文化の違いなどで、娘や孫が苦労するのではないか？
3・二人で食べていけるだけの収入や、安定した将来性があるのか？
4・どこに住むつもりなのか？　結婚しても会えるのか？
といったところでしょう。

したがって、手紙の構成要素としては、

1・まず両親への感謝
2・彼の紹介。どうして知り合ったか。どういう性格かなど。

3・彼の家族の紹介。彼の家族にはまず先に会いにいって仲良くなること。写真などを一緒に撮ってきて同封するといい。彼の写真は必須。

4・結婚したいという意志表示。それから、結婚を許してくれない場合の行動計画もそれとなく。その場合は籍は入れないけれども同棲はするとか、両親の祝福がなくても、事実上、結婚してしまうという意思表示をしてしまいましょう。これは親が賛成しても反対しても、結婚はするぞ、だったら賛成したほうがいいのではないの？　という、一種のソフトな脅迫です。

5・結婚後の生活設計。彼とあなたにすでに安定した収入があればいちばんいいですね。経済的な自立があれば、発言力も強まります。逆に経済的に不安定ならば、結婚というような具体的なことを言い出すのは、先のことにして、第一弾はつきあっているという報告だけにしたほうがいいかもしれない。

6・最後に彼の英文メッセージとそれをあなたが翻訳した文章をつけましょう。これでほぼ完璧です。

しかし、完璧だからといって、親が納得するというものでもありません。

きっと、親のいろいろな面を見るでしょうけれども、それは事実を受け入れ消化するための混乱だとおもって見ていましょう。

親はまず帰って来い、というでしょうが、すぐには帰らないほうがいいでしょう。

親が怒り疲れた頃に帰ったほうがいいのです。

帰ると監禁されたりするかもしれません（笑）。

また仕送りをストップされる可能性もあります。

そういうことの可能性も頭に入れて、対策も立てておいたほうがいいでしょう。

とにかく親の頭が冷えるまでの時間をうまくとることです。


なんだか文章の問題を大きく逸脱しているような気がしますが（笑）。

まあ、文章を書き出す前にこれくらい自分の立場をクリアにしておいたほうが、文章は書きやすいということです。

応援しますので、また途中経過などお知らせください。

Ⓠよい原稿の見分けかた

村松さま

いつも拝見しては、ん～、ふ～、なるほど、、と唸っております。

さて質問なのですが、よい原稿の見分けかた、基準、といったものがあれば教えていただきたいのです。

私は雑誌の編集に携わって四年程になりますが、ライティングは最初に少しかじった程度なので、これから改めて勉強しようと思っているところです。

当時はチェックを入れてもらえるような先輩があまりいなかったので、自分の書いたものの評価さえもよく分かりません。

さらに、編集者として原稿を読む立場になった今、よい原稿の基準がイマイチよく分からないのです。

ちなみにエッセイや小説などではなく、特集記事やインタビュー、といったものが主です。

読みやすい、分かりやすい、必要な情報が入っているか、を気にしてはいるのですが、前者二点は主観的な好みになりはしないでしょうか？

もう一つ、訓練の為に読書量を増やしているのですが、その際、何か気をつける点があれば教えてください。

どうぞよろしくお願いします。

Ⓐ いい原稿と悪い原稿というのは、一目瞭然にわかるものです。

読者としての普通の感覚で読めば、訴えてくるものが違うのです。

それは、お水がおいしいとか、お米がおいしいとかいうことと一緒で、そういうことに全然関心がない人にはわからないかもしれないけれども、自然にそこに心をやればわかるものです。

でもあなたはその見分け方がわからないという。これはどういうことか考えました。

あなたの文中、「読みやすい、分かりやすい」が主観的な好みと書いてあるのは、不思議です。読みやすい、分かりやすい、というのは非常に客観的な事柄だと思うのです。

読みにくい、わかりにくい文章というものを僕は山ほど見ています。

ここから想像するに、たぶん、あなたの雑誌にはあるレベルのライターが揃っていて、すごくいい原稿を書く人もいなければ、悪い原稿を書く人もいない、どんぐりの背くらべ状態なのだと思います。だからあなたが読むのは、みんな平均的な原稿ばかりなのでしょう。

そして、企画内容もルーティンで安定しているのでしょう。


もし、あなたが原稿のよしあしがわかる編集者に成りたければ、企画の狙いを鋭く絞ってライターに注文をつけたり、新しい企画に挑戦することです。

そうすると、ライター一人一人の能力や個性がわかってきます。

たとえば、クルマだったら、六〇キロくらいで走らせても、あまり能力差は出てこないでしょう。一二〇キロ、一五〇キロくらいで飛ばしたときに初めてそのクルマの能力というのはわかるのです。

だから、編集者はそのライターの限界がどこまでかということを見ながら仕事をふるのです。

つまり、あなたの企画が高度なものになればなるほど、ライターに要求される文章力も高度になります。そういう狙いをあなたがもてれば、全然要求を満たしていない文章に舌打ちするようなケースも出てきます。

そうなったら、新しいライターを自分で発掘しましょう。

文章を読んであなたがすごいと思ったライターや、伸び盛りの若いライターを自分の目で選んで起用しましょう。

そうすればあなたは本当にいきのいい原稿と出会えるでしょう。ときには眼鏡違いで箸にも棒にもかからないような原稿をもってこられて、頭を抱えるでしょう。

あなたが企画面でアクティブになれば、文章を見る目も、要求水準もがらりと変わってきます。文章を見る目というものをスタティックに考えるのではなく、自分自身の編集者としての意志と結びつけて考えてください。

読書については、とりあえず、訓練のためといわず、自分の読みたい本を乱読するのがいいでしょう。編集なんて勉強するものではなく、やりたいことをどんどんやっちゃうのがいいのです。

Ⓠ切り口って何？

私は現在ライターになるため就職活動をしています。
先日、プロのライターの方に私の体験談を書いたホームページを見ていただいたところ、「こういう切り口で他の文章も書ければライターとしてやっていけるかもしれない」というアドバイスをもらいました。
文章を書くときの「切り口」って何ですか？

Ⓐ
これはジャーナリズム用語だね。つまり、書こうと思っている対象がネタ、素材であるのに対して、それをどう料理するか、ということが切り口になる。
現場でどういう風に使うのか、ちょっとコント風に使用例をあげましょう。

ある雑誌の編集会議
編集部員「今週もやはりメインはテロ騒ぎですかね」
編集長　「どういう切り口で出すかだな」
部員　　「『戦争好きブッシュ家の帝王学』というタイトルでアメリカの好戦性を叩くのは

どうですかね？」
編集長「それ裏とれるの？」
部員「ブッシュ家と軍需産業との結びつきをクローズアップして……」
編集長「それヨソでやってたね」
部員「では、スパイ容疑で捕まった記者が石打で死刑になるというのを全面に出して、テロリストの残忍性を叩くというのは？」
編集長「うーん、他に切り口ないの？」
部員「ワールドカップ開催延期？　で泣く人笑う人、というのは？」
編集長「お、いいね！」
部員「サッカー人気もこれで終わりだ！　某プロ野球オーナー暴言！　高笑い！　というのは？」
編集長「あ、それいただきだ、山ちゃん！　すぐ記事とってきて！」

というわけで、ジャーナリズムというのは、カラスは白だと言おうが黒だと言おうが、売れればそれでいい、という部分がありまして、しまいには、先に見出しを作ってからその中身を取材して作り出すなんてこともやるわけです。

雑誌の企画の場合、それくらい自由かつ無責任に事実のどこをどう切り取るかということを考えるわけです。

文章について言われたなら、その文章に対するあなたのスタンス、視点がいい、ということでしょう。ですから、他の事柄に対しても同様に切れ味のいい視点をもてるかどうか、ですね。

ある事柄に対しては、適当な距離感や角度をもてても、他の対象に対しては、ダメな人というのがいるのです。固定的な主張や世界観を持っている人は、切り口という言葉で言われるようなマスコミ世界の無節操なまでの柔軟性についていけない場合があります。

Ⓠ費用をかけずに記事は書ける？

村松さま

いつもウェブレクチャーありがとうございます。

私は、入社三年目の某旅行系ＰＲ誌の編集をしています。

入社してからの疑問なのですが、うちの編集部は、とても静かなのです。

最初は、居心地悪いな〜。なんでこんなみんな不機嫌なんだろ……と思っていました。

よくよく仕事のやり方に慣れてきたころ、私も静かな人間になっていました。

資料と首っ引きする毎日、毎年の同月号は、「同じ材料でも、ちがう切り口」を要求され、じゃあ取材に……、もっと前倒しのスケジュールで……と、叫ぶのも忘れ、ひたすら、自転車操業のまとめマンになっています。

そして、どこかで疑問を感じています。

先般、発表された来年度の年間スケジュールは、「無理、無理、無理」の上司判断で違う企画が妥協して、似たようなものに歩み寄っています。

そうなると、作業する人間は、差別化の仕様に苦しむわけです。


私は費用をかけずに、面白いページは作れんと思ってるのですが、村松さんはどう思われますか。

そして、私らの雑誌は、毎年毎月同じことを叫んでどこへ進んでいっているのでしょうか。

抽象的で申し訳ありません。

よろしくお願いします。

❹

「費用をかけずに面白いページは作れん」というのは、かなり正しい。

しかし、「費用をかけたから面白くなる」という保証もない。

また、雑誌が面白くなったからといって、雑誌がすぐその分だけ売れるという比例関係があるわけでもない。

したがって、現在の体制で利益が出ていれば、リスクを負ってまで体制を変える必要はない。

あなたの上司、あるいは、その上のオーナーの意見を代弁すれば、上のようになるでしょう。

これは一面において正しい。

雑誌というのは、金をかけようと思えばいくらでもかけられる。今の二倍のコストを使おうと思ったら簡単にできる。しかし、コストをかけても、部数を二倍にするのは簡単ではない。

組織の上のほうで金勘定している人は要するに投資家とその手先です。

もし、お金のかかる企画を通そうと思ったら、この人たちにそれが有利な投資だと説得しなければなりません。

そのためには、もっともらしい数字を挙げたり、小さな成功例を積み上げたり、頭を下げたり、自分の職を賭けたりしなければならない。


僕もこんなものわかりの悪い連中に話を通すよりは、と思って事業を始めたことがある。その結果は金勘定、金繰りに追われて、精神的にへろへろになり、満足に制作の中身に集中できなかった。こんなことをするくらいなら、人様に企画を持ち込んで、他人のふんどしで相撲をとるほうがどれだけ簡単かわからないと思った。

やはり、人には役割というものがある。金を持っている人間は疑り深くケチでちびちびとしか資金を出さないのが仕事。仕事をプロデュースする人間は、彼らをなだめたり、すかしたり、だましたり、脅したりしながら、欲にかられて金を出させるように仕向けるのが仕事。

編集者というのはその下のディレクタークラスだから、決まった予算の中で最大限の成果を得るのが仕事。

その中で、人間関係を作り、経験を積み、腕を磨き、視野を広げ、信用を得て、ある程度予算も裁量できるまで偉くなりなさい。
場合によっては、会社を移ったほうがいい場合もある。しかし、できれば、会社を移ろうとしたら、惜しまれ、引き留められるくらい今の会社で目立った仕事をしてからのほうがいい。
そうでないと同じレベルの会社を転々として、結局、何もできないのを会社のせいにしてしまう可能性がある。

今の会社で企画が通らないなら、インターネットでサイトなり、メルマガなりを作って自分の実力を試してみたらいい。それでおおぜいの人間が集められるようならば、さらに企画が発展していくだろう。

今の時代は、どこの企業もいっぺんに大きな投資をしようとはしていない。最小の投資で小さな成功を得る。その成功を種火のようにして、少しずつ大きな薪を燃やしていくというやり方でしか、投資家のお金は引き出せないだろう。

と、ここまで書いてきて、ハタと別の可能性に気づきました。

あなたの雑誌はひょっとして旅のカタログ雑誌?

そうだとすると、これは編集記事というより、ある種の広告コピーに近いのです。

僕の知り合いが不動産広告のコピーを一時期手がけてまして、そうすると、限られたボキャブラリーの順列と組み合わせで、うんざりすると言ってました。ギャラはよかったようですけど。

「緑豊かな」とか、「閑静な」とか、「アクセス便利」とか、決まりものですよね。もちろん、現地に行く時間も費用もなければ意味もありません。現地なんか行かずに、資料をがさがさやりながら、頭をひねるわけです。

これはそういう仕事なのです。

もしも、あなたの雑誌が同様のものであれば、その内容を変えようとはせずに、転職するか、そこで稼いだお金で、別の活動をすることをお勧めします。

Ⓠ取材とアポイントメント

専門職の方への取材の仕方についてお尋ねします。

小説の中で精神科などの専門分野を織り込もうと思うのですが、専門の方々にアポイントをとり、質問できるような状態にもっていくまで、皆さんはどのようになさっているのかを知りたいです。

名がでていれば、急に質問しても信用されるでしょうが、はたして素人の私がそういう取材に応対していただけるものなのだろうか？

どういう風に？　というのが素朴な疑問です。


後、少々細かい事なのですが、こちらで本やネットでお医者さんの目星を数人つけたとして、一人を選定した上でアポイントをとるものでしょうか。

数人にアプローチした上で自分に合いそうな方に腰をすえて聞くのは失礼なものでしょうか。

まぁ、人それぞれだとは思い、デートまでのハウツーみたいで何ですが、取材について必要だとは思いながら二の足を踏んでいる私の後押しになると思いますので、ぜひ、よろしくお願いします。

Ⓐ
実績のない素人が小説を書くための質問に答える、これは答える側に何のメリットもありません。もし、答えてくれるとすれば、好奇心とか、親切心とかを刺激されたからで、菓

子折一つ持っていったくらいでは、バランスがとれません。

僕なら発表の場が確定していない小説のために、取材は申し込めません。

しかし、そういう点で、女性は相手の懐にぽんと飛び込んでしまえば、わりと有利かもしれません。

人柄の問題もあります。人に頼み事をするのがうまくて、気持ちよく引き受けてもらえる人。さんざん気に病んだ挙げ句、うまく頼めない人。日常でもいろいろな人がいるでしょう。本人はうまく頼んでいるつもりでも、周囲ではおしつけがましいと思われている人もいるから要注意です。

そういう個別の人柄のことを除いて、この場合、失礼にならないように押さえておくべきことを書きます。

まず、あなたの知りたい情報について、公開されている文献には、かなり深く目を通すこと。

これは、教科書の最初のページを開けば載っていることを相手に聞くのは失礼だ、ということです。

またインタビューにこぎつけた場合でも、あなたの基礎知識が浅く、ごく当たり前の術語にもまごまごしてしまうようだと、失礼だし、身のないインタビューになります。


このように公開された情報を調べていくと、具体的に人に質問したいことはかなり絞られてくるはずです。

そうなると、相手に会わなくても、メールなどで質問することも可能になるかもしれません。

また、そのように絞られた質問は、答える側の興味を惹くかもしれません。

また、質問をしたい相手も限定されてくるかもしれません。


いや、そうではなくて、もっと全体的な知識や、雰囲気なども含めて知りたいとあなたは言うかもしれません。

たしかに本を読むだけではわからない事柄がたくさんあります。

その場合は、各種のセミナーなどを探して参加して、その場の雰囲気などを知ると同時に、機会を見て講師の先生に質問したり、面識を得るのがいいでしょう。

つまり、その人と会うために、どれだけあなたが準備をし、謙虚にそのことを学ぼうとしているか、という行動の量が、失礼かどうかをわけます。

基本的な文献も読まずに、いきなり会いに行って自分の聞きたいことを聞く、というようなことも場合によっては可能でしょうが、あまりいい結果を生みません。


さて、以上のようなことを踏まえた上で、アポイントの取り方。

申し込みはメールか、ファックスか、封書。このような手段は相手にとって、好きな時間に読めて、用件を一覧できるという長所があると『超整理法』の野口悠紀雄先生も言っています。

電話というのは、相手の時間にいきなり割り込む上、最後まで聞かないといけない欠点があります。

送り先がわからない場合は、相手の勤め先に自分で問い合わせてください。

まず宛名。正確に。油断すると、名前を書き間違えたりする人がけっこういます。

次に簡潔な自己紹介と用件

質問したい内容
割いてもらいたい時間も三〇分なら三〇分と書きましょう。短い時間で明示してあれば、承諾がとりやすくなるでしょう。

返事はメールなら簡単なので、返信をもらうということでいいでしょう。返信がなければ断られたと思ってください。

ファックス、封書の場合は、後日こちらから電話して返事をもらうというのが普通です。よほど親切な人でないと返事はくれません。

謝礼は数千円くらいだったらかえってださないほうがいいでしょう。

当日、お菓子か果物でも持参すればいいと思います。

まあ、プロがアポイントメントをとるときは、ざっとこれくらいのことに気を回します。忙しいジャーナリズムの世界では、もっと乱暴なこともたくさん起きていますが、それは商売なので。

あとは相手の立場を思いやって、臨機応変に。
■この質問については、読者の方からもアドバイスが寄せられました。

「小説の内容をリアルにするため、精神科に取材したいという女性がいらっしゃいましたが……。

わたしはライターで、現在主に介護関係の取材をしています。

この夏は特集で、「痴呆」についての企画から執筆まで全部行いました。

雑誌は医療専門家にはよく知られているものですが、それでも医者、特に精神科への取材にはかなり難しいものがあります。

ことに患者のプライバシーの問題が絡むので、事例などは素人には絶対に教えてくれないと思います。

やはりおっしゃる通り、まず専門知識をしっかり持って、セミナーやシンポジウムでさらに学んでコネクションを作るところから地道にしないと……。

安易に考えてもらっても困ると思います。

わたしたちも、そうした過程を常に踏んでいるわけですから。

精神科や病院については、わたし自身いくらか知識がありますので、彼女にさしつかえない程度でお話し（メールなどで）してもいいですが。

まだまだ精神病に対する偏見が強いので、それをいくらかでも解消できる内容の小説でしたら、ご協力はおしみません。

さしでがましい事を申し上げたことを、ご容赦くださいませ。」

Ⓠひとの原稿に手をいれる

私は印刷会社の企画室で、文章に関係する仕事をしています。チラシのタイトルやコピー、挨拶文を考えたり、文字原稿を入れたラフ案を書いたり、文章に関するあらゆる仕事がまわってきます。

そんな中に、団体が発行する会報や、○周年記念誌といったものがあり、さまざまな立場の方が書かれた原稿を扱うことがあります。

そこで質問です。

生原稿ごと預けられ、ある程度まかされたとき（おかしいトコがあったら直しといて、とよく言われます）、どこまで手直ししてよいのでしょうか。

脈絡がなかったり、いつの間にか話が変わっていたりしても、書いた人の一生懸命さが伝わってくる文章もあれば、用件だけが、簡潔を通り越して、乱暴に書かれているものもあります。

記名文章の場合、誤字脱字、数量や名称の修正の他は「原稿に忠実」を原則にしていますが、ときに、文節や段落の前後移動をおこない、紙面調節のために、字句、文節の割愛をします。

心の中では、誤字脱字も含めて、そのまま活字にした方が、その人物像をより詳細に伝えやすいのに、と思う反面、もっとそぎ落とした方が読みやすくなる、ここはこの言葉を補うべきだ、などと思ったりします。それらを整理するのが自分の仕事なのに、毎回似たような葛藤があります。

いまのところ、これだけは守ろうと思っていることは「書いてない（言ってない）ことは書かない（つくらない）」です。

どうか、ちょうどいい具合の、していいこと、しなくてはいけないこと、してはいけないことを教えてください。

Ⓐ 作家の村松友視さんは、編集者時代、大作家の原稿もゆるいところがあると、赤を入れたり、ばっさり削っていたと読んだことがあります。

それはとても勇気のいることで、自分の見識に確信がないとできないことです。

もし、それで作家からクレームがきても、彼としては論破する自信があったのかもしれません。それくらいの自負がないと編集者ではないと思っていたのだと思います。

あなたの場合も同様です。誰かからクレームが来ても、胸を張って説明できることは、してもいいのです。文章を読みやすくすることで、それだけ多くの人に書いた人の気持ちが伝わる。そのことを想像している限り、クレームは来ないでしょう。

普通の人はかなり大ざっぱに文章を読むものなので、細部については、きっと今より、かなりばっさりやっても大丈夫だと思います。でも、毎回迷うことがあなたの文章に対する愛情なのです。あんまり迷いがなくなったらよくないかもしれない（笑）。

Ⓠ平板な文章から

私は、出産・育児のホームページで発行しているメルマガに、毎週コラムを連載しています。それなりに、役立つ内容をわかりやすく伝えているつもりなのですが、届いたメルマガを読者として読んでみると、自分の文章ながら、ちょっと退屈かなあ？　と感じてしまいます。

他にもメルマガを何誌も取っていますが、読んでいて面白いと思う人の文章は、メリハリがあるというか、ところどころにパッと目を引くような工夫が感じられます。

それに対し、私の文章は、平板というか、華がないというのでしょうか。

料理に例えていうなら、私の文章はただ卵を焼いただけのオムレツ、上手い人の文章はケチャップで飾られ、レタスとプチトマトが添えられて見るからにおいしそう……。

そこまでは分かるのですが、いざ自分で彩りある文章を書こうとしても、具体的にどうすればいいのかさっぱり思いつきません。

たとえば村松さんなら、この質問文を彩りよく書けといわれたら、どこをどうしますか？
どうか秘訣をご伝授下さい。

A

この質問には、うまく答えられません。

「彩りのよい文章」というものを、どう受けとめたらいいのか、わからないので。

だいたい僕自身の文章が、あまり彩りよいとは思っていないのです。

自分ではわりとダークな濁色の文章だと思っていますが、読者の皆さんはどう感じているでしょうか。

メリハリの効いた文章という意味なら、僕は物事をなるべく「露骨」に書くようにしています。

上品な言い回しというのは、とかく、迂遠にいう、とか、ほのめかす、という方向に行きますが、僕は理解されなかったり、誤解されるのがいやなので、もうガリガリと彫刻刀で彫りつけるように書くのが好きなのです。

だから、何段階かの表現を思いついたら、その中でいちばん過激で露骨なやつをたいてい選択します。そのほうが面白いでしょ？

使いません。だから、僕だったら「彩りのよい文章」という人によって受け取り方の違う言葉は決して

質問された方の文章は、上品でほんのりしている。文章というのは人柄なのだから、それでよろしいのではないでしょうか。なんか「隣の芝生」的な、ないものねだりをしているような気がします。

ただ、僕の場合は、表現がきつい分、もっと根本的な部分でそれなりに気を遣っています。表現が柔らかい場合、内容までも周囲に配慮して控えめにしてしまうと、かなり腑抜けな感じになります。柔らかい表現だけれども、言うべきことははっきり言うという芯の強い文章を目指されたらいかがでしょうか。

Ⓠ取材と企画

「取材のアポイントメント」について、以前から疑問に思っていたことがあったので、メールしました。

取材のアポイントメントについてお伺いしたいのですが、
〉謝礼は数千円くらいだったらかえってださないほうがいいでしょう。
〉当日、お菓子か果物でも持参すればいいと思います。

とありますが、この場合はあくまでも小説などのような自分の書き物をより良くするために、取材し、それを自分の書き物の中に参考として取り入れ販売する場合であると認識しているのですが、その取材する方自身を題材にして、販売する場合は、業界常識ではどのようになっているのでしょうか？

例えば、僕が村松さんの『文章上達〈秘伝〉スクール』の人気を探るとか言うタイトルで、取材し、それを雑誌かカセットテープにして販売する場合などは、やはり金額の取り決めみたいなものはあるんでしょうか？

それとも、取材料金を支払い、取材する方の許可を取ればその後の金銭享受は発生しないのでしょうか。それとも、大手新聞社や雑誌のように、金銭享受はまったく発生しないのでしょうか。

以前から、資金豊富な大企業のようなお偉いさんの記事やコラムなどではなく、こっそり成功を収めている経営者さんの本音を探り出し、そのような方々にお会いしてそれを伝道していきたいと思っておりますが、業界の常識をしらないために、今のところまったく進んでいません。

Ⓐ

これはケースバイケースだし、力関係です。あまり詳しくは教えてあげません。

どうしてかというと、あなたのような人が乗り出していって、話がまとまるケースはほとんどないと思われるからです。

たとえば、あなたが隠れた成功者を偶然に知っていて、その人の話が面白いから、無料のメールマガジンにしてみた。その原稿が単行本にできるほどたまったというようなことなら具体性があります。

しかし、あなたは今、現在取材可能な成功者を知っているわけではない。出版界にもルートがない。それからメールを読む限り、物書きとしての実績があるわけでもない。しかもお金の分け前の心配をしている。

アイデアだって、独創的というわけではない。実業系の出版社なら、商売になりそうな人は鵜の目鷹の目で探しています。

具体的な人選が問題でしょう。

あなたにその人物のあてがあるなら、まず企画書を書いて出版社に持っていくべきでしょう。

その段階になったら、またご相談にのりましょう。

Ⓠ小説の中の会話

私は趣味で小説を書いています。

友人と内輪で書いていますので内容も軽いものです。

ただ、最近書いていて困るのは表現の方法と多人数の会話です。

例えば格闘などの戦闘を文章で表現する場合。頭にはなんとなく映像がついてくるのですが、それを読み手に理解してもらう為にはどういう書き方が一番良いのかがわかりません。

また、多人数で会話する場合、会話文がずらずらと並んでしまいます。間に「○○はそういうと席を立って～」のような文章も入れてみたりしますが、あまり多いとごちゃごちゃしますし、少ないと手抜きのようにみえてしまいます。

その辺は書き手の表現や描写の狙いなどもあるかと思いますが、何かアドバイスを頂きたいと、思い切ってメールしました。

A

格闘の表現は、僕もやったことがないのでわかりません。人間の動作を改めて文章にしようとすると、かなり難しいと思います。

ただ、読者がかなり想像でおぎなってくれるので、説明ばかりで重くなってしまうよりは、次々に展開していったほうがいいと思います。

たいていはあまり長いより短いほうがリアリティがあります。行動の描写は短くして、倒れるときとか、殴るときとかの音の描写を効果的に入れるのがいいかもしれません。

会話は、あまり多人数でする設定にしないことです。

しかもなるべく口数が少ない設定にする。

地の文でたいていのことは説明してしまって、会話はキメの部分だけにするのです。やりにくい場合は逃げることです（笑）。

そういう整理をした上で、会話のキャラクターを明確にしましょう。

一人が前向きに物事を進めようとしているのに、もう一人はネガティブな意見をいう。もう一人は腹がすいたというような関係ないことでわりこむ、とか。

発言するたびに、発言者のキャラクターが浮かび上がるのがいいのです。

誰が言ってもいいような、無性格な説明的なセリフを順番に割り付けていくようなことだけは避けてください。一日で読む気がしなくなります。

Q審美眼を養う

初めまして。

届く『秘伝』を読んでは、色々な事に気付かされ、考えさせられ、苦しいけれども楽しい、充実した時間を感じています。

質問ですが、審美眼、善し悪し、美醜を見抜く目とは、どうやって養うものなのでしょうか。（天性のものとして、その人に有るものでもあるかも知れませんが、やはり、養うもの、育てるものだと、今の時点では、私は考えています。）

良い（と言われている）ものを沢山を読む、色々な経験をする、そして、それらについて自分なりに考えて行けば出来ていくものなのでしょうか。

また、「何か良いものはないか」と、他人の意見を聞く事も大切だとは思うのですが、他人の薦めるものを読んでもイマイチ、ピンとこなかったと言う事もありました。（好みの違いかも知れませんし、自分の考えや感じ方が浅かった、また、その両方かも知れません。）

だからと言って、己の感じるまま好き嫌いで判断をしたり、また、様々なものを読んで経験しても、結局は自分のふるいに掛けて善し悪し、美醜を判断したりするのでは、「独りよがりな眼」つまり、「自分にしか通用しない眼」が出来上がってしまうとも考えます。

どうしたら良いのか、何かアドバイスを頂けたら幸いです。

Ⓐ

美は直観するものです。

しかしこの直観を働かす条件がなかなか達成できない。

小林秀雄は、骨董の本物偽物を見抜くには、両者を比べるのではなく、ただ本物だけを見るのがよい、といいました。

つまり、比較ではないのです。

あれかこれか、値段がどうか、というように頭で計算を始めたり、知識でなんとか本物を見抜こうとしてはダメなのです。

瞬時に、自分の心がいちばん自然に感じたことを拾い出せることが大切です。

そこから、いろいろ頭をめぐらし始めると、もうわからなくなります。


裸の王様というお話があります。目に見えぬ衣装を着ているという王様をただ一人の子どもだけが、裸だと指摘するのです。

これについて、こんな意見を言う人がいました。つまり、王様以下、裸だと言い出さない人々は、見栄をはっていたのではなく、実際にその衣装が見えていたのだろう、と。

つまり、心のありよう次第で、人はないモノも見るし、あるモノも見えない。

だから、普通に見るという自分の感覚を信じられる人が勝つのです。


とはいえ、世の中にはわからない芸術、みんながいいというし、何かありそうなのだけれども、ピンとこないものというのがあります。

これは、素直に当分の間、心の中の「今はまだわからない」、という箱に入れておきましょう。

ある日、その良さがわかる日がくるかもしれないし、あるいは、それが偽物だともっとはっきり言える日が来るかもしれません。

この「今はまだわからない」という箱がないと、自分が理解できないものはすべて否定するか、自分の感覚に自信がもてないか、どちらかになります。

いいと悪い、好きと嫌いの間に、「今はまだわからない」という領域を作っておいてください。

僕なんか、そこにじつに多くのものを放り込んであります。ときどき取り出しては、あー、やっぱりまだわからない、といって、そこに戻したりします。

美しいものとは一生のつきあいです。のんびりやりましょう。

Ⓠまとまり

こんにちは。

ずっと書きたかった題材を、エッセイの形式で、最近やっと書き始めました。

性格上、いつもアウトラインを書かず、頭のなかで組み立てたアイデイアに基づいて、あとは流れと勢いで書きます。そのほうが上手くいく気がするからです。

試行錯誤の結果、そのスタイルは、長文に向いていることに気付きました。けれど、短いエッセイを書こうとすると、いつも横道にそれて、メインの題材に戻るのに苦労することが多いんです。ちょっと例をあげて、メインの題材を引き立てたり、説明付けるつもりが、ついついそちらにも力が入ってしまって、まとまりがつかなくなってしまうことが多いんです。

それから、わたしの題材はアメリカ黒人の文化、歴史、音楽、人間、などですが、読者とシェアできることによって更に大好きな音楽への愛情を深められれば、という思い一筋で書いています。でも、いつも、じぶんは単に、知識をひけらかそうとしてるだけじゃないのか？　という疑問にさいなまれます。きっと、ただ単に、書き慣れてないだけかもしれませんが。

A 前半の質問については、一つの文章は一つのことしか書けない、ということを肝に銘じてください。たとえ、いろいろな要素が入っていようとも、言っていることはそれを統合して一つにしなくてはいけません。

そんなことはわかっていても脱線してしまう場合、その脱線する小さなテーマを一つのテーマに昇格させてしまうことです。

あるいは書こうとしていることのキーワードをノートの上に並べて、それがどれくらいの文字数を要するかを検討することです。

そういう地道なやり方をしているうちに書き慣れて、だんだんおさまりがよくなります。


後半の質問については、あまり心配いらないと思う。

表現というのは、秘めれば秘めるほど伝わるという部分があって、かえって自分がそれを愛しているなんてことは書かないほうが迫力あったりします。

相手に感情を押しつけない書き方のほうがいいです。

あとはね、読者がまだ見えていないようなので、誰か具体的な友だちに語りかけるようなつもりで書くと、気持ちが自然に乗っていいかもしれない。

そんなとこ。

Ⓠ早く書く2

極個人的な趣味のページを作っており、そこで漫画の感想を書いているのですが、どうにもスピードが上がりません。

具体的には、三冊／日以上のスピードでモノを書けません。

長さはホームページという媒体の性質上厳密には決めていませんが、二〇〇字以上程度です。三冊／日とすると少なくとも六〇〇字ぐらい。

興がのれば、その倍くらいの長さになるかも知れません。

キーボードを叩く時間は二～五時間程度だと思います。これも速い方ではないと思いますが、実は打鍵のスピードについては特に気にしていません。それ以前の、ＰＣに向かう前の読み込みに時間がかかるのです。


漫画を読むスピード自体は、感想を書く前には、自慢するほどではないものの遅くもないつもりでおりました。今でも最初に目を通す段階では、漫画本の形態にもよりますが二〇～五〇分／冊（二〇〇頁以内として）程度で、当時と変わっていません。しかし、一読しただけでは書きたいことが丸きり思い浮かばないので、再読することになります。

この、再読には一日以上（とはいえ他のこともしているのですが）かかることもあり、その間まったく文に取りかかることができません。

漫画という書く対象の性質上、私が購読するものに絞っても平均して一日に二冊以上新刊が出てくるため、これよりも速いスピードで感想を書いていかないと、日々のページの更新が破綻してしまいます。

というか、今すでに破綻した状態です。

この状態を解決するためには、読み方を変える必要がある気がしますが、どうすればいいのか判らないので質問いたします。漫画に限らず、文章以外の見た「もの」を文にする速度を上げるには、どうすればよいでしょうか？

Ⓐ
がんばってますね。
一日にマンガ三冊分の感想を書いているわけですね。
内容の整理をするともっと早く書けるはずです。年間一〇〇〇冊以上の本について書くわけですから、これは立派なデータベースを作ることができます。

ただ、バラバラな感想を書いていたのではもったいない。

そういう眼で見たときに、感想ももう少し定点観測的なものになるのではないでしょうか。

たとえば、おもしろ度、興奮度みたいな点数をつけてもいいし。あらすじを書くなら書くとスタイルを決めたほうがいい。せっかくそれだけの本を並べるのだから、書く項目をいくつか固定したほうが、後で読み返したときに、自分にとっても、読者にとっても有益ではないでしょうか。

何の項目を書くかというスタイルが決まると、書くのにそんなに時間はかからないと思うのだけれどなあ。

一度今まで書いたものを読み直して、何が読み直したときに自分にとって有益かを考えてみてください。


それでダメなら、速報性を犠牲にすべきでしょう。

ある本を読んでも翌日、翌々日にあげるというペースにしないことです。

それだといつも追われていて、やりくりがききません。

たとえば、読んだ一週間後にあげるようにしてみましょう。

読んだその日には、ノートかパソコンに書名と簡単なメモを書く。翌日も同じようにしますが、その間に思いついたことがあれば、作品ごとにメモに書き足します。

このようにメモしてプールしながら、メモの量が十分になったものから書いていくという手もあります。

読者にとっては、あなたがそれを読んだのが二、三日早いか遅いかは問題ではありません。日付通りにしたいならそれでもいいでしょうが、とにかくしばらく寝かす期間を置くと、評価も安定してくるし、読み直すときも、違う眼でみられます。時間があるときに集中的に作業することもできます。

Q小説を書く順番

こんにちは、メルマガではいつも勉強させていただいています。

最近、質問が少なくなったとのことでしたので、今まで気後れしていたのですが、質問させていただきます。

それは小説を書く順番のことなのです。

私は趣味で小説を書いています。

まず書きたいシーン、登場人物に言わせたいセリフ等を思い浮かべます。そして、そのシーンに辿り着くにはどんな設定やストーリーが必要なのかを、考えていく。という書き方をしています。

すると、書く順番がバラバラになってしまうのですね。

ラストシーンから逆にたどって書いてみたり、シーンとシーンを別々に書いて、後からそれを繋ぎあわせていったりと。

一〇〇ページほどでしたら、これでもなんとかなっていました。ですが三〇〇ページを越えるものを書こうとすると、シーンごとの辻褄が合わなくなったり、どうしても埋められない空白ができたりしてしまいます。

また、友人とテキスト系のＨＰを運営しているのですが、長編を載せる時は書いた順にアップすることができないので、全部書き上げてから少しずつアップするという方法をとっています。

これだと一つの小説が終わってから、次の小説がアップできるまで非常に間があいてしまい、友人にも迷惑をかけてしまいます。

かといって最初から順に書いていると、その間に「書きたいシーン」がぼやけていってしまうような気がするのです。

書きたいシーンを書ききり、かつスムーズに話をまとめていくには、どのような方法をとればいいのでしょうか。

A 器用なことをやっているね。

これは、先においしいところどりをしてしまっているのだから、後で調整にある程度エネルギーをとられるのは仕方ないよ。

家でいったら、屋根だけ作ってしまったけど、柱や壁はどうつじつまをあわせましょう?、ということでしょう。

いちばん最初の時点か、書きたいところを書いてしまったところで、プロット表みたいなものを作って、全体の構造をたしかめるしかないではないのですか。

そういう表の作り方を工夫してみてください。

それから発表のことですけど、これは前の質問の答と同じことです。

まず、自分の中にプールしてから出せばいいのです。

一作分のプールがあったら、それをもう一作書き上げる時間より少し多めの余裕をとったペースで流していくと、流し終わる頃には、もう一作書き上がっているはずです。

手元にいくらか余裕を持ってコントロールしていかないと、いつもアップアップしていなくてはなりません。

プロはだいたいそういうやり方をします。

Ⓠ取材とプライバシー

以前、精神科の医師へのインタビューについての、話がありました。

その中にプライバシーと言う言葉が出ていて、それで思い出したのですが。


四〇代の主婦で、文章を書くのが大好きです。もともと翻訳をやろうと思っていましたが、これでなんとかできる、と思った時に、長男が知的障害であることが分かりました。これでは、納期に厳しい制限のある翻訳を仕事としてやることは困難です。というわけで、仕事としての翻訳は断念。ボランティアで時々英訳や和訳もしますが、本来やりたかった、ものを書くことを大切にしようと思いました。

一、二ヵ月に一度くらい、地元のフリーペーパーに地元の情報を取材・記事にしています。

あちこちに感想文と称して、ファックスで送ったりしているうちに、親の会の会報に書いて、とか、息子の通っているお絵かき教室の通信を手伝って、とか、頼まれることもふえました。自分の考えたことを表現する場を得たわけですから、張り切ってやらせてもらっています。

また、自分のHPも持って、「発信」しているつもりなのですが、この頃、ちょっと考えてしまうことがあります。

自分が書くことで、他人のプライバシーを侵害したり、他人の感情を害してしまうこともあるかもしれない、と。

たとえば、私が、障害を持つお子さんのお母さんのお話を聞いて、とても感動したとします。あるいは、不登校のお子さんが、旅先で、素晴らしい先生に出会って、その先生のいる遠隔地の学校に転入して、いきいきと自立して生活を送っているという話を聞いて、素晴らしいと思った。そして、このことは他の人にもぜひ伝えたいと考えて、文章に書いたとします。

その時に、個人の名前を出さないとか、プライバシーに配慮することはもちろんです。でも、たとえば、そのお母さんが、「自分はいいけど、子どものために、あまり公にしないでおいてほしいなー」とか、思っている場合、微妙な部分でどうでしょうか。

また、気のおけない仲間同士で話したことを、たとえ自分だとわからないようにであっても、すぐに文章に書かれてしまうようであれば、「あの人にお話するのはやめよう」と、思われてしまうかもしれません。

そのへんは、だいたい、良識というもので判断しながら、必要かなと思われれば、相手の了承も得ることもして、文章に書いて世に出す（というのも、一般の人が見る雑誌に書くわけでもないので、変ですが）ことをしていけば、いいのでしょうか。

プロの方は、このへんを、どうクリアーしておられるのかな、と思います。

実際に、私の知っている、ある読書会の主宰者は、会の席上、とても素晴らしい人生体験を聞いたので、個人的に何十人かに送っている会報にそのことを書きたいと、相手の方に、手紙でそう申し入れられたそうです。

ところが、少人数の集まりであったので、あんな話をしたのだが、会報に載せられるのは、ちょっと、と断られた、とのこと。

「相手の承諾を得ようとせずに、独断で書いてしまえばよかったのかな、と思いました」とその方は書かれていました。

これは、むずかしいことだなー、と思います。

以上、要領よくまとめられずに、すみません。

村松さんのメルマガ、毎回、目からうろこ、で、感激したり、書くって凄いことだなー、と、改めて思ったりしています。

私も、考現学など、書くことにより、自分を見つめる作業を何人かのメンバーの方たちと共に、やっています。


単行本の出版、待ち遠しいです。

がんばってくださいね！

Ⓐ

あなたが配慮されているようなことで十分だと思いますよ。

書くということは、自分自身の道徳をつくり上げるということです。

だから、あなたのように手探りでやりながら身につけることがいちばん正しいのです。

自分が胸を張って生きられるのであれば、本人がいやがっても書く、黙って書いてしまうという選択をしてもいいと僕は思います。あまり一般則にはしたくないのです。

あくまで個別の関係を書く本人がどう捉えるか、という問いかけを積み重ねていくことが尊いのです。

ただ書いた以上は、本人を前にしても逃げ出さないようなきちんとした論理を自分にもっていないと世間を狭くするでしょう。

プロはどうしているか、という質問もありましたが、この場合はあまりお手本にならないでしょう。ジャーナリズムの場合、書くことから逃げてしまうとか、書いてからも逃げてしまう、というケースが多いです。

プロというのは、道徳的な手本ではなくて、それでお金を稼いでいるということですから、なるべく面倒からは逃げるのです。

たとえば、大手出版社の雑誌記事の場合、編集部の企画が多いし、原稿をチェックしてオーケーを出した時点で、その雑誌に掲載出版した責任のほうに重点が移ります。

大手出版社には、法務部があって、雑誌などのトラブルは編集部でおさまらない場合、たぶんそういう部署で処理します。法律の専門家でしかも事例もたくさん知っているので、強いのです。

だから、大手で仕事をするライターは、一個人ではなく、そういう構造に保護されながら、より人気のでる扇情的な記事を書こうとがんばるわけです。

まあ、書くというのは、ときどき、人間関係が壊れると壊れないのぎりぎりくらいがおいしかったりするので、そこをどう書くかでしょうね。

それがその人のセンスを問われる場所になります。

Ⓠ梗概の書きかた

現在、応募小説の梗概の書きかたで悩んでいます。

原稿用紙五枚ほどの梗概をつけなければならないのですが、三五〇ページの作品を原稿用紙五枚で上手く説明する事が出来ません。

梗概を書く際、その作品をどう上手く説明すれば良いのでしょうか?

ただ話しの流れを追うだけでは、規定の枚数をオーバーしてしまいます。

どのようにまとめれば良いのかアドバイスを戴きたいのですが宜しくお願いします。

Ⓐ

編集者は「前号までのあらすじ」を何文字で書けといわれれば、一〇〇字でも、二〇〇字でも、その文字数であげることができます。

「不倫の男女が高いワインを飲んで心中する」と書けば、約二〇字で単行本一冊分の要約になるでしょ。って、何の本じゃ（笑）。

だから、話の流れを追って、文字数が収まらない、というのは、愛情が勝ちすぎて、客観性が不足しているということです。ざっくりやらないと。


別の角度から見てみましょう。

選考する側からすると、応募小説の梗概は、なぜ必要でしょうか。

まず、文章を見て、文章は悪くない、そこで内容を読み出したが、二、三〇枚読み進んでもどうも展開がはっきりしないし、面白いのかどうかわからない。

こういうときに梗概があると、ただ立ち上がりが遅いだけなのか、物語自体がめりはりがないのかがわかります。つまり、それ以上読み進む値打ちがあるのかないのかを梗概で判断するわけです。

最初から文章がちょっと甘いなあ、という原稿の場合は、すぐ梗概をみるでしょう。

それで何の魅力も感じられなかったらその時点でアウトです。

つまり、梗概では、その小説がいかにすぐれたストーリーを持っていて、読むに値するか、ということをアピールしなくてはいけません。

つまり、編集者という読者を読む気にさせなくてはなりません。もちろん、最終的には選考委員も。

だから、ダイナミックなほうがいいのです。映画の予告編では派手なシーンとか、かっこいいセリフをつないでいくでしょう。あれに近い役割なのです。あくまであらすじです。ただ全体はショーアップするという意識は必要です。

実際的には、話の入り組んだ部分は省略して簡単にしたほうがいいでしょう。因果関係をすべて説明しようとしないで、話の流れを書きます。脇すじのできごとは全面カットして中心の太い流れを書きます。結末はきちんと書かないと反則だと思いますが、内容によっては微妙に謎を残しても許してもらえるかもしれません。

結論として、シンプルで力強い流れのある梗概が読みたくさせると思います。梗概を通じて著者の構成力や筆力を見てくる可能性もあるので、小説を書くのとはまったく別物を作る気持ちに切り替えて、気合いの入った梗概を書いてください。

Q文体の統一

質問なのですが、「安定した文章を書くにはどうすれば良いのか？」という事です。

例えば、今日文章を書き、少し期間（二〜三日）を置いて続きを書くとします。

そうすると、もう文章の質が変ってしまっているのです。

基本的に漢字の多い硬い文章を書くのですが、文末や表現が変ってしまいます。

自分で考えた原因として、その時自分が読んでいる作家の文体の影響を受けてしまう事が上げられます。

後で通して読む度に、あまりの文体の違いにうんざりします。

何か解決法はないでしょうか。ご教授お願いします。

A

そう。文章を書く「私」の自己同一性のなさこそが、この『秘伝』のオリジナルなテーマの一つなのですね。それをいかに統合していくか、ということを通じていろいろなことが考えられる。

この場合は、あなたがとるべき道は三つ。

一つは、どれくらいの長さの原稿を書くのか知りませんが、すべてを一気に書いてしまうこと。書き上がるまでやめないことです。これなら分裂はありません。

二つ目は、前に書いた原稿に無理にでも調子を合わせて書くこと。

三つ目は、全部書いてから読み返して調子を整えること。

好きな方法を選んでください。どれも欠点がありますが、犠牲を払わなくていい方法は存在しないです。

あとは、すべて自分の文体のルールを決めてしまう、という過激な手段がありますが、実験としては面白いけれども、実際的ではないでしょう。

Ⓠ情熱と理屈

私は二六歳の会社員です。
今、私は彼女から
「何故私のことが好きなの？
他の女の子ではなく、何故『私』なの？
論理的に納得させて」
と言われ、困っています。

行動や口ではうまく表現できないので、メールで書き始めてみたのですが、一〇行も埋める頃にはすっかり激甘のラブレターに変わってしまっています。激甘のラブレターで「情熱」は十分に伝わるとは思うのですが、そこには自分でも納得できるような論理はありません。

また、冷徹に書いてみると恐ろしいことに
「別に『彼女』個人でなくてはいけない理由が無い」

と言うオチが導き出されてしまいました。

(「無い」と言うよりは、うまく説明できないのですが)

もちろん、私はその「彼女」でなくてはいけないと思っているのですが、理屈に振り回されてしまって、私自身が滅入ってしまいました。


そこで、情熱をうまく理屈につなげる方法を教えて欲しいのです。

燃え上がる情熱を抑えつつ、その上に納得できる理屈を構築する方法です。


そのメールを返さなくては関係が崩壊する!

と言うことは無いと思いますが（多分……）、もし、アドバイスいただけるならそれを参考にメールを書いてみたいと思います。

以上、普段のメールで見かける質問よりはかなり「緩い」「軟派な」質問になってしまいました。

よろしくお願いします。

Ⓐ 面白い彼女ですねえ。

普通、そんなこと追求しないよね。

まず、彼女のそういうユニークな点を集めてみるといいね。

それで、「君はこういうところが人と違うから好きだ」といえば、一つの理由にはなる。

そういうことを数え上げるだけでもお互いに楽しいと思うけど。

「好き」に理由はいらないというけれど、さらに、そういうユニークな点が何故好きなのか、というところまで彼女が追求してくるようなら、これはもう一種のゲームか、愛撫のようなものです。
慌てて答を出す必要はありません。ゆっくりとクイズの謎解きをするように二人の時間の中で答を出したらいいのではないですか。

■反響のお便り、紹介します。
けっこうラブラブもので甘い内容なので、紹介するのはやめておこうと思っていたのですが、先日改めて読み直したら、なかなか楽しかったので。

「村松様
いつもメルマガ楽しみにしています。
「え?」という質問に対しても説得力満点の解答なので
「うーん、プロは違う…」と、感心させられてしまいます。

ところで、村松様の解答の中で、私が好きで好きでたまらない解答があるのです。質問でもなんでもなくて申し訳ないのですが、黙ってられなくて、思わずメールを書いてしまいました。

何故彼女が好きなのかという質問についてです。

〉 Q

〉私は二六歳の会社員です。

〉今、私は彼女から

〉「何故私のことが好きなの？

〉　他の女の子ではなく、何故「私」なの？

〉　論理的に納得させて」

〉と言われ、困っています。

正直言って

「この人、なんでこのメルマガにこんなアホっぽい質問、送ってくるんだろうか。

ほかの軟派なメルマガに送ればいいのに」

と最初はあきれたのですが、村松様の解答を読んで
「うわっ！」

と思わず叫んでしまいました。

＞　Ⓐ
＞
＞面白い彼女ですねえ。
＞普通、そんなこと追求しないよね。

まず、ここを読んで
「え、そおなの？」
と驚きました。
というのも、私が好きになる人というのは、こちらから要求しなくても
「君のそういうところが好き」

と、さすがの私も恥ずかしくなるような甘い言葉で具体的に説明してくれたので。

私はそれが普通だと思っていたので友達にそれらのことを言うと、みんな「ええええ！　そんなこと、言ってくれるのお、うらやましい！」

と、結婚した子も彼がいる子もうらやましがります。

どうやら村松様のおっしゃる通り、世間では具体的に口に出して好きなところを説明してくれる男の人というのは少数派みたいです。


〉そういうことを数え上げるだけでもお互いに楽しいと思うけど。


そうなんですよ、全くその通り！

どうして彼らが私にそのように表現してくれるかというと、結局、私がそうだからなんですよね。

昔からの友達はともかく、新しく知り合った人々と話していると「なんだか、いつもいろんなことを考えてるんだねえ」

と男女ともに不思議がられるのです。

どうやら私は変わっていると思われているようだと気がついたので、あまり思ったことをぺらぺらしゃべるもんじゃないと気をつけるようにはしているのですが、とても話しやすくて、話していて楽しくて楽しくてたまらない人と会うと調子に乗って、思ったことを片っ端から話してしまいます。

話していて楽しくてたまらないごく少数派の男の人たち（営業が絡んでいると割り切って話しますが、プライベートでは好き嫌いが激しいので話していて楽しいと思える男の人とはあまり会ったことがないのです）は、そういう私をとてもおもしろがってくれて、私の「思ったことを片っ端から言葉にする」というのがうつるみたいです。

私は自分の方から言うのは平気なのですが、相手が言ってくることは心の準備が出来ていないので、とっても戸惑ってしまいます（もちろんすごく嬉しいんだけど）。

〉「好き」に理由はいらないというけれど、さらに、そういうユニークな点が何故好きな
〉のか、というところまで彼女が追求してくるようなら、これはもう一種のゲームか、愛
〉撫のようなものです。

そうなんですよ、そうそう！

「好き」になるのに理由はいらないんだろうけど、私はいつも理由を探してしまうのです。自分自身でも気がついていない性格の一部を好きな人にさらっと誉められたりすると、恥ずかしいけど、とっても嬉しいのです。なんで恥ずかしいかというと、誰からも言われたことがないかなり内面に踏み込まれた相手にしか言えないような内容なので（「元気だね」「明るいね」みたいな誉め言葉って誰でも言うでしょう）。

最初はゲームみたいに、おもしろくて（そして私の方が口が達者なので、私が圧倒的に優勢なのです）相手の逃げ道を全部ふさいで、ちょっとづつ、追い詰めていくのですが、ふと相手が思わぬところをついてきて、今度は私が少しずつ追い詰められていくのですが、もうその頃になると、お互い、声の調子とかも全然変わってきていて（ちょっと沈黙になって急に声のトーンを落とすあの瞬間がたまらなく好き！）私がふと力を抜いて黙ってしまうと、クスクス笑いながらいつも以上に優しい声で、どんどん甘い言葉を囁いてくれるのです。

私の方はと言えば

「そんなこと誰からも言われたこと、ない」

「そんなこと、考えたことない」

なあんて、彼と目を合わせることができなくて顔は真っ赤になるのですが、もう、あんな楽しいことってないです（彼らの方も普段は言いたい放題の私がおとなしくなって恥ずかしがっているのをものすごく喜ぶのです。どうやら、優越感を感じるらしい）。手を握るわけでもなく、決して身体にふれることもなく、言葉のやりとりだけでもこんなにドキドキしてぼおっとできるなんて、すごいことですよね。

その人たちに共通するのは、もともと素質はあったのですが、実際口に出して自分の感情について具体的に説明するということをそれまで知らなかったので、私と話していて、

「あ、言ってもいいんだ」

って気がついて、楽になれるみたいです。

「君は人を丸裸にするね」

とか
「これまで会った誰よりも深く話せる」

とか言われると、私もとっても満足で、そして自分に自信が持てるのです。

村松さんって、すごいですね。

単に文章がお上手なだけじゃなくって心理学にも精通してらっしゃるんですね。

解答を読んだ限りでは、村松さんはそういう言葉の愛撫をしたことがないみたいですが、
それなのに、解答があまりにも鮮やかなのでびっくりしました。

「ああ、そうかあ、私達がよくしていた『お互いの性格を観察・分析しあって具体的に誉め言葉を相手に伝える』というのは言葉の愛撫だったんだ！」

こんなぴったり当てはまる言葉を簡単に見つけだせるなんて村松さん、すごい！

(解答を読んだだけでも彼のことを思い出してしまい、ドキドキしてしまいました)

ほかのメルマガにメールを書く時には名乗るようにしているのですが、今回はあまりに私的すぎてちょっと恥ずかしいので無記名で申し訳ありません。

それではこれからもメルマガを楽しみにしています。」

⓾エッセイと小説

こんにちは、
いつも勉強させていただいております。
私はフリーライターです。仕事をしながら、エッセイや小説を書いています。

質問したいことは、例えば面白いネタに出会ったとき、エッセイで仕上げようか、小説で仕上げようか、悩んでしまう、ということです。

伝えたいメッセージは一緒なので、効果的なのはどちらなんだろうと悩み、結局二つの書き方で書いてみたりもしています。

ですが、非常に非効率的なので、ネタに出会ったとき、何を基準にして表現方法を選んだらいいのか、教えていただければ幸いです。

🅐 普通どちらにするかは素材によって自然に答えが出るものだと思うのです。

あなたの場合、問題を立てるとすれば、エッセイと小説が近すぎるということではないでしょうか。

小説的エッセイとエッセイ的小説。

読まないとわからない部分もあるけれども、あえて乱暴にいうと、これは一本化すべきです。

それもエッセイに一本化します。

なぜなら、エッセイは本当のことを書く形式だからです。

あなたがネタというときには、大部分が本当に起こったことの周辺を言っているような気がするので、それならすべてをエッセイにしてしまいましょう。

そうして、エッセイを書きまくってください。

そして、本当のことを書き飽きたときに、ふっと事実と別の事実を嘘という糊でつないでみたりすることが面白くなるでしょう。あるいは、九九パーセント本当の話なのだけど、結末だけをちょっとあなた好みに直してみたくなるでしょう。

そういう欲が出てきたときに、小説を書き始めましょう。

小説は一度禁欲して、「小説でしか書けない」領域が見えてきたときにまた書き始めたらいかがでしょう?

Q続々・商業出版心得

本にしたいと考えている企画があり、出版社への持ち込みを検討しています。

もともとは一年間に渡って発行を続けている（現在も不定期発行中）メールマガジンがベース。バックナンバーを読み返していた時に書籍化の可能性について考え始めました。ジャンルは健康関連です。かなり限定されたトピックで、興味がある人にはあるけれど、ない人にはまったくない、といった内容かもしれません。書店を回ってみた時に「社会的な関心が高まっている割には、このテーマに関する本は意外と少ないな」という印象を受け、その発見も書籍化を思いついたきっかけです。メルマガの発行部数は八〇〇部です（この数がちょっとネックなのですが……）。

出版関係者に知り合いがまったくいないわけではないのですが、それほど太い繋がりではないので、下手に期待をかけることはせずに、ゼロから営業をかける心づもりでいます。手順としては、書店やインターネットでテーマに関心を持ってくれそうな出版社を調べ、門前払いを食わされなければ、担当者の方にアポを取り……という感じで考えています。

そこで具体的な質問なのですが、この段階では「企画書」を出すのと、ある程度自分でまとめた原稿の束を出すのと、どちらが適切なのでしょうか？　直接出版社に持参する場合と郵送する場合でも違ってくると思うのですが、アドバイスをいただけると嬉しく思います。また、他に何か注意すべきことなどがございましたら、教えていただけると光栄です。

A

純粋に文章についての質問ではないけれども、周辺のことで知りたいと思っている方も多いでしょうからお答えすることにします。

今時期は、どこの出版企画も厳しいです。

出版社は、売れるに決まっている本しか出したくない、という感じではないでしょうか。となると、テレビの有名人や人気作家など以外はよほどタイムリーで、手堅いテーマでなければ企画が通りません。

となると、大事なのは書き方よりも、テーマと内容で、したがって、提出物は企画書がいいでしょう。

メルマガで配信していることは、評価の対象にならないでしょう。

健康物という限られた狭いジャンルだと、編集者はかなりはっきり売れ筋をつかんでいますから、商品性があるかどうか明解な判断が返ってくるでしょう。

二、三の出版社で編集者に話が聞ければ、あなたの企画のほぼ正確な業界的な評価が出るでしょう。このケースでは、郵送などよりも、とにかく編集者に会ってもらうことを中心に活動したほうが情報が入ってくるのでいいのです。

企画が受け入れられるかどうかに関わらず、会って話が聞ければ参考になることは多いと思います。

Q 新聞記事と文章

初めまして。ある業界紙の記者をしている者です。

最近、心に染み入る文章、味わいある文章とは何だろうかと考えます。

どんな媒体であれ、「てにをは」と意味の分かりやすさという点は文章を書くうえで大切だと思います。しかし、これらはごく基本的なことであり、やはり文章とは、読ませる力があってこその文章ではないでしょうか。新聞のコラムのように時事的な話題を盛り込みながら読ませるものもあれば、独特の比喩を用いているがごく簡単な言葉しか使わない村上春樹の小説もその力が本当に備わっているな、と感じさせられます。

人の心に訴える文章は、よく人生経験の積み重ねなどによって作られるというようなことも言われますが、本当にそうなのでしょうか。　新聞用の記事を書いていると分かりやすさが何よりも重視され、それなりに明解な文章が書けるように鍛えられます。ただ、そういう「てにをは」と分かりやすさは文章のうち二～三割に過ぎないのであって、やはり人を引き込むような文章を書くには、例えば一つの出来事を自分の感受性でもってどう受け止めるか、そしてそれをどれだけ感じたままに近い言葉で表現するかにかかってくるように思うのです。

そこで感受性というのは生まれながらのもののようにも思えるのですが、いったい素敵な文章とは、どういうことが要素になっているのでしょう。訓練によって身に付けていけるものならば、もちろん一生かかっても磨いていきたいと思うのですが、それはどういう訓練が創り上げるのでしょうか。お考えを聞かせてほしいのですが……。

Ⓐ 心に染み入る文章、味わいある文章、を一般論で語るのは難しい気がするので、業界紙の記者さんということで、新聞記事に限定してお話ししましょう。

僕が新聞記事に期待するのは、多面的なものの見方です。今の新聞は、警察発表、官庁発表、企業発表などを鵜呑みにして流すだけだとよく批判されます。

新聞というのは事実に基づくわけですから、そういうところから流れてくる情報を「と、某々が発表した」と言えば、これはもう文句を言われる筋合いはありません。

しかし、これを流すだけならロボットでもできます。

人間の力というのは、そこでちょっと待てよ、この数字おかしくないかな、というようなことがピンとこなければダメなのです。

以前、西武新宿線が終電の時間を一五分ほど遅らせました。その評価を西武は一年後くらいに失敗だった、と発表しました。期待したほど利用者数は増加しなかった、という結論の新聞記事が出たのです。

企業のビジネスとしての結論はそれでいいでしょう。

しかし、利用者の僕から言わせると、終電時刻の一五分はまことに大きい。しかも終電延長前は終電というと、ギリギリまで酒を飲んできた酔っぱらいは、牛詰めの電車に押し込まれていたのです。なんでこんな夜中までこんな電車に押し込められなければならないのかと利用者はいつもいやな気持ちでいたのです。

そういう面があるのに、企業側の談話だけで大した意味のない記事を載せるというのは、とても腹立たしかったですね。そのことを具体的に書かなくてもいいのです。ただそういうことを知っていたり、想像しようとしたことがあれば、全然違う文章になっていると思うのです。

Aという意見があれば、その裏には必ずそれに反対するBという意見があるのです。記者はいつもこれを両目で見ていないといけない。

すべての情報の裏付けを取れなんて、無理はいいません。ただ、ピンとくることがあったときに、自分で元の資料に当たってみる、よく知っている人に話を聞いてみる、電話を一本かけてみる、当事者に会いにいってみる、現場にとりあえず行ってみる、という行動をときどきはとったほうがいいのです。

それがすぐには直接記事には反映しないように見えても、そういう感覚のある人間とない人間では大きく差が開いてしまいます。

つまり、自分がなすべきことを仕事の流れに流されるだけでなく、つねに片目で確認している人間、情報を垂れ流すだけでなく、その評価をきちんと自分の目でしてくれている人間、そういう人がそこにいる、ということがわかる文章が、僕にとってはいちばん心に染み入る文章なのです。

そして、それはどんなに寡黙な表現の中からでも伝わってきてしまうのです。

秘めたものこそ、最も伝わる。それが日本の伝統の美意識です。アメリカ人にはきっとわからないし、アメリカ化した日本人にもわからないようなことだけれども。

たぶん、あなたが村上春樹の文章を好きなのも、彼の表現技術が好きなのではなくて、彼の秘めたる作家的志に感応しているのです。だから、表現そのものを剥いても剥いてもその本質はでてこない。

「文は人なり」というと話は終わってしまうのですが、自分がどこにいるかをよく知っている人には文章技術なんか太刀打ちできないのです。

最近よくある医療過誤の事件とか、数年前の放射性物質を非常にずさんに扱っていた事故。システムで人間を管理するようになると、人間というのは稀薄化無能化していくんだよね。誰も当事者がいなくなってしまう。

文章を書くという行為の現代的な意味は、そういうシステムの中で眠り込んでしまいそうな人間を覚醒させていくということなんだと思うんだよね。

ところが、書くというシステムの中でも人間はグーグー寝てしまう。

覚醒していてくれるというだけで、有り難いし、味わいがあると僕は思うのです。

Q雑誌の編集

『秘伝』、いつも興味深く読ませていただいております。決してテクニックにとどまらない

（というか決してテクニックではない）真摯なお答えに、文章を書く、そして生きることそのものの姿勢のようなものを見させていただいています。

さて、私は農業者もしくは新規就農希望者を対象にした雑誌（これまでのところ投稿記事が多いです）の企画・編集・発行をしている者ですが、常々困ることがあります。

それは、

1・多くの古くからやっている農業者は、自ら文章に表すことが苦手である

2・肉体労働と「読む」という行為とは互いに同時に成立しにくい傾向がある

ということです。

1については、雑誌として、経験の乏しい新規就農者や就農希望者から直接発せられた声ばかりを拾うのは面白味に欠けるので、どうしてもこちらから取材をしなければならないということになるのですが、そうすると、インタビューや聞き書き風の記事ばかりになってしまって、雑誌全体が平板に感じられてしまうように思われます。

2についてはどうしようもないようにも思われるのですが、読者を一人でも増やすためにも、なにか良い方法はないでしょうか？

こういった「書く」ことが苦手で、なかなか「読む」気になれないという人々が、少しで

も「書く」「読む」気になれるような方法をご存知でしたら、ご伝授よろしくお願いいたします。

また、素人が取材する際に、効果的に取材し、記事を魅力的なものにするためのポイントなどありましたらお教え下さい。


質問の背景として……

私どもの発行しているのは、三〇〇余名の会員に隔月で直接送付する五〇ページほどの小さな冊子です。もともと投稿誌として発足しましたが（当初は出版社を通しての書店販売でした）、投稿数の減少と内容の平穏化（良くも悪くも過激なものがなくなった）と経済的悪化から、取材や企画を主とする雑誌としてリニューアルを図ろうと考えているところです。とは言っても、人的資源（企画~原稿集め、編集~発行~発送を含めた作業をほぼ一人でやっています）と経済的資源の乏しさから、普通に書店に並んでいる雑誌のように、たくさんのスタッフにそれぞれ取材・執筆をお願いするというわけにはいかず、どうしてもある程度直接「書いてもらう」ことが必要となってしまうのです。

また、取材を誰かに依頼するとしても、農業をある程度実地で知っている人でなければなりません（そうでない人の記事では捉え方が浅く重みがなく（特に技術的なものは）、何年かやっている百姓にはすぐに（読む価値のないものと）見破られてしまいます）。そうなるとなかなか（取材や文筆の）経験者はいないので、これもまた所詮素人です。このように、取材も執筆も素人がこれまた編集の素人である私とともに雑誌をつくっているのです。それでも何とか少しでも質のよい雑誌を作りたいと思って悩んでおります（まず中身がよくならなければ経営も好転しませんので）。こんな八方塞がり、課題山積の経営などやめてしまえと思うことも多々ありましたが、出版・流通業界の現状に疑問も感じますし、何とかやっていける方法はないものかと模索しているところです。

Ⓐ 文章というより、これは全く編集の質問だけれども、農業の雑誌という具体性がうれしいので答えてしまいます。僕は農業については素人だから、とんちんかんな面もあるかもしれないけれど、それを差し引いて参考にしてください。

まず雑誌の読者ターゲットを考えるわけだけれども、農業を「これからやりたい人」とすでに「やっている人」では、全然読みたい内容が違うと思うのです。

つまり、新しく農業に参入したい人は、たとえば、都会から田舎暮らしに転換する人なら、生活環境にまず興味があり、その土地情報だけで成り立っている雑誌もあります。それから、これから参入する人々はたぶんに理念的で、無農薬、自然、有機農法系に興味があるに違いありません。

パソコン雑誌でも、エントリー層、ビキナー層に対する雑誌が多いでしょう。憧れや期待や幻想をたくさん持った層に対する雑誌作りは、わりとはっきりした売れ線の企画のラインがあるのです。

これに対して、農業のプロに売るのは難しい。彼らが興味があるのは、端的にいえば、何が金になるか、どうやれば金になるか、ということではないでしょうか。

金が目的というといかにも通俗的ですが、馬鹿にしたり否定してはいけません。

先日読んだ農業マンガによれば、日本の食糧自給率は、すでに二〇パーセントまで落ち込んでいるということです。

それは、農業がビジネスとしての魅力がないからです。

だから、若い才能が入って来ない。

農業はビジネスとして儲かるんだ！　と胸を張っていえなければ、この世界に未来はないのです。

したがって、この二つの読者層を総合すると、次のような雑誌が必要ということになります。

新しい農法、新しい作物、新しい流通、新しい農業経営、というものについての具体的な情報を提供し、儲かるビジネスとしての農業というビジョンを提供する。

新しい農法の中でも、広がりつつある自然的農法の科学的体験的裏付けを多く提供する。

これで、一つの雑誌として成立します。

「肉体労働と読むことは両立しない」と言われるが、それは読む価値があるほど、実用的な情報がそこにないからでしょう。

その証拠に「底が浅いとすぐ見破られる」と書いてあります。

新人にも、農業のプロにも有用で、明日の農業を夢見ることができるような雑誌、そういうものを作りましょう。

ここまでが概論です。

こう言われても、難しいし、予算はないし、どうしたらいいいか、さっぱりわからないでしょう。

これからが実践編です。

大きく言うと、農業についての面白い動き、新しい農法、そして、日本の新しい農業を築くキーになる人物についての情報がすべて集まる雑誌にするのです。

そのために従来の雑誌の発想は一旦、きれいに捨ててしまってください。

まず、第一にすることは、企画を一号ごとに考えるのをやめるのです。

企画は一年単位で考える。隔月であれば、六号分の企画を一度に考えます。

同時に経費等も若干流動的に使えるようにします。

次に年間を通して、人を動かすイベントを考えます。

まず、農業で成功している人の実例を集めましょう。テレビで観ましたが、かなり利益を出している若い人のグループがあると思います。あるいは農業コンサルタントみたいな人でもいい。こういう人たちを呼んで、講演会、勉強会をやる。

呼ぶ以上は有料で、参加者をなんとかして集めて成功させる。ゲストにお礼を出しても、持ち出しなしでいけるか、利益を出すようにしてください。

それでそのときの講演内容をテープにとっておいて、何回か分の記事にする。後日、単行本や別冊の材料にしてもいいのです（もちろん、講演する人たちのオーケーは事前にとってくださいね）。

新しく農業をはじめたい人のためのセミナーもできます。一年を通じて、土日に、農作業手伝い実作業つきのレクチャーを行えばいいのです。その前後で農家の人と交流してもらい、見聞を広めてもらえばいいでしょう。

新聞などでうまく宣伝すれば人が来るでしょう。

農業を経営的な視点で見る、というセミナーも、いい先生がいたらやったほうがいいですね。よくテレビで一つの家の家計を診断しているではないですか。ああいう視点が農業にも必要な気がします。

設備投資が多すぎるとか、利益率が低いだとか、一覧にしてみて、チェックしてもらうのです。

このようにイベントを成功させれば、激安、ないしはただで、優れた記事の内容を手に入れることができます。

現状では、農業をしている人をアマチュアの人が取材しているようですが、農業者は、農業のプロでも話すことのプロではありません。これはやめたほうがいいです。話す人は、とにかく、話すだけの内容のあるプロを、金がかかっても、遠くからでも呼びましょう。で、ついでに講演会をやってとんとんにするか、儲けましょう、ということです。アマチュアの場合は、座談会の形式のほうが、司会の力量と、まとめる人の力でフォローが利きます。

こうなると、雑誌の企画というより、ほとんどがイベント企画ですが、そこで具体的に人間が動くということが大切なのです。先生を招いて有益な話をしてもらう。招いたはいいけれども、今度はこれを多くの人に聞きにきてもらいたい。それでまた人を誘う、宣伝をする。最初は、数人から十数人が聞きにくるイベントでいいのです。とにかく成功させているうちに、すぐになんか面白そうなことやっているぞ、と評判になるのです。

もちろん、インターネットはこういう動きをフォローするのにいちばん便利です。編集は、集めて編むと書くわけですが、ここでは人の流れ、情報の流れという雑誌よりも大きなものを自分で作り出し、編んでしまうわけです。

行動して、その報告を雑誌に落としていく、というスタイルは今、いちばんかっこいいものです。

どうしてかというと、今のジャーナリズムの言葉では誰も動かないからです。週刊誌などは、いつも声を荒げて政府などを批判していますが、もうルーティンになっていて、この言葉は誰にも届きません。メディアは、一見過激で、その実無力無内容無責任な批判を繰り返すことで、自らの言葉を無力化し、その価値を日々低めているのです。

そういうメディアの真似ではなく、実際に人を動かす力を持つ媒体になりましょう。この雑誌を読んで農業に夢を持ち、学び、行動する人がでてきたら、すばらしいではないですか。四角い誌面に何を盛り込むかに汲々とするのではなく、もっと大きなものが動いているプロセスと予感が誌面に投影されていけばいいのです。

そういう活動をしているうちに、協力者や、ブレーン、ボランティアのスタッフ、など、あなたを取り巻く人の層はずっと厚くなります。また、企画が持ち込まれてくるようにもなるでしょう。そうなれば、物事のほうで勝手に動いていってくれます。話が大きくなってびっくりしていると思いますが、要するに、この話は大きく考えれば考えるほど、成功する確率が高くなっていくのです。だってそういうことをちゃんとやっている人いないんだもの。この時代、みんな面白い行動を起こそうとしている人には協力してくれます。

物理的仕事量はたいへんだけど、やり出したら楽しいと思いますよ。ぜひ、頑張ってください。

あー、なんか語りすぎてしまったかな。

Ⓠ文章の中の言葉

私は文章を書くことなど、全然目指していない者なので、質問をするのも恐縮なのですが、文章を読むことは非常に好きです。

小説や、エッセー、新聞記事の中に「ハッ」とするような美しい言葉を見つけると、感動して、自分も会話の中で同じ言葉を使おうとするのですが、どうも「臭い」のです。キザな言葉でなくても、自分が「ハッ」としたときの様なニュアンスを失ってしまっているのです。

言葉を発している私の人間性や、言葉を発するTPOの問題もあるのかとは思うのですが、「文章の中の言葉」と「会話に織り込まれる言葉」には違いがあるのでしょうか?

また、「文章の中の言葉」を効果的に「会話に織り込む」方法があれば教えてください。

Ⓐ

子どもの頃、よく「あめんぼ」という虫が池にいて、長い足でスイスイ気持ちよさそうに水面を移動していました。

ところが、一度これを網ですくってみたら、なんとも貧相でやせたつまんない虫なんだよね。

でも、また池に放してやると、スイスイ水面を走るんだ。


あなたの手の中で輝きを失った言葉も、元の場所に返してやればまた輝くのでは?

■今回は、僕がいろいろな質問に接してきて、最近、文章を「四段階のレベル」で考えるととても理解しやすいのではないか、という考えが浮かびました。その説明モデルのいわば、試運転というか、例題です。
新理論というより、ふだん自分で表現作業をしている人には、とても単純明快でわかりやすい説だと思います。こういう考え方に慣れない人こそ、立ち止まって、よく理解してほしいと思います。

Q 文章の心構え

初めまして。『秘伝』、毎回楽しみにさせて頂いております。

早速の質問で申し訳ないですが、文章を書くに当たっての心構えについて質問です。

以前は割と何も気にせずに文章を読んでいた節があるのですが、友人との約束がきっかけで、曲がりなりにもとある新人賞に投稿する事を目指して文章を書くようになってから、小説などの文章を読む時、語り口などに注目するようになりました。

プロの皆様は、それぞれ、独特の語り口調を持っていらっしゃいます。

私個人の好みでは、北杜夫先生のような、すっとぼけながらも味のある文章が気に入っておりまして、自身もあのような文章を書く事が出来ればと、日々、少ない頭を捻る毎日を送っております。

色んな作家様の文章を読むたび、「なんでこんなに解りやすい喩えを持ち出せるのだろう」

「何でこの作家様の文章は面白いのだろう」と感心すると共に、自身がすぐ手に取り出せる語彙の少なさ、表現力の無さに苦悩する次第です。

そんな訳で、本を読む度に、目を皿のようにして、吸収するよう努力しているのですが、いざ筆を取ってみると、全然吸収できていないという現実に直面してしまいます。

また、文章を書く上での体裁等を覚え、昔よりは進化していなければならない現在において、どうも、昔の方が体裁にとらわれずに楽しんで書いていた分、面白く書けていたのではないかと思えてしまいます。

何か、体裁を覚えた分、頭から何かが抜けていってしまったかのような、胸の中で何かが引っかかっているような感覚を覚えるようになりました。

そこで、基本の基本に帰るべく、質問させて下さい。

村松様が文章を書くにあたり、念頭に置いている事、心構えなどをお聞きしたいのですが……。

本当に基本的な事ですし、人それぞれに違うとは思いますが、どうぞよろしくお願い致します。

A 僕は人間の「書く」作業を四段階に分けて説明することにしました。
あなたの質問に答えるのに、ぴったりなので、まず、この理論を説明させてください。

「四段階のレベル」

文章を書くときに、どのようなレベルでエネルギーが働いているかの分析です。

第一段階　意志とエネルギーのレベル
これは、なぜ自分は文章を書きたいのか、どういう文章を狙っているのか、というレベルです。映画・演劇でいうと、プロデューサーのレベルです。
とにかく、映画を作りたいと考え、大きな方向性の中で、これならいけるというところまで形を整え、必要なお金と人（文章の場合は書きたいというモチベーション）を集めてきます。

第二段階　プロット・構成のレベル
第一段階のエネルギーを受けて、より具体的に作品の組み立てを考えます。映画・演劇でいうと、監督・演出家のレベルです。このレベルでは、作品の意図を大まかな構造の中に刻み込み構成します。この構成のダイナミズムに基づいて個々の演出プランに具体化していきます。

第三段階　表現・パフォーマンスのレベル
ここでようやく、具体的な文章の表現になります。映画・演劇でいうと、監督・演出家の指揮のもとに、主に俳優・役者が活躍するレベルです。

第四段階　仕上げ・校正のレベル
これは文字を統一したり、誤字脱字を直したり、ほんとに仕上げの仕上げ作業です。映画・演劇との比喩はここでは必要ないでしょう。

もちろん、書かれた文章は一つですが、そこには、この四つのレベルのエネルギーが流れていなければなりません。とくに一から三のレベルまでは、大きな一つの有機的な流れが構成されていなければなりません。

一の志が高ければ、二の構成もよりタイトなものになります。したがって、三の表現も一の意志を活かす形で制御され、細部まで表現者の魂の通ったものになります。一は意志、二は思考、三は感情ととらえてもいいです。これらがバランスよく動くことが、人の心に強く働きかけます。

意志が弱ければ、思考では補えません。思考が混乱していれば、感情はフォローすることができません。ですから、つねに一から二へ、二から三へとエネルギーを流して統一的な表現をつくりださなければなりません。

以上で説明は終わりです。

さて、あなたがこの説明でいうと、どこにいるかお分かりでしょうか。

あなたは小説を書こうとして、三のレベルにしか注意を払っていません。そして、他の作家が使った表現に憧れています。

しかし、他の映画に出た俳優がいい演技をしたからといって、その演技を自分の映画に持ってくることはできません。

俳優術というものには、共通性もありますが、基本的には、監督・演出家ごとに違うものです。また、場合によっては作品単位で違う演出になります。

だから、人の表現がいいと思っても、それを簡単に移植することはできないのです。

遠回りのようでも一から、あなたは何を書きたいのかから探してください。それを探すために、改めて短い作品をいくつか書き上げてみる必要があるかもしれません。とにかくその手応えを探すのが先決です。

Q小説を書き始める

文章を書くのが好きなのですが、いざ小説を書こうと思うと、どうしてよいか解らなくなってしまいます。

書きたいことが漠然とあっても、それをどう展開すればよいのか、まず書き始めるときにどんな作業をした方がよいのか、一般的にはどのようにして書き始めるのかを知りたいです。

A だいたい小説を書こうとして書けない人は、「四段階のレベル」の二と三の断片的なアイデアしか持っていない人が多いのです。一、二、三のそれぞれについて、自分がどれほどのものを持っているか検証してみてください。

Q 校正の赤

いつも「なるほど」とうならせる回答を読ませていただいています。

私はあまり文章を書く方ではないのですが、技術上の解説書や説明文を書く機会があります。その時に、当然、校正の方のチェックが入るのですが、よくもまぁ、こんなミスを発見してくれたと言うほど、私の原稿には赤が入ります。

自分ではよくよくチェックしたつもりですが、どうも私の目はいい加減なようです。どうすれば、誤字脱字、言い回しのくどさなどのミスを少なくできるのでしょうか？　校正能力は努力すれば高まるものなのでしょうか？　それとも、とても良い校正家を探し出して、チェックを任せる方が無難なのでしょうか？　文章を書く人の標準的なパターンとして、こういう苦労はないのでしょうか？　そのあたりのところを教えてください。

Ⓐ僕のゲラも真っ赤や、真っ黒（鉛筆での質問）になります。僕は全然気にしていません。むしろ、そこで助けてもらうことは、当然のアシストと思っています。

自分に余力があれば、それより、一、二、三をきっちり仕上げるほうに向けます。

校正にはどうしても他人の目が必要なのです。

最後のチェックに他人の目が入ることによって、最後のブラッシュアップをし、より読みやすくする契機にしようと考えています。

あまり細かい赤には苛立つことがありますが、全体としては、校正者がいることに感謝して、前向きに利用しています。

Ⓠ自費出版心得

ある出版社に原稿を出し、共同出版と言われました。初版分は自分でお金を払うというシステムらしく、出版社が流通させてくれると。二刷以降はお金もかからず、と言うことでした。

私としては遠い将来でも商業作家になりたいと思っております。ですから次があるのならば初版にお金をかけてもいい、という気持ちです。ですが、書いているものが小説なので次の作品を書いたとして、発表できないのはやはり辛いところです。

実際問題、かなりの数の新刊が書店に並んでおり、その中で残る本と言うのもごくわずかなのも確かで、代謝の激しい世界であることも承知しております。

かけたお金が回収されることを望んでいるのではなく、その世界で生きていくことへの足がかりになるのでしょうか?

❹

自費出版についての質問は今までにもいくつも来ています。質問というより、報告か自慢(?)のような形式が多かったので、今まで取り上げなかったのです。

けっこうだまされる人が多いようなので、はっきり書きます。

この件に関しては、僕の個人的な意見ではなく、出版業界の一般的見解です。


足がかりには一切なりません。

もともと出版の世界とは、読者にお金を払ってもらって成立している世界です。

作者がお金を払う自費出版の世界とは別の世界と思ってください。

出版界の人間の自費出版の世界に対する一般的認識は、悪くは「詐欺まがいの商法」、よくても「作家になりたい人間の幻想につけこむ商法」です。

したがって、自費出版で本を出しても、一切キャリアにはなりません。むしろ、出版関係者にいえば、ああ、だまされているなあ、と哀れまれたり、口には出しませんが、世間知らずとして軽蔑されるでしょう。

だって、出版社にとって、作者がお金を払ってくれるなら、こんなに楽なことはありません。

自費出版の会社は共同出版と言いながら、初版できちんと利益を出しています。

だから、共同出版という名前を使っても、彼らは何のリスクも負わないし、内容が優れていると評価しているとも限らないのです。

また、彼らは作者にお金を出させて、自社の広告を打っています。そして、自社の負担なく自社の名前を出して、この通り広告も打っています、という宣伝の材料にしているのです。

自費出版の本の九九パーセントは売れません。だから、そういう本が書店に置かれるといっても、それは会社が棚をお金を出して借りているという話です。

でも、そういう棚を客には見せて、この通り流通にも流れますよ、という形を作っているのです。

たまたま重版した本、成功した本があれば、それはおとりとして盛んに成功例として使われるでしょうが、そんなものは、ほんの一パーセント程度にしかすぎません。九九パーセントはただのいいカモなのです。

自費出版自体が悪いわけではありません。

自分のメモリアルのために、書きためた作品を本の形にするようなことはあってもいいですが、それは商業的なレベルの出版物とは違うのです。

そこをカムフラージュして、商業出版と近いものに見せかけ、幻想を抱いた人間を食い物にするような商法は横目で見ていてかなり不快なものです。

しかし、そんなに簡単にモノ書きになれると考えているほうもかなり甘いので、つけこまれても仕方ないかもしれません。

ネズミ講のような悪徳商法がなくならないのも、欲につられた人々がいつもいるからだと言われます。それと同様にみんな自分は作家になれるのではないかという甘い幻想に対して、少なからぬ金額を出しているのです。

僕なんかも、もう少し良心的で実質的な自費出版の事業を始めようかなどと考えることがあります。しかし、たぶん、こういうことにお金を出す人は、良心的で実質的なことを求めているのではなく、うまくだまして夢をみせてくれる人を探しているのですね。

Qメルマガと出版

ある出版社の若い男性の編集者の方に、現在までに私が発行しておりましたメールマガジンの単行本化のお話をいただいておりました。

昨秋くらいにコンタクトがありまして、いろいろアドバイスを受けたりしていたのですが、先日、その出版社が不渡りを出した？　とか（あまりよくわからないんですが……）内部事情から？　企画中止ということになりました。

その編集者の方が仰るには、メルマガという媒体と、書籍という媒体との違いをよく考慮して、テーマやスタイルに決定的な印象付けをしてから読者層を設定してセールスをしていけば、仮にほかの出版社に売り込んだとしても「商品」になるだろう、ということでした。

そこで、ご質問申し上げたいのですが、最近いろんな面でメルマガという媒体が取り沙汰されていますが、実際のところ、どのような形で単行本化までに至っているのでしょうか。

また、メルマガ、という形で公開していなくとも、どんどん無名のライターの方の文章が出版化されていますが、これはどのような形で出版社及び編集者の方々とのやりとりがあって形になるものなのでしょうか。

書籍化、ということに関しましては以前から関心がありまして、ひとたびその実現への道が見えたかな?! というところでしたので、もし努力してそのチャンスを掴むことが可能であるのなら、いま自分に出来る限りのことをしたいと考えております。

Ⓐ いちばん単純明快に言うなら、メルマガと単行本は完全に別企画と考えたほうがいいでしょう。

僕もこの『秘伝』のメルマガの単行本化をある出版社に持ちこんだのですが、出版社の要請で、いまや、その本は全然別の企画になりつつあります。

なぜかというと、単行本はメルマガにはない一覧性があります。目次を開くとだいたいの内容がわかります。これがきちんと網羅的に構成されていないといけない。

そういう一貫性はメルマガではなかなか出ないのです。メルマガは、時間をおいてその場その場で執筆することが多いので、内容の重複もあれば、必要な情報が入っていないこともある。

読者も著者も週一だったら、週一のその号を意識しているだけであって、全体の中の位置づけはあやふやなことが多いのです。

それから、文の長さの感覚も違います。単行本は例外もありますが、形式によって、だいたい収録できる原稿枚数が決まっていることが多いです。通常四〇〇字三〇〇枚くらい。その中で必要な項目を押さえようとして書きますから、文章がタイトです。

メルマガの場合、そういう制約が少ないので、文章がタルいことが多いです。

それでも、一回が短い枚数だから、なんとか耐えられるのですが、単行本にするとしたら、全面的に書き直す必要がある場合が多いのです。

だから、あなたがあなたの企画を出版社に持ち込む場合、単行本用の企画書を改めて作ったほうがいいでしょう。

どんどん無名のライターの文章が本になっているといいますが、そんなことはありません。今、出版界は不況で企画も非常に保守化しています。無名の人だと思ったら著者略歴を見てください。そんなに力も実績もない人の本は出ていないはずです。

あと、メルマガの部数というのも、出版界では必ずしも評価されません。

実績を調べてみると、メルマガは有料化すると読者が百分の一に減ると言われています。一万人読者がいても、その中でお金を出してでも読んでくれるのは、一〇〇人ということです。

この『秘伝』の読者は約六〇〇〇人いますが、その中で本当に値打ちを感じている人は六〇人しかいないということになります。んー、個人的には僕のメルマガに関してはもう少し歩留まりがいいと思いたいけど……。

というわけで、向こうから声をかけてきた人にはそれなりの目算があったのでしょうが、その人物が頼りにならないとしたら、メルマガと単行本がそんなに近いと思わないほうがいい、というのが僕の回答です。

ただ、この編集者なる人物はなんか存在感が曖昧な気がしますね。

あなたのメルマガがセクシャルな内容なので単行本化を口実に接近してきた、というようなことがあるのかもしれません。

あるいは本当に不渡りを出したのかもしれませんけど。

企画として社内で通ると楽観していたのに、通らなかったことを言えなくて誤魔化してい
るとかいう可能性もあります。

いずれにしても、この人物にまだ連絡がつくなら、出版社に持っていく企画書を書いても
らうか、書き方を教えてもらうといいでしょう。

ついでに、その企画書を持ち込んで可能性のある出版社もいくつか選んでもらいましょう。

そういう相談くらい乗ってもらってもいいと思いますけどね。

■今回はオリジナリティについて、とても重要なことを書いています。
これは村松の「オリジナル」な文芸理論です。オリジナルといっても、過去に同じような
ことを言った人はいるかもしれないし、そんなのなんとなく感じてらあ、という人も多い
と思うのですが、過去ではなく、今、なんとなくではなく、誰でもわかるように明言する
ところがオリジナルなのです。えっ、誰のオリジナルでもどうでもいい？　そりゃそうか
もしれないけど（笑）。ときどき自分で強調しないとさ、誰も言ってくれないからね。

で。これから書くことは、考えようによってはとても小さな地味な事柄なのですが、このことがわかっていないためにに伸びないアマチュアの文章家がたくさんいるように思えます。全く内面的な捉え方の問題だし、ある意味ややこしいので、意味がわかってもらえるか、あるいはその重要性がわかってもらえるか、やや反響が心配な部分があります。文章を書き慣れている人なら、わかってもらえると思うけどなー。

Ⓠオリジナリティって何？

四〇代の医師です。書くことはかつてはうっとうしかったのですが、ワープロのおかげで面白くなりました。本を出すほどの熱心さはなく、内輪の会報にエッセイの真似事を時々出す程度で、果たして何人が読んでいるのかも判りません。会報には常連の書き手がいまして、本人はそれなりに筆が立つと思っておいでなのでしょうが、内容はいつも若者や政治家の悪口をちがう言い方で書いたものや、いまどき暇さえあれば誰でもいけるヨーロッパ旅行記を、旅行案内に自分の体験を申し訳程度に混ぜて長々と書いたようなものもあります。

私は、自分の体験や趣味、本の感想などを織り交ぜて、なるべく人には書けないことを書くように心がけているつもりです。本屋に並んでいる医者の本のなかには、具体的な患者さんの話を美談に仕立て、それにいろいろな本からのありがたい話をつぎはぎで述べるようなたぐいの山もありますが、そうしたものは書きたくはありません。なるべく仕事以外での話題を文にしたいのですが、世の中に話の種はいくらでもあるはずなのに、いざ書いてみるとまとまりのないものになりがちで、種が尽きると仕事関係の話が顔をだすのが残念です。

新聞や雑誌のエッセイと称するもので、なるほどと思うものもありますが、著名な人のものでもお粗末なものもあるようです。きっと締め切りが迫っていたのでしょうね。

大家と言われる人でも、始めは模倣から入るのはどの時代でも変わらないでしょう。私がオリジナルと思っていることも、その多くは本や人の話から仕入れた知識であるのですから、他人の文章でも部分的には私のと似たものも見るのも当然かもしれません。所詮人間の考えることは似たようなものかもしれませんが、オリジナリティを出すには、地道に本を読み、人の話を聞き、自ら体験し、それらを総合するしかないのでしょうか。

オリジナリティ！

Ⓐ

それこそ私がお話ししたいことです。

『秘伝』もすでに二〇号を迎えましたが、今まで誰もオリジナリティについて質問してくれませんでした。

したがって、質問が期待している以上にオリジナリティについてお答えしましょう。

今ほどオリジナリティが軽んじられている時代はありません。しかし、逆に今ほどオリジナリティが必要とされている時代もありません。

人が文章を書く目的、表現をする目的も究極のところ、自らのオリジナリティを探し出すことにあります。


オリジナリティとは何ですか？

オリジンとは起源ですね。その起源とつながって出てくるものがオリジナリティです。


その起源はどこにありますか？

人の内面にあります。

つまり、人の内面にあって、その人しか持っていないもの、その人だけのものが発現されたときに、オリジナリティというものになります。

この語義でいきますと、あなたが質問されたように、誰も書いていても手をつけてもいないネタを探すという作業だけでは、オリジナリティを開発するには不十分だとわかります。どう不足かと言いますと、「私」という確固とした存在があって、それが事物を見て語っているという構造自体が、じつは文章的に見ると自由性と奥行きとを欠いているのです。もっと視点を自由にしなければいけません。「私」が事物を見るように、今度は事物が「私」を見たらどうでしょう。あるできごとが起きたとき、「私」はどう反応したのか、それを科学実験をするように怜悧に観察して言葉にする、そういう視点が必要です。ある出来事が起きたとき、「私」はそれを観察します。しかし、その出来事によってじつは「私」の中にもそれに対応した変化が起きているのです。それが出来事の全体です。その二重の変化を観察し、描写する視点を得たときに、表現の可能性は無限大になるのです。

もっと外側に注意を向けるのと同等のエネルギーを、自分の内面を観察するのに向けてください。

ある事柄について書こうとするときに、自分自身が、それにどう心を動かされたかを見てください。驚いた、怒った、泣いた、笑った。いろいろな反応があります。しかし、そういうことを書こうとしても、視点が自由でないと、紋切り型の自分しか出てきません。ありがちな退屈な人間がいるだけで、オリジナリティとはほど遠いのです。


それは、つまり、「私」が書こうとしているからです。

本当は書くのは「私」ではないのです。この「私」というのは、「彼」という言葉と同様に指示代名詞であり、空虚であるべきなのです。

エッセイであれ、小説であれ、「私」と語り出したとき、その「私」は虚構なのです。虚構というのは、嘘を書いているという意味ではなく、語られる世界の住人、実体とは存在レベルの違うバーチャルな存在なのです。

ところが、「私」という言葉であるがために、そこにどうしても実体を投影してしまう。無意識であれば、つねに語り手の「私」と語られる「私」は混同される方向に流れます。

そこで語り手のほうは、「私」と呼ぶことをやめましょう。

語り手、書く主体は、「私」を冷ややかに距離感を持って見つめられる一つの「視点」であるべきなのです。

この視点が確立してくると、先ほども言ったように、外側の現象だけではなく、「私」の内面の現象すらも観察し、描写する素材とすることができるようになります。

このとき、初めてオリジナリティというに値する、魂の個別性が表現されるでしょう。

ユーモアも、自分を他人のように見つめられる視点を持ったときに生まれるのです。


文章修行というのは、まさにこのような「視点」を鍛え上げるということなのです。

■「オリジナリティ」について、やはり「よくわからない」という人がいるようです。でも、聞いてみると「よくわかった」という人もいる。
人間の内面というものを対象化して考える習慣のない人には、むずかしいのかもしれません。人間の内面性、いわゆる「精神」にも物体のような実体性があると感じたり考えることがあるかどうかということです。

宇宙と人間の進化のプロセスとは、精神に物質性が、物質に精神性が浸透していくプロセスなのです（超難解！）。

Qオリジナリティ再論

オリジナリティについてですけど、読み直してみたのですが分からない点があります。

この号の理論の根元は
＞人が文章を書く目的、表現をする目的も究極のところ、自らのオリジナリティを探し
＞出すことにあります。
というところに集約されると思うのですが、これが納得できてないです。

後半部の
＞その二重の変化を観察し、描写する視点を得たときに、表現の可能性は無限大になるの
＞です。
という部分にはまったく賛成なのですが、それと前述のオリジナリティとの関わりが不明です。

まずオリジナリティって言葉、独自性でいいんですか？
どうも後半部の視点を獲得すればオリジナリティを獲得できる、と結論付けられているようなのですが、そこがどうもわかりません。

つまり一歩下がった視点を獲得するのが重要なのは分かるのですが、それでも書かれる内容が凡百であったり、どこかでみたような文章ということも当然あると思うのですよね。
それが「作者＝私」的な文章よりは進歩した文章になるであろう、までは分かりますが、それとオリジナリティとは関係ないような気がするのですがどうなのでしょうか。

別の話。

この質問者の方が言っているような意味での、他人と視点が違うという意味でオリジナリティの意味を取れば、結局他人様が書いてるモノと比較考量しないと自分の書くモノが独自性があるかどうかすら判断できないってことになりますね。
なんというか周りを気にしながら書くことにならざるを得ない。そういうことしながら探すオリジナリティって何かチガウンジャナイノという気がします。

どこかの誰かと違うことを書きたいという気には特にならないのですが。別に他人と違いたいから書いているわけじゃないからです。結果的に同じなら同じでもいいのではないかと思う。それが既成文章の陳腐なコピーならだれも見向きもしないだろうし、視点が近くても見るべきモノがあればそれはそれで残りうるし、いずれにせよどうせ淘汰されるしそうなってからヤメレばいいのでは、という気がするのですが、それじゃダメなんでしょうか。

Ⓐ

「あらゆる人は自らの軌道と運命を持った星である」。正確な引用かどうかわかりませんけど、これは二〇世紀の魔術師A・クロウリーの僕が大好きな言葉です。オリジンというときには、いつも僕はこの言葉を思っています。人間の魂の中のそのまた中心の一点、それは自らの軌道と運命を持った孤独に輝く星なのです。広大な宇宙の中の一点である星は、他者と同じであることもぶつかることもありません。ただ自らの軌道を行くだけです。

オリジナリティとは、本来、僕はそれぐらい絶対的で、完全なものでありうると思っています。そして、その自分本来の存在に帰ろうとする衝動もまた、オリジナリティと呼んでいいものだろうと思います。

現代では、人間の魂は、極端にいうと一山いくらの扱いしかされていません。

そうして魂のほうもそう扱われるのに慣れてしまっているのです。

だから、文章を書くことは、自分を見つめる行為であるはずなのに、いつまでも目を逸らしている。自分も見ていなければ、当然他者も見ていない、そういう文章が多く目につくのです。

しかし、書きたいという衝動自体は、オリジナリティへの回帰を目指しているに違いないのです。

それなのに方向がつかめないで、ある人々は幽鬼のように彷徨っている。僕の目にはそのように見えています。

だから、オリジナリティを得るということは、とても簡単でもあるし、難しくもある。

だって、オリジナリティは作り出さなくてもあるんだから。

こだわりなく素直に物事を見つめ、それを書くことができたら、そこにはもうオリジナリティは発揮されていると言えるでしょう。

つまり、悟り、と同じようなものでさ、悟りの結果どうなるのかといったら、物事をまっすぐ見つめられるだけだったりするでしょう。

しかし、悟りもオリジナリティもどこまでも深めて行くことができる。そこが人間の魂の奥深さ、面白さなのですね。

ということで、質問にはお答えしたでしょうか？

念のため、個別にお答えします。

自分を客観的に見られる視点を持ったなら、それはもう十分なオリジナリティの条件になります。「一歩下がった視点を獲得する」という表現は微妙に違う気がしますが。

別の話のほうですが、おっしゃる通り、他人と比べなくても、オリジナリティは明らかにあります。またバッティングすることもありません。そういうものをオリジナリティと呼びたいのです。

マーケティングでいう差別化みたいなことも、表現者は当然考えるのだけれども、それを考えること自体からはオリジナリティは生まれません。オリジナリティはオリジンから生まれます。

ダメだったらやめればいい、というのは、個人的な態度の問題ですが、ここで僕の言うオリジナリティは絶対にバッティングしないので、別にこのように考える必要もありません。

■ここで反響のメールを一つご紹介します。そのあとに長い返事を書いていますが、そこでまたオリジナリティについて語っていますから、ぜひ読んでください。

「はじめまして、村松さま。

『秘伝』二八号から読ませていただいております。

いつもすぐ読んでいるのですが、オリジナリティにふれた号をなぜか未読のままにしていました。

今日、この二つの号を読んで、感動し、とても嬉しかったのでメールを出させていただきました。

私は、あるライターの団体に参加し、書くということを勉強しています。

そこでは、メルマガなどWEBのライティングは、あまり重くない、軽い文章が喜ばれる、と聞きました。

そう聞いて、私は自分を少し抑えるような文章を書こうと思っていました。

しかし、そう思うと、自分の中から文が出てこなくなるのです。当然ですね。
軽い文章を書くということと、自分を見つめるということは別のことですから。

村松さまの、オリジナリティの号を読んで、吹っ切れたように思います。
私自身は、村松さまの言うオリジナリティを以下のように解釈しました。

物事を見つめる目と、それを見つめる自分の心の動きを見つめる目をもつこと。
そして、その両方を表現すること。自分の心の動きを、より微細に、観察できるようになれば、オリジナリティは自然と生まれるということ。そして、物事に感動（反応）できる自分があり、それが観察できれば、無限の表現が生まれてくると。

私自身は、書くということを始めたばかりの（半年前からです）人間です。
もっと早くから、このメルマガを知っていればと悔やまれます。

毎号、楽しみに読んでいます。
今日は、本当に嬉しかったです。涙でうるうるしています。

ありがとうございました。」

（村松からの返事）「オリジナリティ再々論」

涙でうるうるですか。

ご愛読ありがとうございます。

じつは「オリジナリティ再論」を書いていたときには、僕もじわーっと涙が来ていたのです。それは、よくぞここまで書けたものだ、という一つの節目の涙だったのかもしれません。

一生書かずに終わったかもしれない非常に繊細で微妙な概念を、この『秘伝』というメルマガを持つことで多くの読者と共有することができた、という喜びです。

それは「読者の皆さんありがとう」でもあるし、「自分を褒めてあげたい」でもあるけれども、なによりもじつは、僕の中のアイデアに対して「ぼくという個体を抜け出してみんなに会えてよかったね」ということだった気がします。

メールを読み終えたとき、なぜかふと気づいたのですが、ぼくのオリジナリティの考え方は、僕自身がライター、ゴーストライター、コピーライターと、無署名の原稿を多く書いてきたところに一つのルーツがあるようです。

たとえば、かつて女性誌で、タレントのインタビューの仕事をしたことがあります。こういう仕事の場合、読者の求めているものはタレントに対する情報、タレントの言葉であって、僕の言葉ではありません。だって、誰も僕のことなんか知らないからね。だから僕は、地の文はリードなど最低限に抑えて、タレントだけが立つようなスタイルをとることにしていました。

いわば僕は、サカキバラの言葉ではありませんが、透明な存在になろうとしていたのです。芝居でいえば黒衣、化学でいえば触媒のようなものです。

こういう場合、クレジットは欄外に小さく構成・村松恒平とかｔｅｘｔ＝村松恒平とか入るのです。広告コピー的な仕事では、そういうクレジットも入りません。

世の中には、そういう無署名かそれに近い文章がたくさんあります。雑誌記事、カタログ、解説書、広告コピー、どうやって計量したらいいかわかりませんが、世の中の文章の半分ぐらい、ひょっとしたら半分以上はそういう無名の文章ではないでしょうか。

署名原稿が陽なら、無署名の原稿は陰です。陽のほうが派手でたいてい収入も多いですが、陰は必ずしも陽を目指しているわけではありません。陰は陰なりに作る喜びや、自負や、競争心や、計算や、思惑、技術を持って生きています。

世間では、この陰陽の文章の両方があって用が足りているのです。文章を書く人はぜひ、この無署名の仕事にも作者がいる、ということにときどき思いを至らせてほしいと思います。無署名のよい文章があることは、ずいぶんこの世の中を楽しく、人間にとって親密なものにしていると思うのです。そういう視線で見たときに、初めて目に入ってくる文章の世界の広がりがあります。

無署名の原稿とは、基本的に人から依頼されてお金のために書く原稿です。つまり、自分のことはなるべく消して、読者のほうだけを見ている原稿です。これに対して、自分自身で書く原稿は、自分自身のためのものであり、基本的にお金になりません。そのぶん、自分自身の自由があり、自分を見つめて表現するということを遠慮なくしていいのです。

しかし、文章初心者の原稿は、どっちつかずのことが多いのです。自分自身を見つめる、表現するというほど、真剣に求心力のあるテーマを持たず、読者のために書くというほど、他者の要請に応えているわけでもない。

ずっと同じぬるーい中間的なところに居続けて、「なんとなく文章というのはこういうものではないのかなあ」、というイメージを模倣して書き続けているのです。

もっと、極端に自分のためか、もっと極端に読者のためか、狙いをしぼって、一つ一つの表現行為を自分自身の資質を知るための実験にしていかなくては進歩がありません。その両極端を知って、初めて中庸というあり方がわかってくるのです。

自分自身のために書くのか、読者のために書くのか。これは絶対的な二項対立のように見えますが、じつは、自分自身のために書いたものが、最高に読者のためでもある、という奇蹟が存在するのです。

その奇蹟を行う技術を自らの手の内に入れた人間が、僕の概念では「作家」になるのです。

この自分のためか、読者のためか、という矛盾を止揚した場所、「作家」のいる場所にオリジナリティは存在します。

それはあらゆる人の中にあり、また一人一人が違います。


メールを送ってくれた方は、次のようにオリジナリティを解釈してくれました。


「物事を見つめる目と、それを見つめる自分の心の動きを見つめる目をもつこと。

そして、その両方を表現すること。自分の心の動きを、より微細に、観察できるようになれば、オリジナリティは自然と生まれるということ。そして、物事に感動（反応）できる自分があり、それが観察できれば、無限の表現が生まれてくると。」


このように誰もが自分の言葉でとらえなおしてもらえれば、実践に活かしやすいと思います。

言うのはまだ簡単なことです。実行してみれば、いよいよ皆さんも秘伝の中の秘伝の世界に足を踏み入れていくことになります。

そこで展開する世界は、まだ言葉になりません。一人一人に感じてもらうしかないのです。

◐表現を磨く

気の利いた表現を使って、文章を書くとか何とかという前に、文法的にも語法的にも、自分の書いたものが正しいのか間違っているのか、よくわからないときがあります。

長すぎてまどろっこしい表現など、すっきりとした表現に書き換えたらもっとよくなるという感覚を、もっと磨きたいとも思います。

こどもの作文や、掲示板の書き込みの乱文などを読むと、ここを直したらいいだろうな、という部分がはっきりと見えたりするのですが、こと自分のこととなるとよくわからなかったりします。

（だから私もぜひ「真っ赤な校正」してもらいたいっ！！）

きちんとした文章をかけるように訓練するのに、効果的な方法はありますか？　それはきちんと書かれたものをひたすら読むということや、書いたものを添削してもらうという方法で培っていくものなのでしょうか？

小説を書く、というところから、一番遠いところにいるような私に、いつもの村松さんのわかりやすい「目からウロコ」レクチャーをよろしくお願いいたします。

Ⓐ

学校のテストではないのだから、文章について、正しいか間違っているかという見方をするのはやめたほうがいいです。それより読者のことを考えて、自分の伝えたいことが何か、それがうまく伝わるかどうかに集中しましょう。

たとえば、ふだん夢中になって話しているときに、自分の話し方が正しいかどうかなんて気にしないでしょう。英語だって、正確に話すことを意識していたら、なかなか外国人と話なんかできません。

とにかくコミュニケーションする意志、それを大切にしましょう。

僕はよい文章の基準を、読者がつっかえることなく、一定のスピードで読み進められる、ということにおいています。

文意がとりにくい、とか、ひとりよがりの表現がある文章は、読者がそこで立ち止まってしまうのです。あと、複雑な内容を短い文に詰め込みすぎている場合とかですね。僕は中身が重たいときは、改行を多くして、薄めています（笑）。物理的な手段ですが、これは効きます。

とにかく、プロはどこかでひっかかって読むのをやめられるのを恐れるのです。

小説の場合は、わざと抵抗感のある文章で効果を狙うこともあるでしょうが、それは例外で、ほとんどの場合にはスムースに読めるのがいいのです。

ひっかかって考えるのは書き手のすることです。読者はそのフィルターを通したものを受け取るのだから、考えるというめんどくさいことはしなくていい。書き手の思考の流れに乗って流れていくのが読者には快適なのです。考えるとしても読み終えてからでいいのです。

表現が気になって、自分の原稿を読み返すときは、おうおうにしてゆっくり読みます。だから、自分が読者として実際に読むスピードとは違うわけです。

だからアラが目について、細かいところが気になって仕方がなくなるのです。

この原稿も表現のことを書いているせいか、何度も読み返して、細かいところが気になって仕方がない（笑）。あまりそれに気をとられると、全体の調子が狂ってしまうのです。

かつて、「自分の文の語尾の調子が気になって仕方がない」という質問をしてきた人がいました。これも、何度も読み直して、読むスピードがいつも変化しているから、読み返すたびに別の箇所が気になるのだと僕は理解しています。

つまり、あんまり神経質になってもいいことがないのです。

もちろん、本当に細部まで繊細に仕上げた小説を書きたいなら別です。しかし、その精度以前にもっと整えなければならないことがあるはずです。

前に書いた文章の「四段階のレベル」でいうなら、大きいほうから整えたあとでいいのです。細部に先にエネルギーがきても、ムラがある仕上がりにしかなりません。

以上は自分の表現をチェックするときの考え方です。

この質問には、もう一つの要素があります。それは文章表現の磨き方です。

基本は、一つの文は短くします。一つの文を二つにわけても成立するなら、なるべくわけるようにします。

一つの文に動詞が一つしかないようにする。僕は文法は苦手ですが、これを単文といったと思います。この単文を積み重ねて文章を作るのは、よい訓練になります。

さらに、接続詞「そして」「しかし」「ところで」などを極力使わないようにしてみてください。指示代名詞の使用も控えてください。

これだけ決めると、慣れないうちは、かなりすきま風がぴゅーぴゅー吹くような情けない感じになります。

この禁欲的なスタイルを基本として、文章表現を考えていくと、自分なりの基準ができあがると思います。


Qエッセイって何?


小説は基本的にフィクションですが、エッセイの場合は、ノンフィクションが主だと個人的には思っています（もし違っていたらごめんなさい）。

エッセイにもいろいろなタイプのものがありますが、小説同様、伝えたい何かがあるからこそ、人は書くのだと思います。

ところが、そのレベルというか、何を語ろうとすべきなのかが、わからなくなっています。

暮らしの作文のように日常の風景を写し取ったもの、論文に近いと感じるくらいに、書き手の価値観を前面に出したもの、体験を引き合いに出しつつ、言葉では表現しがたい心のありようを、余韻として残すように書かれたもの、他にも単に楽しむことを主眼とした面白話など、いろいろな書き方があり、その中間に位置づけられるものもあるかと思います。

読み手がそれを、よかったと感じることが大切なのはわかるのですが、それ以外に、小説と同じように、普遍性というか、書き手の個人的な体験にも関わらず、読み手が追体験、もしくは疑似体験できることが、やはり重要なのでしょうか?

煎じ詰めていくと、どんなエッセイが、いいエッセイなのか、どんどんわからなくなっていっています。

またそれは、読み手によって評価が分かれてしまうのは、避けられないことなのでしょうか？

長々と書いたわりに、ぐずぐずとした思いが伝わっているのか不安ですが、村松氏の考える、エッセイについて、また、エッセイが果たす役割についてお教えください。

A エッセイは、昔「随筆」なんて言われた。まあ、心の赴くままに書くというような意味だね。雑誌の編集者が大家の作家なんかに小説が書いてもらえないときに、名前を出すために「軽い随筆でも」、とかいっておつき合いにもらったりしたものではないかと思う。あるいは出版社のつきあいのある画家とか、会社社長とかに、ちょっとした文章を書かせるときに利用したり。

もちろん、重たい小説類の中の軽い息抜き的な読み物という面は編集的には欠かせない。随筆と言った頃は、「今日、庭でうぐいすが鳴いた」とかね。いわゆる身辺雑記的なもの、季節感や自然を題材として書く人が多かったのではないかな。

エッセイという言葉のほうが主流になる頃になると、エッセイストという専門職もでてきて、もっとフック（読者を取り込むような具体的魅力）が要求されるようになってきた。

その要求に応えるには、多くの読者が関心があること、タイムリーなことを話題にする必要がある。しかも、その話題を作者独自の切り方で料理しなければならない。

誰でもが感じることを誰でもが感じるように語ったのではダメなのである。

作者というフィルターを通して見ることによって、読者にぽんと膝を打たせる、あるいは目から鱗がぽろりと落ちる、というようなことがなければ意味がない。

それがいわゆる作者の見識という部分になる。

作者にある現象がインプットされる。それが作者というブラックボックスを通して出てくるときには別物になっていなければならない。

話題というインプットと、書くというアウトプット、その間にある作者の変換機能を読者は味わうのである。


インターネットのアマチュア・ライターに対しては、はっきり言っておきたいことがある。

それはエッセイの商品性は、著者の有名性に支えられているということである。

たとえば、林真理子のエッセイといえば、読者はあの林真理子がこんなことを書いている、と本人のイメージと照らし合わせて、そのイメージが強化されるにしろ、裏切られるにしろ、楽しむことができる。

何を言ったかだけでなく、誰が言ったか、という情報があることによって、読者が解釈したり楽しんだりする余地は大きく増えるのである。

しかし、ネット上のライターというのは、とことん無名である。あなたのことは誰も知らない。あなたは知られていない分、味の濃い、過激なエッセイを書かなくてはいけない。

有名人のエッセイを真似て、「エッセイらしきもの」を書いて満足してはいけない、ということだ。

しかし、本当にユニークなものを書ければ、無名性は問題にならない。林真理子のデビューも書き下ろしのエッセイ集だったと記憶する。

では、ユニークなものを書くのに、どうすればいいかといえば、自分のキャラクターを明確にしたほうがいい。

でも、それは自己紹介をするということではない。

「私は大の犬好きです」

というようなことがネットにはよく書かれるが、これにはあまり大した情報は含まれていない。

日本人の一〇人に一人以上は犬好きだと思うからだ。

それより自分の飼っている犬の犬種やその性質、行動などを具体的に書く。その書き方で、読者はあなたのことを知る。

詳細にフォーカスを絞って書くほど、あなたの個性は現れる。それはあなた一人だけのかけがえのないものだ。

それは、すでにオリジナリティと呼んでもいいのである。


ネット上のライターの大部分は匿名で書いている。これは自分をあきらかにしない、という本能的な態度を示しているように思われる。彼らは自分という本体を明らかにしないまま、世界について記述しようとしている。

しかし、世界について書くことは、じつは世界をそのように捉えている自分を同時に表現してしまっているのである。

世界を明晰に捉えるということは、自分自身を明晰に捉えることに他ならない。

言い換えれば、世界を明晰に捉え表現することが、書き手のキャラクターを確立することなのである。

ネット上のライターは、本能的にそのことを知って、自分を知られまいと、肝心なことを書かないのではないかと思う。誰でも書けるような生ぬるい文章が多いのだ。

しかし、そういう人は自分の書きたい、表現したいという欲求の奥に、何があるのかということに意識を向けてもらいたい。平たくいうと、自分を知られたい、認められたい、という欲を持たない物書きなんていないのだ。

そのことに素直になるところから、すべては始まる。自分自身を「知られる」覚悟があるのかどうか。このことが文章における主体性、当事者能力を大きく左右する。

話が複線化してややこしくなってしまった。

結局、エッセイについて語ることは、文章全般を語ることとあまり変わらないようだ。短く書き尽くすことができない。

つまり、エッセイは簡単なようで難しい（当たり前すぎる結論である）。

以上のような結論ではあまりに実用性がない。

エッセイを書くときの参考に、次の四つのテーゼに要点をまとめよう。（といっても、これを理解、実行できれば、立派な一人前の物書きである。）

1・エッセイは作家の変換機能を味わう
2・無名の人間ほど過激に書く必要がある
3・自分を出せ、そのために世界を明晰に、克明に描け
4・暖かい生き生きとした感情を通じさせろ

Qホームページで発表する

初めまして。私はプロの小説家を目指し始め、日々言葉たちと向かい合っている者です。不躾で申し訳けありませんが、以前から気になっていた事があります。それは「HPで自分の作品を公表する事はプロを目指す者にとって有効であるか」です。公表している方は「意見が聞ける」「応援が励みになる」などという意見があります。それに反する意見としては「歯に衣を幾重にも着せた意見しかもらえない」「アイデアを盗られそう」「自己満でしかない」などという言葉が。私は自分のHPを持っていませんし、今のところ持つつもりはありませんが、プロを目指す方の創作HPを見かけるたびに先に述べたような事を思ってしまいます。誰かに作品を読んでもらって意見を聞く事はとても大事だとは思います。けれど気を遣った差し障りない意見をもらうだけならば、それは毒にも薬にもならないような気がします。

ＨＰで作品を公表するのはプロを目指すのに有効な手段となるのでしょうか。差し支えなければお教えください。

Ａ

これは意識の持ち方の問題だ。ネットで作品を発表しながらプロになる人間はこれからどんどん増えるだろう。でも、いっさいネットとは関わりなくプロデビューする人間も決していなくならないだろう。

どちらの道もイージーではない。

僕は作品は書いたらネットでもネット以外でも、なるべく発表の場を持ったほうがいいと考えている。

なぜなら、僕にとってはそれが自然だから。文章でも絵でも落書きでも、いいのができたら、見て見て！　と見せたくなるものだ。学校だったら授業中でも隣の席のコを突っついたりして見せたりしない？

サイトで発表する行為も、そういう素朴なところとつながっていると思う。

それに対して「発表しない」という態度は、新人賞の審査員とか、プロの編集者にしか見せたくない、と言っているのと等しいことになる。

それはときとしてゴーマンでしょう。

歌手志望の若い女性がカラオケに行って、「私はこんなところでは歌わない」と言ったらどうだろう。

「安売りしたくない」、「生伴奏でなければいやだ」、「下手が移る」、「音楽がわからないヤツに聞かせてもしょうがない」とか理由はいろいろあるでしょう。

果たして彼女の態度は歌手になるために有益だろうか?

その強い自負が歌手への近道を歩ませるかもしれない。

だけど彼女は、近しい人間と楽しんだり、楽しませたり、仲良くなったり、自分のファンにしたり、何人かの人に歌を聞いてもらったり聞かせてもらったりというチャンスを失った。

どちらが得だろうか。

僕はもし彼女が歌手になれるのならどちらの道を歩んでもいいと思うんだ。

だけど、なれなかったときには(そしてたいていの人はなれないんだけれども)、絶対に彼女はカラオケでも惜しげなく歌って、もらえるものなら喝采をもらっといたほうがいいと思うんだ。

そうでないと妙に自負心ばかり強くて孤独で頑なな人になってしまう。僕は小説家志望でそういう人たくさん見ているから。

小説家志望の人は、プロになれない人の話をしても本気で自分のことだとは思わない。それは宝くじを買った人のほとんどが自分が当たると思っているのと同じことだろうか。まあ、宝くじは微笑ましいが、小説家については、幻想の持たれやすさが一種の逃避場所のようになっているのが腹が立つときがある。

たぶん小説家志望者がイメージしているような流行作家になることは、オリンピックに出るスポーツ選手になったり、プロの将棋指しになるのと同じくらいハードな難関なのだけどなあ。

数値や勝ち負けで現れることが少ない分、ときには何年間も幻想が温存されてしまうのは困ったことだ。


サイトで発表しても、差し障りのない意見しか聞けない、という意見には、それだけの作品しか書いていないからです、とお答えしたい。

差し障りのない作品には、差し障りのない返事が返ってくるのです。

読者の心を揺り動かすためには、まず自分の心を動かさなくてはいけません。

僕は作用反作用の法則で、ネット上で発したエネルギーはすべて自分に返ってくると思っています。ただ、タイムラグがあったり、自分が予期期待したような形でなかったり、自分で思っているほど十分にエネルギーを放出していなかったりするだけなのです。

読者からの反響は、個々の言葉に反応するのではなく、もっと内的に受け取るべきです。じつは、書き手は、作品を書き上げた時点で、その作品の長所も欠点もいちばんよく知っているのです。ただ、それを具体的な言葉にして確認するために他者と出会わなければならないのです。

内的というのは、具体的には、ほめられてもおごらず、満足せず、けなされても腐らず、相手によく理解されていない場合も、自分自身の反省材料にするということです。他人の評価に触れてぎぇっと飛び上がる人は、ふだん自分自身と対話することの少ない人です。じつは最良の読者、最初で最後の読者は自分の中にいるのです。作品を発表していくということは、この自分の中の読者を成熟させていくということなのです。

以上のようなことさえ取り違えなければ、ネットで作品を発表することは有益だろうと思います。

Q思う。思う？

こんにちわ。

いつも楽しみにしています。

『秘伝』の内容は、テキスト化してフロッピーに保存するほどの愛読ぶりです。

（今どきフロッピーというのも何ですが……。）


今回は、「質問」のつもりで書きはじめましたが、途中で「感想」に、そして「賛辞」へと変更になりました。


推敲の際、自分の文章を読み返すと、いつも「～思う」を多用しているのを発見します。

いかにも素人っぽく、小学生の作文じゃあるまいし、と反省します。

しかし、別の表現に置き換えようとすると難しいのです。


それはなぜか。


まずは語彙の不足、表現力の未熟さのせいでしょう。

が、一番の原因は、内容について、「○○である」と、断定する自信がないこと。

つい、読者からの反論を想定して、逃げ道を作ってしまうのです。

しかし、読者に「それは違うんじゃないの?」と反論されたときに、

「いえ、あくまでもそう『思う』だけですから……」

と逃げるような内容を、果たして書く値打ちがあるのか?

仮に間違っているにせよ、堂々と伝えられるモノを書いていく心意気が必要なんだよな。


……書いているうち、そんな結論に達し、質問は取り下げとなりました。

実は、秘伝を読み始めてから、こういうことが何度もあるのです。


自分で質問文を書いているうちに答えが出る。

村松さんならどんな回答をして下さるか、考えているうちに答えが出る。


これって、私だけではないんじゃないでしょうか。

村松さんは、実際に送られてくる質問以外にも、日々、無数の質問に答えているわけです。

——答えずして、答えている——

まるで修行を積んだ仙人の境地ではないですか。

素晴らしい！！

というわけで、今回は賛辞に変更です。


これからも、末永く愛読させていただきたいと思います。頑張ってくださいね。

……あ、「思う」使っちゃった。失礼しました〜！

A

「思う」、という言葉は僕もよく書いては消します。

我ながら大胆過ぎることを言っているな、と感じるときには、引き気味になって「思う」がいつのまにか二、三個続いていたりします。

気がつくと消すようにしています。「思う」が消せないようだったら、その文ごとまるまる捨ててしまうときもあります。

「思う」と書くとき、重心は現実世界の私にかかっています。「思う」を削ったときには、この重心は文章の中に移動します。

表現しにくいのですが、「思う」があるとないとでは、文章世界に関わる書き手の姿勢が全然別のレベルになるといっていいでしょう。

あなたは、そういうことに自分の感覚で気づいた。そして、その理由も考察した。それは僕にとってうれしいことです。

というのは、僕が書きたいのは、僕の個人的な体験や考えを超えて、もっと普遍的に万人に通じるものだからです。

誰もが持っている普通の感覚を基礎にして、文章についてどこまで深く広く考えていくことができるか。それをいろいろな角度から試したいのです。

だから、読んでいるうちに、文章を書くにも日常の普通の感覚を発動すればいいのだな、ということがわかってくるはずなのです。

今回、あなたは答を得た。それはもちろん僕が答えたのではなく、あなた自身が答を見つけたのです。

物を考えるとき、学校では抽象的な、誰でも共通の答がでる事柄を教えるわけですが、文章を書くとき、また実際の人生では、「自分は何をしたいのか」という目的と「自分はどう感じているのか」という感覚、この二つに結びつけることが大切です。

その二つの事柄に素直であれば、あまり難しい問題は発生しないのです。

Ｑ早く書く3

初めまして。

毎号届いた瞬間に読みきらなければ気がすまないほどこのメルマガにはまっています。

私は小さな出版社で編集の仕事を始めて一年になる新米記者です。

流通の記事を中心とした長文を書いているのですが、先輩記者と比べ文章を書くスピードが遅いのが気になっています。

専門的なことを書く文章ですのでリサーチ等に時間がかかってしまうのは仕方が無いとはいえ、第一線で活躍している人を見るとみんな文章を書くのが速い。

文章を書き上げるスピードが遅い人は経験をつんでも遅いままであることも多く、そういう人は周りから疎まれ辞めていくケースが後を絶たないと耳にすると非常にあせってしまいます。

村松さんはいつも文章をどのくらいの時間で書き上げていますか？
（例えば前回の「ホームページで自分の作品を公表することは有効か」という質問に村松さんは一八六四文字で回答していましたが、これを書くのにどのくらいの時間がかかりましたか？）

そして文章を書きあげるスピードを上げるコツはあるのでしょうか？

私にとって切実な悩みです。どうかご回答お願いします。

A

僕自身の書く時間は、計っていないし意識していないからわからない。普通の人より早いか遅いかもわからない。ただ、締め切りには間に合わせる。

締め切り意識があるだけで、あとはあまり物理的な時間感覚ってないんだ。

あと、最高速度はかなり速い。でもいつもその速度が出るとは限らない。意識が冴えわたっているときは、かなり速い。どんよりしているとき、眠いときは全然ダメと、差がかなりある。

ダメなときはねばってもダメなので、アイデアが浮かぶまで違うことをする。

その切り替えは年齢とともにうまくなった。若いときはつい焦ってしまうからね。意外にそういう余裕が大切なんだ。
いつも言っていることは、何を書くかしっかりつかんでから書き始めろ、ということ。それをつかむ前に手を動かし始めると、結局悩んだり書き直したり効率が悪い。
試行錯誤は頭の中でやること。これも経験や慣れが必要だ。

あなたに言ってあげられること、その一　即物的な答
まずタッチタイピングに習熟すること。次に時間があるときに先輩の模範的な文章をタイピングして体で感覚をつかむこと。

あなたに言ってあげられること、その二　慰めと励まし
職業的な能力というのは、その仕事について三年か五年くらいの間はほうっておいてもグングン伸びるものだ。そんなに焦ったり心配したりする必要はない。

あなたに言ってあげられること、その三　村松風の答
業界紙的な仕事では、パターンが非常にはっきりしているから、そのパターンさえ身につ

いてしまえば、とんでもなく速く書くことができる人がいるだろう。

そういう人を見てもビビることはない。

パターンで仕事をしていると、人間の中にロボット的なものが発達して、思考作業を代行してくれるのだ。このロボットが発動すると人間はものすごく速くものを書くことができる。

ところがこういうロボットがすぐ発達するタイプの人と、なかなか発達しないタイプの人がいる。

発達しないタイプの人は、ある意味で苦労する。僕も全然ロボットが発達しないタイプで、書いているうちにスタイルがどんどん変わってしまう。

もし、あなたがこういうタイプだとしたら、すぐには書くのが速くはならないだろう。その代わりロボットが発達しない人は物事の意味を深く考えることができる。

このタイプの人は、物理的に速く書こうとするより、事態を把握する力を強めるべきだ。

ある事柄が読者にとってどういう意味を持つのか。業界にとってどういう意味を持つのか。

そういうことを深く的確に読みとる力を持とう。それは速さにつながるし、速さに勝る。

では、どうしたらそういう力を持てるか。

自分自身の関心で物事に深く関わることだ。たとえば、取材に行って興味のある人に会ったら、記事にするには十分だと思っても、ねばってもう少し話を聞いてみる。先輩が昔話を始めたら、敬遠せずに細部を質問し聞いてみる。自分の業界紙の過去のバックナンバーや、業界の歴史や社史の類を時間があるときに読んでみる。そのようにして自分自身の視点を深めていこう。

時代の流れが激しいから、今は誰も歴史に注目しないが、こういうときこそ、歴史的な視点が重みを持つことがある。

今は、仕事がハードでも耐えながら、自分の物の見方をじっくり育んでいこう。書くのが遅くて会社を辞めることを心配するよりも、辞めたとき、記者として他の世界でも通用するだけのものを自分が育てているかをチェックしたほうがいい。

他の世界に通用するかどうかは、どれだけ「意識的に」自分の能力を開発したかにかかっている。仕事を通じて無意識に身につけたもの、それは機械的なものなので、財産にもなりえるが新しい世界に適応しようとするとき、邪魔にもなるのだ。

Ⓠコミケからデビューの可能性

はじめまして。いつも興味深く読んでます。私は、将来小説家になる事を目指していて、中学生くらいから自費出版した本をコミックマーケットと呼ばれる同人誌即売会で売っています。そこで質問なのですが、そういうイベントでプロにならないかと声をかけていただける事はあるのですか？　あるとしたら可能性としてはどれくらいなのでしょうか。お手数をお掛けしますが、ぜひ教えて下さい。

Ⓐ

僕の知る限りでは、可能性は一パーセントもありません。

コミケというのは、いわゆるオタクという人々の集まりです。中学のときからと書いてあって、あなたが今いくつなのかはわかりませんが、そのことは知っていますか？

オタクの人たちは、逃避的な人たちで、自分の好きなものや、閉じた価値観の中に閉じこもることで、自分を守っている人々です。

ところが社会全体に対しては、閉じていても、同じ仲間同士では、盛んに交流や情報交換をします。そのときに会った相手に対して、君でもあなたでもなく、「お宅は……」と呼びかけあったのでオタク族と命名されたようです。

コミケというのは、そういう限定された精神構造の人々のお祭りなので、一般の人々の価値観は通用しません。逆に一般の人にもコミケで通用する価値観は通用しません。

したがって、コミケで活躍しても一般の出版界から声がかかるケースは最初に言ったように一パーセントもないでしょう。

ただ、コミケ的なマーケットの中だけで生活できる程度以上のお金を稼いでいる人はいるのではないですか？

僕はあまり詳しくありませんが、それはまた話が別です。

あなたが小説家になろうとするなら、コミケを離れてもっと広い小説の世界を見るか、もっとコミケにどっぷりはまって、コミケの中でナンバーワンクラスに本が売れる小説家になるしかありません。

コミケだけで食えるくらいナンバーワンクラスになれば、逆に商業誌から声がかかる可能性も増えてくるでしょう。

僕は実態を知って言っているのではなく、一般論として想像しているのです。

確実なことは、もっと古くからコミケに参加しているような先輩たちに聞いてみてください。

ただどちらにしても、声をかけられるのを待つというのは消極的です。まずコミケの中で本を売って自分の商業的な価値を証明することです。
■コミケについて、読者の方からメールをいただきました。

「こんにちは、いつも楽しく拝読させていただいてます。……すみません、これは質問ではないのかもしれませんが、お目通しいただけると幸いです。

「コミケからデビューの可能性」についてのお答を読んで思ったのですが、これは偏見ではないでしょうか?

「オタク」に関して書かれた事も、古いイメージだと思うんですが。あれだけオリジナリティーについて共感を持った後だっただけに、この件に対するお答は悲しかったです。

同人誌であっても、閉じていても、逃避であっても、個性の発露である事には変わらないと思うのですが。

文中で「一般論として想像している」とあるのですが、事実を知らない事に関して、質問として取り上げ、それに答えるのは無責任なような気がするのですが。

もし、ご存知ない事であれば、質問として採用なさらない方が良かったような気がします。

私も即売会の知識はあまりないのですが、小説の場合は特に同人誌からプロになる方はいないように思います。（マンガの場合はあったようなのですが……）でも、プロで同人誌も出しているという方は多いみたいです。

この質問者の方の場合は、所謂「オタク向け」の商業ベースの新人賞はあるので、そういう賞に出されるのがいいのではないかと思うのですが……。


この件を読んで思ったのですが「オタク向け」や「ティーンズ小説」と呼ばれる物は、それに関わらない人からは、そんなにも偏った目で見られているんでしょうか？

私自身も、以前は馬鹿にして読まなかったクチですが、今では読んでいます。同人誌に関する偏見もなくなりました。

確かに、あまり誉められた文化でもないような気もしますが、それでもいい作品に巡り会える事もあります。商業ベースでは通用しなさそうではあっても、一人でも人の心をとらえる事が出来るなら、私はその価値を認めたいです。

逆に、プロの作家の方の作品でも、買った事、読んだ事を悔むような物もたくさんあります。

余計な意見で申し訳ありません。でも、どうしてもこの件のお答が気になったので、メールさせて頂きました。」

このメールを読んで、いろいろな部分でいろいろなことがお話ししたくなりましたが、それは全部書き切れません。

ただ、いちばん素朴な感想は「書いてよかったな」、ということです。

前回の質問でいちばん気になったのは、質問者が一般とコミケの差異に気がついていないか、それを故意に無視しようとしていた点でした。

で、僕は世間にはその点に関してきちんとした「偏見」があることを念を押すように強調して書いたのです。

まずその認識がないと話が先に進まないからです。

しかし、このような反響が来るということは、やはり若い人には、現在オタクと一般の区別があやふやになっているようです。

だから、書いてよかったな、と思います。

僕の書いたことが偏見かどうかは、偏見という言葉の定義にもよります。

「いわれのない偏見」という慣用句があります。これが「白い白馬」のような同語反復ではないとすれば、「いわれのある偏見」というものもあるのです。

あなたは僕のオタクの見方が古いと言われる。それは古いのです。オタクというものが誕生・発生したときから、僕はずっと横目でその存在を見ていたのですから。

いわば歴史的なものの見方です。

しかし、僕の目から見ると、オタクに本質的な変化はありません。昔はもっと暗くてジメジメしていたとか、もっと数が少ない分、濃いオタクが多かったということは言えます。オタクと一般人の間もグラデーションで境目がわかりにくくなったということも言えるでしょう。

しかし、だからといって本質を見失ってはいけません。

本質は何も変わっていません。

コミケの同人誌の主軸は、パロディでしょう。

人気のあるアニメなどのキャラを借りてきて、いろいろな表現をするわけです。

それは、僕の考えでは、ポスターの美女の写真に髭の落書きをする、という行為と似ています。誰かの真剣な表現があって、それに大部分ただのりして、自分の表現をしているのです。

パロディといっても、それなりにまじめなものから、冒涜的なエロまでいろいろでしょうが、ただのりという点では同じです。人の撮った写真に髭を書くのがうまいとか、下手とか評価したり、みんな違う髭を書くからそれを「個性」とか呼んでも仕方ないでしょう。というか、それは勝手にやってもらったらいいのですが、いわゆる表現と等価なものだとは思わないでいただきたい。

そういう借り物ではなく、まっさらな空虚に向かって、最初から自分の表現を探していく人間の表現を僕は応援したいのです。

表現をはじめるとき、人は孤独に自分自身と向き合わなくてはなりません。書いているうちに、能力の限界も、表現の拙さも、自分の弱さもみんな出てきてしまう。

自分の表現というのは、それに耐えて少しずつ向上させていくものでしょう。そういう自分で一から作り上げる苦闘と比べると、やはりあらかじめオリジナル作品を知っている同士の了解の上に成り立つパロディという方法はイージーなのです。そのイージーさの自覚があってやっている人には、何もいうことはないのです。でも、それを表現と思っている人には、やはり偏見と言われようといわざるを得ないのです。

これは肌の色や、人種などの人の生まれつきに対する偏見ではないのです。オタクという自分で選択した生き方に対して、きちんと自分の姿を自覚してほしいと言っているのです。

まあ、最近は遺伝子論というのが盛んだから、そのうちオタクも生まれつきということになるかもしれないですけど。

願わくば、僕の偏見を覆すほどの傑作がオタク文化から生まれますことを。

この応答に関しては、他に、

「コミケに関する質問への答えで『僕の知る限りでは、可能性は一パーセントもありません。』というのがありましたが、とても明快な答えで、下手に気を遣ったりあらぬ妄想をもたせるものではないところに、かえってやさしさを感じました。こういう台詞は貴重だと思います。私も、ふさわしい場面でそのような姿勢ができるように、目指したいです。ちなみに、私自身は英語のニュースライターを目指して勉強中、二六歳です」

というメールもいただいています。


コミケには最近税務署員が張っている、というメールもいただきました。一〇〇〇万円くらい売り上げる同人誌があるらしいのです。

そういう風に規模が大きくなると、著作権侵害の問題もだんだん大きなものになってくるでしょう。

少部数でアンダーグラウンドだから、見逃されてきたという面があるのです。


いろんな面から物事を見るようにしてください。僕は別にオタクが嫌いだ、とか、滅ぼせ、とかいっているわけではありません。ただ、それは仲間内で閉じられた世界であって、そこで通用している価値の大部分は一般社会では通用しませんよ、気をつけなさい、ということをご注意申し上げただけです。

■乱暴な書き方がいけないのか、コミケの件、数件の抗議が来ました。
メールを送ってくださった方、きちんと読んでいますよ。ここでは、その中で重要と思われる事柄についてもう少し丁寧に書いて置きましょう。

最初にメールをいただいた方からは、村松の主旨をほぼ了解したという主旨のメールをいただきました。ただコミケにもオリジナルな同人誌を出している人はいる、ということは言いたかったということです。これについては後で書きます。

次に紹介しますのは、送られてきた中でいちばん激烈な口調の抗議です。

「最近登録してメールマガジンを読ませて頂いています。

参考になることもあれば、今回のように随分つまらないもののみかたもされているのだなと思う部分もあり、すべては受け入れられないけど、思考の発端になったりしています。

今回はじめてメールをいたしますが、コミケからプロへ、の話題に関してです。

村松さまのお考えは、同人活動の一端を大変よく現してもいましたが、偏見では？　とおっしゃるかたのように随分古臭い考えでもあったし、それ以上に全体をご存知じゃないな、一般に浸透しているコミケや同人活動に対する考え方だな、と感じました。

まず、ここだけ訂正していただきたいのですが、コミケで小説サークルとして活動しているかたのなかにも、プロはいらっしゃいますよ？

小説サークルをやっていて、プロになった方もいらっしゃいますよ？

小説サークルをやりながら、プロを目指しているかたもいらっしゃいます。

もちろん、村松様のお認めにならない「ティーンズ小説」や「BL小説」、ファンタジーといった分野でプロになった方しかしりませんが。

それに、『コミケの同人誌の主軸は、パロディでしょう。』とおっしゃっていますが、それは違います。

同人活動＝パロディときめつけるのは止めて下さい。オリジナルで活動していらっしゃるかたもたくさんいらっしゃいます。

漫画だったり詩文だったり、小説だったりしますが、ちゃんとオリジナルで活動していらっしゃるんです（なかには「どこがオリジナルなんだろう」と首をかしげるような人もいますけど）。この発言は、そういう方に対する侮辱ではありませんか？


コミケという場は確かに非常に限られた狭い世界なのかも知れません。

でも、そこへの動員人数を調べてみたことはありますか？

いわゆる夏コミ、冬コミと言われているコミケット、公式ページがＷＥＢにございます。一度参考に見てください。バカにならない人間が、たった数日間のためにお台場（現在の開催場所）に集約するのです。

この人数は年々増加の一途を辿っています。これを狭い世界と称するならば、私はＭＡＣ

ユーザーのイベント、MACエキスポの方が狭い世界だと主張できると思います。（とは言っても、コミケ参加者のかなりの人数が、MACユーザーなのですが。）

また、同人、というものは、今パロディー一色で、エロを目的にしたオタクの集まりのように言われていますが、そもそもの同人の始まりは近代日本文学史に活躍した数々の巨匠ではなかったのでしょうか。

これは、少々もともとの質問の意味からは外れているのは自覚しています。でも、それに似た活動をしているつもりでいる人間も、コミケ等のイベントに出展するということを知って欲しい。現代は、そういうイベントも活動の場として選べる、ということだと思っていただけないでしょうか。

前回、今回のお答えを見て、実際に参加している人間としては、これだけは主張したいと思った次第です。

確かに、一番最初の中学生（でしたよね）の質問者の方は、確かにパロディーで活動して、プロになれないかと思っているのかな、という感じがありましたが……、でも、その方はそういう分野でのプロになりたいのかも？　とか思われませんでしたか？

その……いわゆる、雑誌のライターやなんとか賞というメジャーな賞をとれるような分野の小説ではなくて、前述の「BL」「ティーンズ」「ファンタジー」といった分野のプロ小説家になりたいのでは、とか。

もし、私が感じた通り、この分野でプロになれないのか、ということなら答えは「YES」ですよ。

今、この分野の出版社は、コミケである程度人気の確立したサークルから書き手を引っ張ってくることがあるのですから。

ちなみに、私はコミケはパロディー分野でしか活動していないので、実際大きなことを言うべき人間ではないのです。

でも、そうではないお友達と語るたび、ああこの人は本当にオリジナルで勝負したいんだなあって感じたり、プロになりたいわけではないが自分の作品を誰かに読んで欲しいのだなあ、パロディーにしろオリジナルにしろ、純粋に書きたい、という気持ちを原動力にして小説を書いているんだなあと感じることが多く、そこまで誤解されているのが切ないのです。

『最初から自分の表現を探していく人間の表現を僕は応援したいのです。』

そう思われるのでしたら、否定ばかりしないで応援もしてください。

コミケでも、そういう活動をしている人間はいるのですから。


蛇足ですが『最近税務署員が張っている、というメールもいただきました。一〇〇〇万円くらい売り上げる同人誌があるらしいのです。』そのくらい大手のサークルさんは、しっかり確定申告もして税金も払ってるはずです。税務署員がきてたのは、一昔前のように思います。最近いるのかな？　と疑問に思ってしまいました。

著作権侵害にかんしては、確かにアンダーグラウンドだから許されてる部分ってあると思いますが、作家さんの中には容認どころか喜んでらっしゃる方もいるみたいですよね？

コミケで話題になれば、原作も話題になって、売り上げあがりますから。オタクの金離れの良さはきっとバブル時代から変わってないんですよ……。


では非常に自分勝手で愚かな言い分をお読みいただきありがとうございました。できれば読み流されることのないことを祈っております。」

■基本的に僕はコミケというものを二万分の一くらいの縮尺の地図で見ているようなものなのです。そこらへんが現場にいる人とは感覚が違うと思いますね。
まずオリジナル同人誌の件ですが、僕はその存在を知らなかったわけではありません。話の主旨の中心から外れて説明しなければいけないことが多くなるから、あえて場合わけして書かなかっただけです。

その省略した部分を説明しましょう。

僕の体内統計（つまり勘のようなもの）（笑）によれば、オリジナル同人誌は五冊に一冊もありません。比率にすると、多くて一八パーセント、少なければ一〇パーセント前後ではないでしょうか。この数値は、同人誌の種類に関するもので、売り上げ冊数・金額ベースだと、このまた半分くらいではないでしょうか。

そのオリジナル同人誌の中でも、四分の三はパロディの変形です。

つまり、既存の物語の登場人物の名前や属性を入れ替えて、遊んでいるもの。

それらしいお話をでっちあげてパチパチと自分で手を叩いているたぐいのものです。

こういう作品には、「しょせん物語なんて既存のものの順列と組み合わせに過ぎないでしょ」というメッセージが臭気のようにまとわりついていて、僕はムカムカします。そのメッセージは仲間同士に対しては迎合であり、外の人間に対しては拒否なのです。お前ら表現することを選んで、なんで人におもねっているの？　と僕は一瞬にしてページを閉じてしまいます。

そういうムカムカに対して、「僕らは勝手に好きなことをやっているだけなんだから、ほっといてくれよー」という予防線を張っているのが、僕の定義するオタクであり、その逃避手段です。

彼らは、仲間内だけで、「これわかるでしょ、えへへ」「これはあれだね、うふふ」と順列と組み合わせを変えただけの「作品」を交換します。お互いに共通に認めている価値のシンボルを交換しあっているのです。このような現象を私は秘かに「隠語の交換」と呼んでいます。

排他的な言語を交換することによって仲間内の結束を強調するのです。この言語の排他性が高まるほど、他の世界ではその価値が通用しなくなります。

学者の世界や宗教の世界など、いろいろな世界に同様の現象があります。

さて、このように僕としてはオリジナルと認め難いオリジナルが、約七五パーセント以上はあると、体内統計は語っています。となると、純粋にオリジナル作品と呼べるのは、多く見積もっても五パーセント、売り上げベースでは、三パーセントくらいではないでしょうか。

以上が僕がコミケの主流はパロディであると言った理由です。

そんなに間違っているでしょうか？

僕の中では、オリジナルな作品という定義は狭いのです。逆にパロディの作品の中にもオリジナルなマインドや味わいを持つものもあると思うしね。しかし、それは細かく言っていたらきりがないから、ここでは全体を簡略に語っているのです。

それから、もう一つ。コミケから作家になった人の例もいろいろ送られてきました。これについては、僕は（出版社から声をかけてくる率は）、「僕の知る限りでは、可能性は一パーセントもありません」と書いたのです。

これはゼロだと受け取られたようですが、文字通り一パーセント以下だと言ったのです。一〇〇人に一人もいない、ということです。非常に控えめな数字だと思います。コミケ一回の開催で小説を書いた人が一〇〇〇人いたとしても、一〇人声がかかるということはないということです。

まあ、全体に僕の書いたことはキメツケであるし、挑発でもあるのです。世間一般の見方を代表して言ったという部分もある。だから、抗議してきた人の言い分はみんな、「確かにそうだよね」と認めるところはあります。

ただそれは各論に枝分かれしていったときに、たしかに例外もあるだろうってことで、総論の枠組みを揺るがすほどの新事実や、目新しい主張はありませんでした。

コミケという形で同人誌の大規模な発表、発売の機会があるのはすばらしいことです。コミケ、同人誌という表現の場があることによって救われた人もたくさんいるでしょう。でも、それはベストな表現ではない、ということは僕は言います。

そういう役割なのです。

他に誰もいないでしょ？　そんなこと言う人。

たとえば、僕は自分の子どもが同人誌にはまっても、ジュニア小説にはまるようなことがあっても、「読むな」とは言わないです。

ただ、僕が面白いという本をときどき薦めて「こっちのほうが面白いよ」、と誘導するでしょう。ある時期がきたら卒業する過渡的な表現としては認めます。しかし、ベストではないです。

Ⓠメモの活かしかた

私は三年ほど前から、新聞・雑誌のスクラップ、本・映画の感想、日常生活でのメモ、好きな格言……などなどを各々ノートに日付順で残しています。

しかし、増えすぎてしまって、最近になって混乱的状況になってきました。

文章を書くときに活かそうと思っていたのに、何が何処にあるのかもわからないし、昔のノートに残した内容も忘れていることもあります。

残す作業だけでも、とっても時間がかかっているので、もったいなくてたまりません。

そこで、情報収集をした後の、上手なメモの活かしかたがあれば、どうか教えてください。

村松さんは質問解答時に、いつも的確な引用や情報がスラスラッと出ている（ように見えます）ので、何か『秘伝』があるのではないかと思いました。

どうぞよろしくお願いします。

Ⓐ

最初に僕自身の話をします。最初にお断りすると、僕はまったくこの質問に答えるのに適役ではありません。

なにしろスクラップしようとして三日と続いたことがないのです。ときどき思い立ったようにやるのですが、すぐに飽きるか、忘れてしまいます（笑）。

取材ノートもその場その場で手近にあるノートやレポート用紙を持っていって、連続した取材の場合、資料がバラバラになって苦労します。


最近になって、ようやくそういう自分の性質を理解してきて、資料をシステマチックに整えるというようなことへの憧れを一切放棄してしまいました。

だから、じつは唯一記憶に残っていることだけで書いているのです。

これを僕は「記憶のスクリーニング法」（笑）と呼んでいますが、つまり記憶に残っていないものは価値がない、という立場に立つ、まったく内向的な方法（方法かい？）ですね。

忘却のフィルターを通して生き残った記憶だけを利用するわけです。

そのときに、引用の場合、なるべく原典の本があればそれを参照したいのですが、ほとんどの場合、それすら発見不可能で、記憶だけで書きます。

「〇〇は、×××という意味のことを言っている」とか、たいてい僕の場合表現がぼかしてあるのは、そういうことです。

まあ、それで指摘や抗議がきたら、素直に謝ってしまえばいいや、と思っているわけです。

ただ、記憶に残っている以上自分の好きな文句ですので、語句の細かい違いがあっても、内容的にはさほどトンチンカンなこともないだろうという自信はあります。

好きな言葉とかはわかりやすいですけど、ときどき妙なものが心に引っかかっています。昔読んだ『ロボット三等兵』というマンガの一場面とか、何でもない日常に友人とやりとりした一言とか、自分の記憶の検索をかけていると全く妙なものが出てくることがあって、面白いですよ。

そのときには無意味に思われたものが時間がたつに連れて、だんだん意味がわかってくるというような不思議な体験もします。


さて、あなたの場合、三年間にわたって、スクラップやメモを残されたということ。僕より優秀です。

ただ、それが使えるように組織されていない。そのことが問題です。

まず、文面を読んだ限りにおいては、メモはメモ、スクラップはスクラップで集めておられる。これはテーマ別にすべきだったでしょう。

ワンテーマで集まっていれば、そのテーマの仕事をするときにパラパラ眺めてもいいことあるかもしれません。

あなたはまず「情報整理学」という類の本を読むべきです。その中にいちばん合理的な情報の集め方、とっておき方、分類の仕方などが書いてあります。

ただこういうことは、恐ろしいほど時間とエネルギーを喰います。僕のライターの友人で関心のある事柄を何十テーマもスクラップしていた人間がいました。あるとき、スクラップが溜まりすぎて、それをすべて縮小コピーにかけて、きれいにカード台紙に貼り付けて整理しなおしていました。

端でみていても膨大な作業です。

「それって仕事に役立っているの?」と聞くと、「役立つ? いや、これは趣味みたいなものだ」と彼は作業に没頭しながら答えました。

それがずいぶん前の話ですから、今頃彼はきっと、それをいちいちパソコンに取り込んでデータベース化しているかもしれません。

ゾッとするような話でしょ（笑）。

つまり、情報というのは、集める段階だけでなく、それを生きた状態にしておくためには、インデックスをつけたり、取捨選択整理したり、メンテナンスしていくのにも多量のエネルギーを必要とするということです。

だから、もしあなたが趣味ではなく、実利を求めようとするなら、まずテーマを本当にすぐ使えるモノ、あなたが確実に仕事をするもの、絶対関心があるものなどの一、二本にしぼるべきでしょう。

時代の流れは今本当に速いですから、あなたが情報として集めようとしているものによってはあっという間に陳腐化してしまいます。

たいていは、その仕事が来たときに、そのときだけの消耗品として資料を集めたほうが実際的なのです。

時代性を超えて蓄積すべきテーマが何かということも、自分自身に対して、再確認すべきではないでしょうか？

あるいは、僕のように暢気に記憶に任せてしまうことです。自分の気に入った記事だけを切り取って、それを一年に一回くらい読み返し、ピンとこなくなったものは捨ててしまう、というようなことをやっても面白いスクラップが残るはずです。自分のスタイルを確立しましょう。

最初に言ったように、僕はこの件の適役ではないので、以上のようなことを考えたのちに、情報整理学系の本を読んでみることをお勧めします。こういう件に関して長い経験を持ち、悪戦苦闘した人々がたどりついた合理的なやり方が書いてあるはずです。

Qプロになる

今日は小説や文章作成の教室や通信講座について質問があります。

インターネットで見つけた小説塾の主催者の方から、大体プロの小説家になるには一二〜一四年かかると言われました。

それだけで、めげてしまいました。

はっきり言って私は根性なしです。

自分の書きたい物語があったので一〇枚で書いてみましたが、面白くありません。

これは、だめだと思いました。

勉強の方法は色々あるでしょうから、自分で探すとします。

しかし独学では無理で、通信講座をうけてもほとんど物にならず、がんばっても一二〜一四年はかかるというのは、多分本当の事かと思います。

(信じたくはないのですが、多分本当だろうな)

これについて村松様は、どのように考えておられるのでしょうか?

いつも明快にお答えくださるので、お聞きしたくてメールさせていただきました。

文章で妄想を持ち続けられるとおっしゃってましたが、今回はじめて自分が(たった一〇枚ですけれど)書きまして妄想は、破壊されました。読むと、「こりゃ無理だわ」となりました。でも、次は「じゃどうしょうか?」になりまして、今回の質問にたどり着きました。

きっと、「なんとかなるんじゃないか」と妄想やら希望をもっているのだと思います。

A

これは人によりけりですね。

斎藤綾子という作家は、僕が月刊『宝島』で編集者をしていたときに投稿してきました。内容がよかったので文句なく掲載。ついでに連載を依頼しました。

それで、その連載がある程度たまった時点で、最初の投稿分も含めて単行本化してだしました。

そういう意味では、最初に投稿してきたときから作家としての実力をもっていたわけです。そのとき彼女は二一歳でしたが、これといった文章修行もしていなかったのです。でも、このときの作品『愛より速く』は、二〇年以上たった現在も新潮文庫で出ています。処女作がそういう息の長い作品になりました。

事務所に居候していた若者を、三、四か月でジュニア小説の作家にしたこともあります。彼もそれなりの文才を持っていたのですけれども、それにしても促成栽培でした。

というわけで、小説家になるための時間は、

才能×時間＝X

あるいは

時間＝X÷才能

という式で大ざっぱには表すことができるでしょう。Xは、どういう小説家になるかですね。ジュニア小説家なら数か月ということがあっても、司馬遼太郎のような大作家になると、そうとうの才能はあっても、一〇年や二〇年はかかるでしょう。

小説家にもはっきりいってピンからキリまであるのです。

みんなそこを一緒くたにして語っているというのも雑ですね。

みんな金にしたいってことばかり考えてるのか、どういう作家に憧れているなんてことは語りもしない人が多い。この作家のこの作品に猛烈に感動した、だから作家を目指したい、というのがスジでしょう。

最近はただ「文章を書いてみました。ぼくも、プロになりたいですー。なれますかー?」という言い方が多いように思います。

さて、

才能×時間＝X

るといいましたが、これはXの目標設定が正しく、明確で、努力もその方向に向かっている
こと。才能の質が目標とあっていること。時間の中で合理的かつしっかりした努力をして
いること、などの条件がつきます。
ようするにあえてとても単純化した図式だということです。

別の視点でみてみましょう。

一二～一四年というのは、どういう根拠かわかりません。しかし、たしかに普通の才能し
かない平凡な人間が小説家になろうとするならば、それくらいの年月はかかるでしょう。

それくらいの年月をかけても下手をするとなれないでしょう。

僕は「なれる！」という保証はしたくないです。

考えてみてください。

たとえば、プロ野球選手になるということを皆さんは簡単だと思いますか？

思わないですよね。

リトルリーグから野球をやって、野球名門校に入って、レギュラーになって、甲子園に出
場して、さらにそこで目立ってドラフトで指名される、さらに入団しても二軍から一軍に
あがれるのか？

こういういくつもの関門と競争があって、才能と努力の限りを尽くしても多くの選手は容赦なく陶太されていきます。だから、人々はプロ野球選手は簡単になれるものではないとわかっています。

目には見えないけれども、作家になるにも、同じくらいの競争や陶太があると思ってください。


この質問をしてきた方なんかは、一度だけ打席に立って、打ってみたけど三振でした。私は野球選手になれないでしょうか？　と聞いているようなものなのですね。

手の皮がむけるほど素振りをしたこともなければ、全力疾走してみたこともない。練習でくたくたになって、自分の体力の限界を知ったこともない、そういう人は普通プロの野球選手になれますか？　とは聞かないでしょう？　どうして作家だけそういうふうにイージーに思われちゃうんだろうなあ。

という気持ちは僕の中にあります。

それから、草野球だって楽しいじゃん！　というのもあります。プロになるなんて言わなくたって、もっと書くこと自体の楽しさを感じてほしいのです。

書くだけではなくて、誰かに読んでもらうこととセットで考えたほうがいいですけどね。

ネットでもいいし、近くの仲間を募ってもいい。そうやって、読んでもらって、感想を聞くというのも十分楽しいんだと思います。

へぼ将棋だって、へぼなりに楽しいのと一緒です。

質問されてきた方も、意識では、十年以上かかると言われて、そんな根気のいること自分にはできない、ばかばかしい、と書くのをやめようとされていますが、無意識は、書きたい！　書きたい！　と必死で叫んでいるように思えるのですよ。

だから、僕に質問してきたのではありませんか？

行間からあなたの無意識の悲鳴が聞こえるのです。

文章ってそういうふうに生きているのです。

最後にまたちょっと別の話を。

かつて亡くなった舞踏家の土方巽さんが、作家の吉行淳之介氏と対談したのを読んだことがあります。その中で土方さんは、弟子の指導について問われて、「俺はだんだんうまくなろうなんて根性の奴には何も教えない」という意味のことを言っていたのです。

この言葉は一体どういう意味なんだろう、と若き日の僕はさんざん考えたので未だに覚えているのです。当時土方巽さんには前衛、難解、奇矯というイメージがあって、たぶん吉行さんもある種キワモノとして扱っていた節があります。

では、これはただ奇を衒った発言なのか、というと違うのです。

今は僕なりの解釈がありますが、皆さんにはわかりますか?

僕の解釈はあえて書かないことにします。

なんでこの話をここに持ってきたかということも書かないことにします。

説明しちゃうとつまんないからね。

Ⓠペンネーム考

いつもながらの鋭い指摘を、我が事として受け止めています。

ありがとうございます。


会社勤めをしながら、セミプロの作家として活動してきました。

一〇年ほど前に商業出版を一回経験し、現在は電子書籍が一点流通しています。

その他、横溝正史賞ノミネート、サントリーミステリー大賞優秀作品賞受賞などの筆歴があります。

その経歴を評価されて、今年は北海道新聞の朝刊コラムを月に一回ほど担当することになりました。

肩書きは、単に「作家」です。

ところが第一回掲載後、勤め先の社長が「会社に雇われていながら作家として新聞に登場するのは筋違いだ」と憤慨し、結局、解雇されることになりました。

会社側はこれまでの作家活動を全て承知していますし、今まで一度も苦情を言われたことはなかったのですが……。

著作は全て実名で発表してきましたので、ペンネームを使っていればごまかせたのかな、とも思います。反面、自分の文章に責任を持つためにも、実名で通したいという気持ちもあります。

ここで質問です。ペンネームを使用することのメリットとデメリットをどうお考えになるか、教えていただけませんか？　実名使用に起因するトラブルなど、実例もあれば助かります。

現在も公募用の作品を書き進めていますので、参考にしたいと思っています。

よろしくお願いいたします。

Ⓐ 僕は今まで、ほとんどフィクションを書いていないので、実名です。いわゆるライターというのは、実名がほとんどですが、それで困ったという話は聞きません。大新聞の記者が小遣い稼ぎにコラムを書いたりするときは、ペンネームをつけたりしますね。あなたの場合が、たぶん実名でトラブルになったケースとしては、いちばん深刻ではないでしょうか。

昔、『ペルソナ』という映画がありましたが、これは仮面という意味です。パーソナリティの語源もこのペルソナです。

たとえば、祭りのときに、仮面をつける。それによって、人はふだんの自分自身から解放され自由になります。と、同時に新しい性格を身につけ、憑依したように踊ったりします。ペンネームにも同様の効果があります。フィクションを書くということは、祝祭空間というか、非日常の空間に身を置くことなので、そこでは日常を忘れ、自由なふるまい、身振りによって人を惹きつけるのが理想です。

実名ではどうしても不自由なことがあるでしょう。

たとえば、僕がミもフタもないポルノ小説を実名で書いたとすると、それであいつはスケベだという評価を受けることになります。さらに、あんなヒドい小説を書く人間であるなら、『秘伝』なんて読みたくない、やめてやる、という人も出てくるでしょう。

そういうことを想像すると、僕は実名でポルノ小説を書けば内容が萎縮してしまうことになります。

だから、そういうときは、自由に書くために、たぶんペンネームを使うでしょう。たとえ、そのペンネームが結果的に僕のものだと知れたところで、実名で書いたのとは当たりが違うでしょうし、意味も違ってきます。

あなたは「文章に責任を持つ」と言われますけれども、たとえ、ペンネームで書いていても、商業出版であれば、名誉毀損や著作権侵害などの法的な問題が起きたときには実名のあなたに責任が来ます。

一方、虚構の責任ということを考えますと、夢枕獏とか、京極夏彦なんて一目でペンネームとわかるペンネームをつけている人でも、書いたものが無責任とはとてもいえません。ということは、あなたが責任と呼んでいるものは、あまり実体のないものではないでしょうか。

僕はあなたが小説を書くときに責任という言葉を使ってしまう、ある種のまじめさが、よいほうにも悪いほうにも働くだろうと感じます。書くことには責任だけでなく、無責任も必要だろう、というのが僕の考えです。だから、あなたには、基本的にはペンネームを使ってみることをお勧めします。

それはインターネットの世界でいえば、転送用メールアドレスのようなものです。

あるいは、ＰＴＡの会計になった人が、それ用のお財布を用意したり、それ用の銀行口座を作るようなものです。

いろいろなものがそこを出入りするけれども、自分の本体とは別になっているので、ものごとが整理しやすいのです。

このことはあなたが作家として高名になればなるほど、はっきりしてきます。

そういう効用も知った上であえて実名を選ぶというのであれば、とめません。

今、検索したら、ペンネームについてはすぐれた面白いサイトがありました。

ペンネーム図鑑

http://www.toyama-cmt.ac.jp/~kanagawa/pen-name/index.html
日本の作家のペンネームがたくさん載っている上に、多面的にユーモラスに考察してあります。このページを見て、頭を柔らかくマッサージしてください。

Ⓠ娘を小説家にするには

こんにちは。
小説を書くこととは関係のない私ですが、読むのが好きです。
メルマガを楽しく拝見しております。

何でも質問OKとのことで、あつかましく娘のことでご相談致します。

中二の娘は注意欠陥多動障害（ご存知でしょうか?）で、将来はとても普通の事務員のような仕事には就けそうもありません。
この障害は、ひとつのことに没頭すると、とてつもない集中力を発揮するという良い面も併せ持っています。

その没頭するものが、娘の場合は読書でした。

四歳ごろからスラスラと本を読み出し、五歳ぐらいでは小学生、七歳ぐらいになると中学生レベルのジュニア小説を読んでいました。

図書館の本はほとんど読んでしまい、本屋に立ち読みに行って小説を読んでいると、お店の人から「あなたの読む本は、こっちよ」と小学生向けのコーナーに連れて行かれ嫌な思いをしたそうです。


空想癖もあって、よく物語を造って話してくれたので「ノートに書いてごらん」と言うと、これがなかなかおもしろいのです。

ちゃんと落ちがあって、よくこんな結末を考え出せるものだと感心しておりました。


そんなわけで、学校の勉強はしませんでしたが、中学の初めての実力テストは全部平均より上で安心しておりました。

ところが、夏休み前から、この障害ゆえの集団生活の不都合がボチボチ出始め教室に入れなくなりました。

授業を受けていないので、通知表は1と2だけ。

これでは高校進学は無理だと思われます。

仮に入学可能な低レベルの高校でも、集団生活は無理だと思うので中退になるぐらいなら今の状態で出来る仕事を身に付けさせてやるほうが親としては良いのではないのかと考えています。


本人は、小説家になりたいと言います。

とても難しいことだとは思いますが、この子の生きる道はこれ以外考えられません。

ほかに何も出来ないんです。

現在は午前中だけ保健室に登校し、午後から帰ってきて、本屋に立ち読みに行くという生活です。
特殊な子なので、校長先生も認めて下さっています。（認めざるをえないんですが……笑）
今、二年生です。
中学を卒業後は、カルチャースクールのようなところで文章を書く練習をさせようかと思うのですが……。

小説家になるには高校に行った方がよいでしょうか？（高卒という肩書きだけなら通信制でも良いのではとも思っています。）

今後、どのように書く力をつけていけばいいか、ご助言をお願いいいたします。

A

これは繊細な問題を含んだ質問ですが、考え方の筋道ははっきりしているように思われます。

まず、最初に申し上げたいのは、小説家に促成栽培はないということです。

もし、可能でも、促成栽培された小説家はあまりいい小説家ではありません。

質問を読む限り娘さんは有望ですが、しかし、だからといって、早い時期に作家として完成するとは限らないのです。

才能は、植物に似ています。水をやったり、日の当たる場所に移したり、育つ環境を整えることはできます。しかし、いつ開花するかは、才能に任せなければなりません。

小説家の才能にとっては、人生のあらゆる体験が肥やしになります。

だから、あまり早く小説家を人生の目的にはしないほうがいいのです。

ブロードウェイのミュージカルの舞台には、舞台の何倍もの広さのバックヤードがあります。目に見えない部分が、十分に贅沢に広くとってあるから、装置の出し入れなどがダイナミックにできるのだそうです。華やかな舞台を演出するには、そういう全体のスケールの大きさ、贅沢さ、余裕の部分が必要なのです。

小説家もそうです。きちんと裏の部分に人生の厚みがないとよい小説は書けません。

僕はまだまだ娘さんはそういうスケールの部分を大きくしていく年頃だと思う。


カルチャースクールで小説を習わせるということは、どういうことですか。

カルチャースクールという「学校」のようなものに通っている。

小説家という職業を目指している。

という「前向き」な形を作りたいのはわかります。

でも、もし、カルチャースクールでも落ち着いていられなくて排除されてしまったらどうしますか？

小説家に一途に思いをかけて成れなかったらどうしますか?

そのときに娘さんの逃げ場はどこにありますか?

僕は小説家になるための努力は今のままで十分だと思います。図書館の本を読み尽くすほど本を読んでいるなら、小説家になるための栄養は十分にとっています。

僕はむしろ、次のようなことをお勧めします。プールで泳ぐとか、ヨガや太極拳やフラダンスを習うとか、自分の体との関係をもう一度作り直すこと。乗馬をやったり、ペットを飼ったりして、動物と親しむこと。音楽や絵画、陶芸、など、文学以外の表現に親しむこと。書道、日本舞踊、茶道、華道など日本の伝統的な所作と美意識を学ぶこと。などなど、もっと娘さんが人とつきあったり、世界と出会ったりする回路を広く多様にしてあげるべきだと思います。文面だけでは、娘さんの状態はわかりませんが、いくつも習い事を当たるうちに娘さんと相性のいいものがでてくるのではないでしょうか。

そういう全体の活動の一環であれば、小説やシナリオの教室に行ってみるのもいいと思います。

一度見学させてもらえば、娘さんのほうで性に合うかどうか判断するでしょう。

あとは、お母さんが彼女の物語のよい読者になることです。小説家になれるかどうかを判断するのではなく、一読者として彼女を励ましてください。

それから、パソコンを使って、彼女の作品集を編集して印刷したり、インターネットのサイトに載せる編集者の役目もしてあげるといいでしょう。

もちろん、本人が自分でできればもっといいです。

いきなり一般的な作家ということではなく、少年少女向けの公募に応募するのもいいでしょう。

それなら若くしてデビューも可能性高いです。

公募雑誌などを買ってきて、よい目標を一緒に選ぶのも楽しいと思いますよ。

お母さんが最初の読者であり、編集者であり、マネージャーになって、小さな作家を応援してあげるのがいちばんだと僕は思います。

もっとテクニカルなことを聞きたかったのでしょうが、僕に言えることはこんなことです。事を急いだり、小説家にしかなれないなんて結論づけたりせずに、もっと一つ一つのプロセスを大切に娘さんを見つめてあげてください。

Ⓠ時間がない

子育て真っ最中、おまけに、障害児を育てている母です。

書きたいことがたくさんあって、その内容も、出だしの文からエンディングの決め、まで、自分では見えているような気がするのに、現実に、書く時間がない、というような時はどうしたらいいのでしょう。

メモに書く、その時間があれば、パソコンに向かい、一気に打ってしまいたい、でも、その時間が作れない。

物理的に時間がない時、目の前に、現実に処理しなければならない問題が書くことよりも先にたくさんある時、書きたい気持ちをどう処理して、頭の中にあるものをどのように現実化していくことができるのでしょうか。

時間がない中で書こうと思う時にこそ、エネルギーが凝縮されて噴出し、書けるわずかな時間のうちにその人の持てる全ての力を込めた文章を書けるのかもしれない、という気もします。

マイ・オリジナルの頭の中の文章が、書けない、と言っている一方で、子どもの発達の記録や学校に要望する文章などは書いていたりするのですから、本当に、書けない、時間がない、ということはない、ような気もします。

要するに、プライオリティーの問題なのでしょうが。

でも、やっぱり、自分の文章を書きたい、という思いはあります。

頭の中にできたストーリー、むざむざと殺すような気もします。

こんな時に、どうしたら、いいのか、ご助言をお願いいたします。

Ⓐ

ある人が瞑想について書いています。

「瞑想は、十分な時間をとって閑静な場所でするのがいいに決まっている。しかし、そういう条件が整わない人も落胆してはいけない。駅のプラットフォームのような騒然とした場所でも、努力してみることだ。どんな場所でも短い時間で瞑想ができるようになれば、その人の得たものは大きい。」

あなたの場合も、全くこれと同じことが言えます。

忙しい日常に追われ、そして、もっとリアルな日常的文章も書かなくてはならない。それでも自分自身の文章が書きたいということですよね。

もっと、時間もあり、条件も整っているのに、なにも書かない人、書けない人もいるのです。そういう人に比べるとあなたは大きな負荷を背負っています。

しかし、その困難がある分、達成されるものも大きいのです。

そこで培ったエネルギーはあなたのものです。

そういう意味では、きれぎれにいろいろなことを書いたり想像するよりも、エネルギーを一つのものに結晶させるほうがいいでしょう。

たとえば、短編小説の登場人物の一人一人について、詳細な性格づけや背景、バイオグラフィを考える、とか。ごく狭いテーマの連作のエッセイを書く。長編小説の複雑なプロットを考える。などですね。

それを頭の中で煮詰めていくのです。

アイデアをメモするのではなく、考えた結果を覚えていられなくなりそうになったときに、とにかく最低限のメモをつけるようにすれば、書く時間は最小限で済むでしょう。

嵐のときもあれば、ときには凪の日もあると思いますので、そういう日に一気に時間を盗んで、書いてみてください。

Ⓠロングインタビュー

最近、自分史を出版したいのだけれど、自分では書けないから聞き語りをまとめて書いてくれないか、という仕事のご依頼をいただきました。

期日は五月〜七月、二五〇ページぐらいの予定です。

依頼者は普通の主婦から企業家になって成功した方です。

ライターといえども、情報誌やグルメ雑誌の記事を書いている私には初めての経験ですので、勉強しながら書いていくことになると思います。

村松さんが初めて自分史のリライトに挑戦されたときの意気込みやコツ、注意点、参考になさった文献など、ありましたら教えていただけませんでしょうか？

それから、こういう本はライターの名前は出ないのでしょうか？

Ⓐ

人物のロングインタビューですね。

インタビューには、羅列法と芋ヅル法があり（命名村松）、羅列法というのは、質問を次々にだしていく方法。芋ヅル法は、相手の言葉に反応して、その詳しい内容を聞いていく法です。

たとえば、「そのとき、好きな人がいて」と相手が言ったら、自然に「それはどこの誰ですか？」と聞きたくなりますよね。そういう相手の言葉を手がかりにして、どんどんディープに聞いていくのが芋ヅル法です。

短いインタビューでは、羅列法が中心ですが、長くなると、両者を併用することになります。

自分史ということであれば、羅列法は年代別に聞いていくことになるでしょう。

そして、気にかかったことを突っ込む。

たとえば、子どもの頃のエピソードを聞くと、その人の性格がよく現れています。その性格がその人の人生を形作っていくので、僕の場合は、わりと相似形ということを意識します。つまり、一つのエピソードと人生そのものが似ているということですね。こういう性格がこういう運命を招き寄せたのだなあ、ということがわかると興味深いではないですか。しかし、これは僕の体験の中での個人的な手法というか、志向なので、他の書き方もあるかもしれません。

このようにして、一貫して一人の人の話を聞くことは、難しいことではありません。大切なことは、相手に対して、なるべく敬意と関心を抱くことです。

あえて注意を言うならば、もし、相手に関する資料的なものがあれば、よく目を通しておきましょう。

また、彼女の歴史の大づかみな流れは、そういう資料か話を通じて、メモを作りましょう。

これは、まず時間管理に必要です。

時間的な要素をざっとみましょう。

一時間のインタビューで、だいたい四〇〇字六〇枚の原稿ができます。しかし、素人の話は繰り返しも多く、もちろん、リライトしなければなりません。そうすると、使えるのは、その半分から三分の二くらいです。

ところで、二五〇ページの本というのは、けっこう長い。ボリュームにして四〇〇枚くらいになりませんか。それだけ話す内容を持っている人物は多くないです。

写真を大きく入れたり、組み方をゆるくしたり、実質ページ数を少し減らす方向で柔軟に考えておいたほうがいいでしょう。

これだけ長いと、原稿を書くのに、最低十時間くらい話を聞く必要があるでしょう。
二、三時間のセッションを三、四回。
一般に中身が薄くても、お手軽にまとめたければ、時間は短いほうが楽です。

中身をよくしたければ、たくさん話を聞いたほうがいいでしょう。そこらへんの判断は自分と相手の関係でしてください。

で、この大づかみなメモは、たとえば、エピソードがいつの話かわからなくなったときの確認に使います。

話に夢中になると、けっこう時間が前後するので、構成し直すことはよくあります。

そのときにいつのエピソードかわかるように、一連の話が終わったときに必要なら確認しましょう。

それから、時間管理にも使います。インタビュー時間が限られているときなど、全体のどこまでを聞いたかを確認しながら、進行管理します。

あと、話を聞いていない時期があったら、そこを改めて聞くのにも使います。

自分史といっても、たぶんその人の中には、きっと話したいテーマがあるのだと思います。とにかく相手のペースで気持ちよく話してもらうことがいちばん。それに対して、ときどきまとめる側として関心を示し、ペースを整えるようにして、質問を交えていくということです。


それからこういう仕事は表紙とか、そういう目立つ場所にはほとんどクレジットされません。聞き手が有名な人である場合を除いてはです。入れたいなら、目次裏などに、「構成」というクレジットで入れさせてもらうのがいいでしょう。

Q欠点の探しかた

はじめまして。

数ヶ月前に、このメルマガをみつけました。

『秘伝』が届くのをいつも楽しみにしています。

私は、小説が書けたらなあと、ずっと思っていました。

前に書いてみたこともあるのですが、自分の作品のあまりのひどさに嫌になり、すぐやめてしまいました。

そして、会社員としてバタバタと働いていました。


去年、失業し、幸か不幸か時間だけはある、という状態になりました。

ハローワークとパソコン教室に行きながら、短いものを書き始めました。

そのうち、ひとりで書いて黙ってファイルするだけより、どこかに投稿した方が面白いかも、と思いたちました。

不思議なことに、投稿しているうちに、ひどいデキだからやめようというよりは、ひどいデキだからもっとうまくなりたいなあと、思うようになりました。


こういう、別にプロを目指している訳ではないけれど、もっとうまくなりたい、初心者からの質問です。

作品を送ったとたんに、それまで気づかなかった欠点が、山ほど見えるのは何故でしょう?

元からうっすら見えていた欠点と合わせると、ものすごい量の欠点になり、うぎゃーと思います。

もっと早く見えたら、と思います。

書き終えた後、しばらく時間をおいて読み直したりしてみるのですが、どうもうまくいきません。

欠点の早期発見方法や、チェックの心構え、次の作品への生かし方などを、教えて頂ければ幸いです。


どうぞよろしくお願いします。

A
あなたの質問はいいですねえ。
というのは、僕の言いたいことにピッタリだからです（笑）。
僕の言いたいことというのは、つまり、「表現したものは発表することによって完成する」ということです。そして、そのためには、インターネットは画期的な媒体なんだよね。

〉作品を送ったとたんに、それまで気づかなかった欠点が、山ほど見えるのは何故でしょう?〉

このプロセス!
この瞬間をつかんだのがエラい。

つまり、とても物質的に考える人は、
1・文章を書く
2・インターネットに発表する
3・それに反響のメールがある
4・参考にする

という流れで考えている。
ところが実際は、

1・文章を書く
2・インターネットに発表する
3・発表すると同時に気づいてしまう

ということが起きている。

これはどういうことかというと、他者というのは、あるいは読者というのは、自分の中にいるのです。

でも、それは眠っている。

ところが実際に他者と出会おうと行動を起こしたときに、それは覚醒するのです。

つまり、完全なイメージ、完全な視点というものを人はみな持っているのですが、それを知るためには自分に閉じこもっていてはダメなのです。

その全体は他者という鏡に映さないと見えないのです。

でも、その他者も、じつは物理的な他者ではなく、自分の中に他者を受け入れようとしたときに、それはもう自分の一部になっているという非常に不思議なプロセスなのです。

この素朴な質問の中に、そういうプロセスに気づくきっかけが入っているのですね。

以前インターネットに文章を発表しても、あまりいい反響がないから意味がないのでは?

というような質問を受けましたが、あの方にも伝えたいですね。

あなたは今以上、この件に関して考えなくても大丈夫です。山ほどみえたという欠点を次回の作品を書くための反省材料にすればいいのです。

今回は、発表した直後にわかりましたが、だんだん原理がわかってくると、書いている最中にもある程度見えるようになります。それから、書き出す前にも自然に方向づけられるようになります。そういうフィードバックを重ねていけばいいのです。

もちろん、あなたの質問は、そういうひどい作品は人に見せたくないという意味を含んでいると思いますが、じつはここに多くの人が陥っている大きな誤解錯覚があります。人は一生懸命作品を作っているつもりですが、じつは、作品を作ると同時に、それ以上に作家としての自分を作ろうとしているのです。

木にカンナをかけるとカンナ屑が出ます。この場合、あなた自身が木材の本体で、作品のほうがカンナ屑なのです。逆ではありません。

屑、カス、ウンチ、鼻糞、なんでもいいのですが、作品をあなたは排泄し、脱皮し、次々に過去のものにしていく。過去のカルマを全部吐きだしていく。そんなものをいちいち恥じている必要はないのです。

そういう恥の掻き捨てみたいなことをやって、自分はどんどん洗練されていくのです。そうして、自分の中のものを吐きだしていって、自分が作家として完成したとき、それまでカスだけを吐きだしていたものが、金の卵を生む鶏となるのです。

だから、僕はアマチュアの人が同じ作品を五年も十年も暖めていることには違和感があるのです。人の精神は、成長進化し、また日々変化していくものなのに、同じ作品に関わっているというのは、その流れを否定しているからです。

もちろん、一つの作品を精緻に作り込む作業は否定しません。

しかし、文章修行の基本はやはり量産だと思います。すごい勢いで書きながら、瞬間的判断でバランスをとっていく。スキーで言ったら直滑降でどんどん加速度がついてしまう中でどう振るまうかを学んだほうがいいのです。

小さなことに拘泥するよりも、そのほうがずっと書くことの骨格がしっかりしてきます。いろいろな文章を書いて、そこにその人のいろいろな相が現れる。どんどん現れては消えていくというのが、精神にとっては健全なのです。

陶芸をする人ができがよくないのはコワしてしまうでしょ。そういう試行錯誤のノリです。

しかし、書く人は作品を捨てなくてもいい。発表する。発表できる程度のものを書いていく。というのは、この質問者のように発表しようとすることで何かを受け取るからです。

発表した状態が実は陶器でいうと、焼き上がった状態。

それから捨ててもいい。

作品ができたときには、心はもう次の作品に移っているのが本当です。作品はもうぬけがら。それをいちいちどう思われるんだろう、と不安になったり、どうだい、と胸を張ったりの時間がアマチュアは長いです。

プロは書いたとたんに忘れてしまう。もう他のことを何か考えています。

だからといって、もちろん、心のない粗雑な書き方をしてはダメなのだけど。

心がなくてはダメ。心を残しすぎてはダメと。

まあ、難しいことを言っていますけど（笑）。

書くってことはただでさえ凄いことなんだけど、その凄さを軽々とやったときに本当に凄いと、まあ、そういうことになるわけです。

Ⓠ言葉が出てこない

私の文章はいつも短く、分量も少ないことが悩みです。

一つのことを丁寧に説明すべきなのでしょうが、どーしても言葉がでてきません。

そのためか、自分自身では、「筋の通った文章だ」と思っても、他人に読んでもらうと、分かりにくいと言われてます。

どーすればよいのでしょうか?

A
どういう文章をお書きになるのかわかりませんが、あなたの場合は、たぶんあなたの中に他人の要素がないのです。非常に単一純粋な状態で、考えなり感受性があるのです。

だから、Aという考えとBという考えの中間で迷ったり揺れたりすることがありません。

したがって、あなたの論理回路は、一本道で、とても簡単に「証明終わり!」になってしまいます。

だから、あまり多くの言葉は必要としないのです。

ところが、それを他人の目から見ると、飛躍がありすぎて、どこが「証明終わり!」なんだかわからない、ということだろうと想像します。

あなたが、当たり前のこととして、通り過ぎてしまう部分に、他の人はついてこれないのです。

じつは、人間が大人になると、いくつもの矛盾した感情や観念や方向性や意志や体験や思想がゴッタ煮になった状態になっているのです。

そして、それを統合しようとして苦労しているのですよ。

AとBの間で迷うから、人は言葉を生むのです。

その苦労があなたにはわからないのかもしれません。

これを防ぐには、取材。これです。

自分が書く文章を巡って、取材がてら、いろいろな人に質問してみましょう。

あるいは、自分の意見について、その人がどう思うか聞いてみましょう。

そうすると、あなたはとても多くの違う考えに出会ってびっくりすると思います。

そして、それらの考えとあなたの考えを照らし合わせて、文章を書くのです。

そうすれば、たくさん書くことができます。

たぶん、最初はそれらをうまく一つにできないと思います。そういうときは、いくつもの意見を列記してしまえばいいのです。

そして、それに自分の感想をつけ加えます。

質問項目をうまく設定すれば、取材して書いた文ってすごく面白いですよ。

たとえば、「男女の間に友情は可能か?」なんてありがちな質問でもいいのです。友だちに聞いて回れば、意外な答えが返ってくると思いますよ。

周囲の人に取材をして文章を書くことが、あなたにとっては、いろいろな意味でとても役に立つ勉強になるはずです。

■この応答について、こんなメールが届きました。

「言葉が出てこないという質問を取上げてくださって、感謝しています。

私もほぼ同様の悩みを持っていました。

普段あまりたくさん人と話すほうではないので、そんな自分の弱点に今まで気付きませんでした。

一番困ったのが学生時代の就職活動の時です。

自己分析やら、志望動機、自己アピールなど、頼りになる先輩たちに相談する時、上手く人にわかってもらえるように説明できないのです。

言葉足らず、って感じで。

おっしゃるとおり、自分の中では当たり前のように物事が流れていて、ごく「すっきり」しているものが、いざ言葉として出てこない。一体どんな言葉や表現をつかえば、自分の中にあるものを、可能な限り、忠実に人に伝えることができるのかと。

当たり前だと思ってそれを表現しないと、かえってその部分が抜けたがために、ちっとも理解されない。

自分にとってあまりに当たり前すぎる為、そこを説明していないから理解されないんだってことにも、気付かない。

そうすると、疑問や誤解を投げかけてくる相手を前に、自分の頭の中もこんがらがってきて、もはや「すっきり」していたはずのものが、ぐちゃぐちゃ。

そうなると冷静な判断や、頭の中の整理などできなくなる。

これからは、人の話や意見をたくさん聞いて、また自分の意見をぶつけてみて反応聞いてみたりしてみます。

ありがとうございます。」

Ⓠ読者の反応がない

オーストラリアに滞在しながら、この国についての情報系サイトを運営する仕事をしています。

週一回のメルマガで、一五〇〇から二〇〇〇字程度のコラムを書いています。でも、反響がありません。

購読者数は約一〇〇〇人です。

テーマは日常生活で経験したことにオーストラリア情報をプラスして、感じたままに、驚いたままに書いています。

心が動かされたり、ふつふつと喜びや興奮がこみ上げてきたら、とにかくなんとかしたくなるので、楽しんで書いているのですが、書いて、自分で読んで、配送して、終わり、なので、なんだかすべてがひとりの世界で行われている気がします。

現地発信のメルマガなんて、それこそ山のようにあるのだから、読者からしてみれば欲しい情報は簡単に手に入ると思います。だから、週一回送られてきても、うっとうしくない、気軽に読めるものを、と心がけているのですが……。

ん？　だからですか？　反響がないのは？

だから、わざわざ、感想のメールを送るまでもないのでしょうか？

私が望むことは、私はこう感じたけれど、他の人はどうなんだろう？　ということが知りたいのです。他人の意見がもっと聞きたいのです。

私の思いより、現地情報が具体的に知りたいだけなのであれば、そういうコラムに変えるべきなのでしょうか？　そもそも、どういう感想をもたれているのかさえ、わかりません。どういう方向でいけばいいのでしょうか？

Ⓐ

ここに書いてあることが、あなたの動機の全てなら、解決は簡単なように思えます。

メーリングリストを併設するのです。あるいは、メルマガを廃して、メーリングリストを始めるのです。今までの原稿を使って、サイトを作り、そこでメンバーを募集すれば、あなたの基調に沿った意見交換や情報交換ができるでしょう。記事的に書かずに、いつも話題を投げかけるようにすれば、活発で楽しいメーリングリストができるはずです。

メルマガは雑誌ですから、本来的に一方的なものです。メディアの性質で使いわけましょう。

Ⓠ上達の実感

村松さんは文章を書いていて「上達している」と感じるのはどういうときですか？　そしてそれは村松さんの書く作業にどのような形で励みになっていますか？

なぜこのような質問をするかというと、村松さんが書き物において「腕を上げる」という感覚をどのように感じてみえるかお聞きしたいという興味があるからです。

どんなものでも繰り返しその作業を続けていると、急に腕を上げたと感じる瞬間がありますよね？　書き物ではどんな感覚がそれにあたるのか、村松さんの経験からお話をいただだきたいのです。

私事で恐縮ですが、私でもそれに似たような感覚を感じることはあります。頭を整理しつつ書き進むことが楽にできるようになったという感じがします。また、途中読み返して推敲しますが、それにかける時間がずいぶん短くなってきたという感じがするときもあります。文章に対するセンスもそれに比例して磨かれて行っていればいいなと思いますが。

村松さんが以前回答の中で書いていらした、『朝早く起きて頭がすっきりしているうちに書く作業をするが、頭の中では寝ている間にすでにその準備ができているらしい』という感覚も、わかる気がします。私も仕事中運転しているときに、これから書こうとしていることについて常にぼんやりと考えているのですが、手元に紙や鉛筆がなくても、頭の中では文章の組み立て作業が進められているらしく、実際にパソコンを前にした時点では、かなり形になっているのがわかるという感じがするからです。ぼんやり考えていたことが役に立っているのですね。

「書く」という作業を続けているうちに、自然と腕が上がるということなのでしょうか？抽象的な質問で申し訳ありませんが、村松さんのご意見をぜひお聞かせいただきたいと思っています。

❹腕を上げる、という感じですか。それだけ取り出して書くのはなかなか難しいので、少し自分の文章について書きます。

僕は子どもの頃から文章うまかったんですよ。ある意味で（笑）。国語の先生によって、作文の評価が違ったけど、評価してくれる先生はすごく評価してくれましたね。

中学一年のときに、作文に「ドブに夕陽が映ってきれいだった」と書いたら、これが大うけで、全校生徒に配る校内報に掲載されたのを記憶しています。

書いた本人は、それがそんなにいいのかな、と思ってました。

僕の文章は、将棋でいったら、定跡を知らないで感覚で指しているタイプです。

だから、あまり行儀がよくない。

しかし、けっこう強い。なまじ知識に縛られると弱くなってしまうタイプです。

あと、出来不出来の差があります。気持ちが乗らないまま書き終わってしまうことがあります。そういう文はあまり面白くないのですが、そのまま出してしまいます。なにしろ、頭で書いているのではなく、気持ちで書いているので、あまり書き直せないのです。気持ちをもう一度入れ直せないのです。

だから、なるべく書く前に気持ちをよく整えてから書きます。

だから、僕にとって、文章のテクニックは、主に気持ちをどう整えるかのテクニックなのです。


どうしたらこだわりを捨てて自由に書けるのか、ということをいつも考えています。

何か筆が進まないときは、きっと心の中のどっかにひっかかりがあるものです。

そんなときは、まとまらない頭で机に向かうより、それが何かを分析して、言葉にするのに時間を使います。

んー、たとえばですね。世の中の書く仕事というのは、矛盾に満ちた要求をしてくるものです。限られた文字数の短い文章の中で、高度な事柄を、なるべくわかりやすく書け。しかも面白おかしく、とかね。

そういう要求をされて、そんなの無理だ、と言っていると、あるレベル以上の原稿は書けません。それはプロとしてやっていけない、ということを意味します。

そこで、どう考えるかというと、「できる」、と考えます。必ず答はあるはずだ、と確信することです。これは、考えでもあり、ある感覚なのですね。

ひょっとしたら、こんな無理な要求を満たす文章なんか存在しないかもしれない、と半分疑っていると、答は絶対に見えて来ないのです。

あると思って探すから、見つかる。コンタクトレンズを落としてもそうでしょう。

そこにあると知っているから探せるので、そう思わなければとても探しきれるものではありません。そういう考えに立って、ハラを据えてみると、不可能と思われた要求にも一本のまっすぐな筋道が見えてくるのです。

ゴルゴ13の狙撃のようですね（笑）。

ある種の当事者能力だと思うのです。

やらなきゃ仕方ない、という。

しかし、いったんそういう立場に立つと、要求は矛盾していればいるほどいい。

仕事の要求は高度なほうがいい。それを満たすとお金をたくさんもらえるのだということがわかってきます。

また、高度な要求は、素人さんに対する参入障壁にもなるのです。


これは一例ですが、このような理解というか、認識、心構えに至ったときに、僕は腕をあげたと感じます。

制約が多い場で、自由性を見つけていく、ということをやると、物事の筋道というものが見えてくるものなのです。

技術ではなく、自分を自由にしていくための理解、認識、それを求めていくことが僕の根底的なあり方です。

Ⓠ持ち込み是か否か？

こんにちわ。

ここのところ、ずっと抱えこんでいる質問を、思い切って村松さんにぶつけてみたいと思い、メールいたしました。

きっと前出されているだろうと思いましたので、ＨＰや掲示板も色々探ってみたのですが、これ、という話題に行き当たらず、どうしようかと悩んでいました。

でもいつまでも抱えたままでも仕方ないかな、と思い切って。

こうして、キーボードを打っているわけです。


実は、私は些少ながら小説、というものを書いています。

それで、単刀直入にお聞きするのですが、小説は各出版社さんに直接持ち込みをしてもよいものなのでしょうか？

よく、漫画家の卵さんが、色んな出版社に持ち込みをしては色々指導してもらったり、採用されたりということをお聞きするのですが、小説家の卵は、そういう手段を取れるのでしょうか。


出版社さんのＨＰなどをみると、賞の案内や、投稿の案内、企画募集の案内などをされているところもあるのですが、全て「郵送で」と書いてあり、住所が明記してあります。そして「一定の期間連絡がなかったら、不採用です。原稿は返却しません」と……。

別に、不採用の連絡が欲しいとか、原稿を返して欲しいとかいうことは思っていません。

でも、できれば直接お会いして、手渡ししたい、と思うのです。

昔どこかで、郵送しても誰も読んでくれてないことの方が多い、と聞いたことも、直接持ち込みたい、という理由の一つです。

たくさん送られてくる投稿作品は、ざざっと目を通されただけで机の上に形成される山脈の一部になっているとか、箱の中に埋もれて誰が誰の作品だかわからなくなっているとか——根も葉もない噂なのかもしれませんが、出版社の実情を知りえない私には、それが真実に感じられます。

勿論、持ち込んだから、読んでもらえる、という確約ができるわけではないですが……いくら下手でも私にとっては大切な作品の一つなのですから、持ち込んで、宜しくお願いします、ってやっぱり頭を下げたいと考えています。それで、ロビーで受け取ってもらっただけで「じゃ、ご苦労様」で追い返されても良いんです。

お忙しいのは当然ですし、その場で読んでください、なんていいません。受け取ってさえいただければ。

どうでしょうか。

小説家の卵は、出版社さんに直接出かけて「お願いします」と持ち込むことは、タブーなのでしょうか。

もしも持ち込んでよいのなら、やっぱりアポイントを取ってからお伺いするべきですか？

ぜひ、ご教授いただきたいのです。

A

結論から言うと、ダメです。

編集者というものは、当たりはけっこう柔らかいですが、クールでドライな人種です。いいものたくさん見ているから、けっこう物を見る目は厳しいのです。

自分の作品を愛しているから手渡したいなんていうのは、あなたが気が済むかどうかに拘泥しているだけで、編集者側から見ると、本質と何の関係もないです。

むしろ、そういう風にからもうとすると、嫌われるでしょう。

編集者はそういうバリアは抜け目なくはっています。

編集者にとって、大量の送られてくる原稿や持ち込みから、本当の才能を見つけだすのは、河原で砂金を探すようなもの。でも、本当の才能はきらきらと輝いているから、いつかは見いだされるのです。

持ち込みをどうするか悩む時間があったら、小説の内容に悩んだほうがいいです。

もう少し、持ち込み一般の話をしますと、マンガは短い時間でも最後まで読むことができます。最後まで読んで、簡単に評価を言って相手を一五分で返すこともできるでしょう。

しかし、小説はそうはいかないです。

五〇枚の小説を最後まで読めと言われたら、読むだけで飛ばしても二〇分くらいはかかる。

だから、みんな最後まで読まないです。

最初の一、二枚で判断してしまうこともある。

たとえば、質問文に「些少ながら小説、というものを書いています。」と、ありますが、こういう表現があったらもうその先は読まないです。

しかし、この表現がなぜダメかを書いた本人に説明するのは面倒臭い。なぜなら、わかっていないからそう書いたわけで、すぐには理解しないからです。しかも、編集者の仕事は教育することではない。というわけで、編集者は目を通すにしても、本人の前ではしたくない。どのように読んでどう判断するかについては、フリーハンドでいたいのです。

知り合いから頼まれて、あまり邪険にも扱えない持ち込みなんていうものもあります。

原稿を読んでもらいたい人間が編集者を信頼していいただ一つの点は、彼らはすごい作品、すごい作家なら、ほしがるということです。

みなさんがすごい作品を書くすごい作家でないなら、どんなに冷淡にされてもうらんではいけません。

というわけで、僕としては、ってでもない限り、持ち込みはお勧めしません。
ただ、持ち込みから単行本化されて成功した例もあります。
自分の判断と決断で確信を持って実行する人をとめることはできません。
でも、迷うくらいだったらやめておきなさい。

Q 書くことと話すこと

先生の懐の広さに感謝しつつ、また、時にぐさっと胸につきささる程のクールさに打ちひしがれながら、読ませていただいております。

十歳の娘は、学校の先生や塾の先生、通信教育の採点者の方から、「よく読める、よく書ける」と、これまで褒めていただく事が多く、実際、国語の成績も良いです。小さい頃から本を読むことが好きでしたし、日記を提出し、先生に感想を書いてもらうことも楽しんでおりました。

ですが、話していることを聞いていますと、書いている内容に比べ、ずっと言葉少なに感じます。

言葉を口に出すと、とたんに幼なくなり会話も貧弱になり、滞ります。

こんな子どもの国語の成績が良いのは何故なのか？　と、不思議な気さえしてきます。


実際、書くことはできても、話すことができないという人は大人になっても多いように思いますし、書くことより話すことは日常の生活に大きく影響してきます。

書くことと話すことはもしかしたら、全然違うことなのかという気さえしてきました。

ネットに書き込みはできても、生活の場半径一キロでうまく行かない子どもが増えるのも嫌な気がします。

娘も仲の良いお友達は多いはずなのに、皆、塾などで忙しく、その合間をぬうように会う以外はメールのやりとりで済ませている様子です。

こんな、忙しい今の子ども達が、書くことと話すことをうまく歩み寄らせることはできるのでしょうか。（三八歳二児の母）

Ⓐ

書くことと話すことには、どういう関係があるでしょうか。

僕も小学生時代、話すのは苦手でした。友だちと口喧嘩になると、いつも負けて、くやしがりながら家に帰った頃に、「ああ言えばよかった、こう言えばよかった」というのが次々に頭に浮かんできたのを覚えています。

でも、書くことは好きで、作文の時間には、何を書こうかなあ、とじっくり考えるのが楽しかったですね。だいたい他の子どもだちは、「作文? ぐぇー、いやだ」とか、「何も書くことねーよー」と言い合っているうちに二〇分くらい経ってしまうのです。僕は最初から何を書こうかな、と集中していました。

書き言葉のように、発音されない頭の中の言葉を、発達心理学の用語では「内言」というようです。これに対して外に対して発音発語される言葉は外言です。僕が口喧嘩に負けたあと自分の中でやりとりしていた言葉は内言なのですね。

頭に浮かんだことを全てしゃべってしまう子どもは、この内言が発達しません。

自分の内面と外に対する言葉、「外言」が一致しているのです。

頭に浮かんだことを一度「内言」というダムに貯めて、そこから言葉を選んで話すと、むしろ思考的だから訥々としてくるのです。

自動的に話しているほうが滑らかなのです。

この自動的に話す、というのは、不思議な現象ですが、おばさんみたいな人でしゃべり出したらとまらない人がいますよね。ああいうのは、話そのものが自動的に増殖していくメカニズムを持っているとしか思えません。内容がある話ならいいのですが、内容がない話であるほど、話は延々と続いたりするものです。

とはいえ、この話は簡単に善し悪しに結びつけられません。僕のように話すのが下手でなくても文章のうまい人はいますし、立て板に水のように話す人でも、非常に豊かな内容を話す人もいます。

しかし、とにかく、書くのがうまいから、話すのもうまくなるはずだ、というような単純なプロセスで発達しているものではないのです。

それぞれ違う発展のプロセスの中で一部が結びついている、という感じではないでしょうか。

話すのも一つの文化ですから、まずお母さんがいろいろな話をしてあげるのがいいと思います。我が家では、夫婦の会話に子どもが割り込んできても、なるべく噛み砕いて説明してあげるようにしてきました。

昔は、よく「大人の話に口を出すな」と言って子どもは黙らされたものですが、今の時代はすごい量の情報がテレビや雑誌を通じて子どもにも入っているので、大人がそういう情報をどう噛み砕いて消化するのか、ということを折りに触れて実例で見せておいたほうがいいと思うのです。

うちの娘も文章はなかなかですが、話すと物事の説明は下手です。いくら話を聞いてもちっとも状況がわからなかったりします。

でも、小学校のときより、中学の今のほうが格段に話がわかりやすくなっているので、年齢があがるにつれてよくなっていくだろうと思っています。

子どもの中で何の能力が伸びる時期かというのは、子どもなりの順序があります。

母親というのは、成績がどうしたとか、いろいろなことに一喜一憂するところがありますが、父親としては、まず健康と安全、それから性格が極端に歪まないこと、この二つくらいだけを見ています。

分業みたいなもので、父親も母親のように細かいところを見て行ったら、子どもは息が詰まってしまうでしょう。

少し子どもの教育の話に深入りしましたが、要するに、僕としては、あまり心配なさらずに長い目でみればいいのではないかと思います。

Ⓠエッセイとルポルタージュ

はじめまして。

いつも興味深く拝見させていただいております。

私は新聞記者として飯を食っていきたいと考えている二四歳の社会人です。

いまはそういった自分の希望とは異なる仕事をしています。

就職して一年二ヶ月が経ちますが、新聞記者になって誰でもない自分の目で事実を見、自分なりの新しいヴィジョンを提案したいという想いは抑えきれそうになく、来春に新聞社受験を目論んでいます。

元来、二年前の就職活動でも新聞社を第一志望に活動しておりましたが、二つの新聞社で最終面接にて落選、といったいきさつもあります。

そういったことから、自分が心から望まない職業に就いたいまも、「文章を書く」という作業は極めて私的なホームページにておこなってきました。

新聞記者を志す私にとって、自分の書く文章の致命的な欠点は、私の狙いから外れて「エッセイになってしまう」ということです。

この場合「エッセイ」というのをどう定義づければよいのか難しいのですが、記者の書く文章というのは、まず「客観的」でなければならないと思うのです。「客観的」に事実を見つめ、「客観的」に事実を伝えること。これがジャーナリズムの基本である「ルポタージュ」ではないでしょうか。すなわち「ルポ」を書こうとしているのに、私の場合は「エッセイ」になってしまう（とたしか以前、最終電車の時刻が一五分遅くなった、という記事を具体例に、物事にはふたつ（以上）の見方がある、といった指摘を村松様はされていたと記憶しておりますが、そういった視点を「ルポ」としていかに読者へ伝えるか、が私の課題だと思うのです。私自身が感じる）のです。

先に書きましたように、私の野望は「自分なりの新しいヴィジョンを提案すること」にあるからです。

自己分析すれば、私は自分の伝えたいことが強すぎるあまり、自分の感情や考えが文章に表れすぎているように思います。

それゆえ「客観的」な視点を欠き、「客観的」に伝えられないのでは、と。

せっかく自分独自の視点や訴えたいことがあるのに、それをそのまま書き連ねるだけでは記事にはなりません。

「主観的」なものを「客観的」に伝えるには、どのようなことを心がければよいのでしょうか。

また、「エッセイ」ではなく「ルポ」を書くための練習法はあるのでしょうか。

それともこういった私の考え方自体が間違っているのでしょうか。


ご指導のほど、よろしくお願いいたします。

A

あなたの質問にとても簡単に答えるなら、こうなります。

新聞的な文章を書くためには、事実をして語らしめる、ということをすればいいのです。

具体的な事実を積み重ねることで何かを主張すればいいのです。

具体性ということでは、5W1Hということがよく言われますね。

when：who：where：what：why：how。これがニュースを書くときの落としてはいけないポイントだと言われています。

エッセイでは自分がこう感じた、考えた、ということを書くわけですが、ルポということになると、5W1Hを押さえながら、具体的な事実がこう語っているぞ、という形式で書くことになるわけです。

あえて、形式と言ったのは、形式は形式であって客観性とは分離して考える必要があるからです。


プロを目指すからには、言葉の定義というものにもう少し敏感になっていかなくてはなりません。

あなたは「ルポタージュ」という言葉を使っていますが、ルポルタージュという言葉は、社会派的な匂いがして、本を出してもそんなに売れないので、最近あまり使われないような気がします。

新聞社を辞めた記者が書くノンフィクションなどがこう呼ばれます。ちょっと昔気質で骨太な感じです。

「ルポ」となると、探訪記事と言われたりしますが、「おばあさんの原宿、巣鴨に行ってみた！」みたいな感じですね。

じつは新聞の文章には論説やコラムや家庭・文化面などの文章もあり、なかなか多様なのです。面によってもずいぶんニュアンスが違います。

その中で、社会面の記事がイメージに近いかもしれませんが、「ルポタージュ」とは、ちょっとニュアンスが違うような気がします。報道の記事の文章というのは、特殊なものです。

まず重要なことから先に書いていけと言われます。どうしてかというと、レイアウトの都合で後ろのほうは黙ってちょん切られるからです。

整理部の人が切っちゃう。レイアウトの都合でも切られるし、新しい記事が飛び込んでくれば切られるし、特ダネが入れば記事ごと飛んでしまう。

書いた人に「切ってもいい?」なんて聞いてくれないんです。

だから、起承転結も糞もない。とにかく前のほうに重要なことを書く。

それってルポルタージュという言葉と印象違うでしょう?

社会面でホームレスの人々を取材した連載記事などがありますが、こういうのがいちばん「ルポタージュ」というニュアンスに近い。しかし、それって新聞のごく一部だからね。

新聞の文章を「ルポタージュ」とくくるのは、ちょっと違和感がありました。

こういう言葉の感覚は、まめに辞書を引いたり、使われる場面を頭の中でいろいろ想定して、その場面で使われることが妥当かどうかを確認したりして作りあげなくてはなりません。最初はじつに煩雑で難しい作業に感じますが、慣れると別に難しいことではありません。

最初は時間がかかっても、それが自分の習い性になるまで、きちんと意識的に言葉の意味、ニュアンスをおさえましょう。

しかし、「ルポタージュ」は、僕だったら使わないなあ、というくらいのもので、じつは話の枕にすぎません。


難物は「客観的」という言葉です。この「客観」「客観的」「客観性」などの言葉と、報道・ジャーナリズムと文章の関係をお話しましょう。もちろん、文章一般にも関わることです。

それがこの質問へのもう少し大きな答になると思います。

「客観的」を論じるのは、けっこう煩雑な難しいことです。試しに検索エンジンで引いてみると、目も眩むようなわけのわからない素人議論と、ややこしい術語を使った哲学論議が並んでいます。皆さんもよかったら試しに検索してみてください。

しかし、この混沌を分析すると、その原因がわかってきました。

客観ということで大きくは二つのことが言われています。

1・主観に対する客観

これの本来の使用法は、主観が見る側であるのに対して、客観は見られる側です。見られる実在という意味です。哲学の世界になってくると、この実在という言葉も懐疑の対象になってしまうかもしれないのですが、とにかく見られる側のことを客観と呼ぶ語法があります。

これは、この後、そういう客観世界というものは存在しないのではないか。あるいはあっても人間には認識不可能ではないか、という議論につながっています。

2・利害を離れた第三者の視点

直接利害対立のある当事者ではなく、第三者が見るということ。何かをチェックするのに第三者機関というものを設立すると、いかにその「客観性」を確保するか、ということが議論されます。

この二つは、微妙に似ていてはっきり違うので、「客観」という同じ箱に入れるのは混乱のもとだからやめたほうがいいと思うのですよ。といっても仕方ないのですが（笑）。なるべくなら客観という言葉は使わないで回避したほうがいい。

新聞における客観的とはあきらかに2です。対立する勢力の間で公正たるべく微妙なバランスをとることなのです。だから、客観性とは、手段ではなくて実現すべき目標なのです。

ここで最初に述べた「事実をして語らしめる」、ということを考えてみましょう。一般の人は、あるいは事実なら嘘がつけないから安心だ、と思ってしまうかもしれません。しかし、事実を使って嘘をつくというのは簡単なのです。

たとえば、ある人物を九〇人は支持している。しかし、一〇人は嫌っている人がいる、というときに、この一〇人の人たちのコメントを拾ってくればいいのです。

しかも、この人たちの中には悪意で誇張したり、嘘をついたりしている人がいるかもしれない。しかし、書く人間は彼らがそう語ったという「事実」を書けばいいのです。

事実をつなぎ合わせても、いくらでも嘘は書けるということです。手法的には「……と、ある業界人は語る」なんて表現で自分の意見を混ぜ込むこともできます。事実を通して述べるといっても非常に恣意的なものなのです。

むしろ、事実をつなぎ合わせて本当のことを表現するほうが難しいでしょう。

賛成が五五人、反対が四五人の事柄があったときに、四人分のコメントをとってこいと言われたら、だふん、賛成二人、反対二人のコメントを取ることになるわけですが、これはすでに実際の比率とは違うわけです。

でも、なんとなくそういうことは記事で塩梅するわけです。

数字というのもまたずいぶん大ざっぱなもので、賛成の中にも条件付き賛成の人もいて、条件を聞いてみると反対派より厳しかったりするかもしれない。

実態に近づこうとすればするほど、わけがわからなくなる。

ということは、客観的ということは大多数が納得する虚構を、事実を材料に作り出す、ということなのです。プロから見れば。新聞人の多くはそういうことがわかっているというか、いつも感じていると思います。

本多勝一氏という高名なジャーナリストがいるのですが、この人に『日本語の作文技術』という本があります。タイトルがタイトルだけにこのメルマガの読者の方でも、ごらんになった方も多いと思うのですが、僕はこの本を読むと違和感でいっぱいになります。中でも、フィクションとノンフィクションを対極に置いている図があって、どうかなー、と思います。

まあ、立場の違いと言ってしまえば、それまでですけど。

この人の書くモノというのは、単純で、Aという事柄を否定しようとすると、その論拠の強力なものを取材して集めてくるわけです。プロの仕事だから、それはかなり説得力があります。

しかし、否定する人もいれば、Ａという事柄を肯定する人もいる。肯定する人は、肯定する論拠をどんどん集めてくる。

そうするとそこには対立が生まれて、その溝はいつまでたっても埋まらない。

本当に必要なのは、Ａに賛成という意見、反対という意見、どちらも深く理解した上で、両方を納得させるＢという意見に進化させることなのです。

知性というのは、そういう仕事をするものだと僕は定義しているのです。

客観性というものが成立するとしたら、そのような知性が前提になるでしょう。

ＡとアンチＡの量的な綱引きではなく、その質にまで深く入り込んでいったときに、次の次元の提案ができるのです。


社説やある種のキャンペーン記事というものは、その種の役割を果たしている場合があるように見えます。しかし、だからといって何でも本当のことが書けるというものではありません。

新聞社の記事が本当に世の中を動かしてしまったら、新聞社は政党のような役割になってしまいます。もし、そういうことになろうとしたら、政治家は本気で新聞社を潰しにかかるでしょう。

大スポンサーに都合の悪いような記事もかけないでしょう。

政治部の記者なら、鈴木宗男よりもっと悪い人間をたくさん知っているでしょう。しかし、それは本人の力が弱まるまでは書けません。弱ったところで袋叩きにすることはできます。このようにいろいろなものを告発しても、本当に影響力を行使してはいけないわけです。

これはプロレスのレフェリーに似ています。彼らは悪役レスラーの反則をカウント4までは数えますが、それでもやめないとクルリと後ろを向いて別のレスラーに注意を始めます。だって、試合が終わってしまったら、プロレスではなくなってしまうのです。試合の序盤、中盤は、フォールをワンー、ツーウと、ゆっくりカウントします。しかし、終盤お客が最高に盛り上がって試合を堪能すると、ワンツースリー！　と二倍くらいのスピードでカウントして決着をつけます。

プロレスのレフェリーは、公正さ以前にプロレスという興業に属しています。

それと同様に新聞も客観的、公正である以前にこの国の社会にどっぷりと属しています。だから、つねにいいことを言い続けるけれども、それによって本当に世の中が変わったりしてはまずいのです。

つねにあるべきよい世界というものを捏造して、今の世の中に対して不満を感じさせる。しかし、それを読んで実際に行動を起こす人がたくさんいたらまずいのです。

だから、僕は政治面とか社説のあたりを読むと、内臓がぐっと重くなるような不快感を感じるのです。

絶対、あれは身体に悪い。

というような質問の答のような、そうでないようなことを長く書いてしまいましたが、こういう見方もある、ということです。

新聞のことを語るときに、僕はまず、こういう面から語らないと先に進めないのです。プロレスにレフェリーが必要なように、社会には新聞が必要です。そして、いいレフェリーが試合を面白くするように、いい新聞、いい新聞記者は世の中を面白くします。

だから、あなたはがんばって新聞記者になってください。あなたが新聞記者になっても、こういういやがらせのようなことを言っていた奴がいることを覚えておいてください。

新聞を全否定する気はないけれども、客観的というのは、一筋縄ではいかないんだよ、ということだけは、ぜひ覚えておいてください。

Ⓠネタがないっ（自由にかけるようになるまで）

私は個人サイトで小説やエッセイなどを公開しています。

この『文章秘伝』を読むようになってから、これまでのようにひとつの作品に執着するのをやめて、できるだけたくさんの作品をつぎつぎ書いていこうと考えるようになりました。ところがそうなると、今までのようにただ自分が好きなものや、興味があることだけを取り上げていたら、すぐにネタが尽きてしまうのです。いつも同じことを書いていると読むほうも飽きてくるだろうと思い、たまには違うものを書こうと挑戦するのですが、うまくいきません。

このことは、最近私の中でひっかかっていることなのですが、たくさんの人に自分の文章を読んでもらおうと思ったら、やはり世間で流行っていることや話題になっていることを取り上げるべきなのでしょうか。私が興味を持ち、人よりは詳しいと自信の持てる分野は、どちらかといえばあまり大勢の人に支持されていないものばかりです。自分自身が関心のない事柄に関しては、書こうという気持ちが強く動かされないのです。

私の友人はプロを目指していますが、まず世間が求めているもの、時代に合ったものを書くようにしている、と言います。そしてデビューしてから、自分の書きたいものを書くのだと。

私はプロを目指しているわけではないので、これまでそんなことはまったく気にしたことがありませんでした。自分が書きたいことを書いてきました。実際、もしW杯ネタを書けといわれても、「よしきた」とすんなり書くことはできません。

ただ、それは文章を書く姿勢としてどうなのでしょう。

書けないからといって諦めるのではなく、資料を集めたり勉強したりするべきなのでしょうか。

先日の『秘伝』にあった「二時間で完結するものを毎日ネットで発表する」というのもさっそくチャレンジしようと試みたのですが、いざ書こうとすると、二時間ですぐに書けるようなネタがないのです。

やはり、あらゆる面において、いつでもどんなことでも書けるように日頃から準備しておくべきなのでしょうか。

私自身、趣味で書いているとはいえ、やはり文章の上達を望んでいます。

お答えをいただければ幸いです。

A

僕がこのメルマガで書いていることを真剣に受けとめて考え、実行に移そうとしてくれていること、とてもうれしいです。

そうすることによって、じつはもうあなたは上達へ大きな一歩を踏み出しています。

「自分が好きなものや、興味があることだけを取り上げていたら、すぐにネタが尽きてしまうのです。いつも同じことを書いていると読むほうも飽きてくるだろうと思い、たまには違うものを書こうと挑戦するのですが、うまくいきません。」

これは一歩客観的な自己像に近づいたということです。

前回、客観的ということについて書いたので、説明しておきます。（前回は、あまりに話が錯綜するのでこのコンセプトは省いたのです。）僕がモノを書く過程で客観的という場合には、主観的という言葉とシンメトリーで使いたいと思います。主観というのが、自分が世界をどう見るか、であるのに対して、客観的は、世界が自分をどう見るか、です。世界と言っても具体的には他人ということになりますが。まず自分が主観的なものを表現する。それに対して世界の反応が返ってくる。それは断片的なものですが、鏡のかけらに映った自分です。この反応を再構成して自己像をより鮮明にする。また主観的なものを投げかける。このプロセスを繰り返すことによって、次第に主観と客観との乖離のより少ない視点を獲得していく、というのが、文章の上達の本質だと僕は思っています。

もし、あなたが自分の好きな文章にこだわり続けて、多くの文章を書くということにトライしていなかったら、このように自分の限界を知ることもなかったでしょう。

文芸の文章は、その人が所有している情報ではなく、それをどう変換して出してくるか、という変換機能を味わうものなのです。

インターネットでは、コピーアンドペーストした情報がどんどん増幅していきます。また、それを集めて編むこと、編集することも簡単です。

しかし、だからこそ重要なのは、オリジナルな情報を発信するということです。編集作業をいくら繊細にまたセンスよくやっても、それはやはりオリジナルにはならないのです。

そうではなくて、その人のカラダを一回通って出てきた言葉、その人の無意識を一回通って出てきた言葉がおいしいのです。

この変換機能が完成すると、身の回りのほとんどあらゆることがネタになります。テレビを見ても本を読んでも、お店に入っても、映画を観ても、書きたいと思えば、いつでも一つや二つ書くことが浮かぶようになります。

しかし、この変換機能を完成させるためには、一度、自分が何も持っていない空虚な人間だ、ということを認識し、それを受け入れなくてはなりません。空虚であることを受けとめたときに、人間は満たされるのです。……何に満たされるか。僕の言葉でいえば、それは「自由」です。

「私が興味を持ち、人よりは詳しいと自信の持てる分野は、どちらかといえばあまり大勢の人に支持されていないものばかりです。自分自身が関心のない事柄に関しては、書こうという気持ちが強く動かされないのです。」

あなたはこの文中である領域について、人より詳しいということで自信を持っていると言っています。しかし、ここですでに道は二つに分かれているのです。

物知り博士の道と、文章書きの道です。

物知り博士のように、知識の蓄積で読ませる文章書きもいます。しかし、知識というのは量ですから、競争なのです。上には上がいる。

日本一を争うレベルにならないと、物知り博士は本質的には、あまり面白くない。


しかし、あなたは博士になることではなく、文章の上達を望んでおられる。

それなら文章書きの道を寓話的に示しましょう。

あなたは、今、ご自分の経験、知識、嗜好、同好の仲間、といったお城に住んでいます。

お城の中では幸せな女王様か王様です。これは別に皮肉とかではなくて、比喩です。人は誰でも自分の城の王様なのです。

しかし、物書きを志す人は、いつか城をお忍びで抜け出し、城の近くに掘っ建て小屋を建てて住むようになります。そうすると、景色はそれまでと全く違って見えるでしょう。そこからは、自分自身の姿もかなり客観的に捉えることができます。やがて、物書きはその小屋すらも捨てて、全く無一物の放浪者となります。

それから放浪者は老賢者となって、ときどき現れては、ぶつぶつと謎のような言葉を残して去ります。

ただこのプロセスをつぶさに観察すると、あなたの本体は城を捨てる必要はないのです。

しかし、あなたの中の物書きの部分だけは、成熟してくると、あるとき、独立した精神となって、城を捨てて出ていきます。日常生活の中心と物を書く中心とがズレてくるのです。

このいわば、精神の二重生活が面白い文章を生むのです。二つの感覚のズレが創造的な磁場を生み出すのです。

日常感覚に留まる限り、書いても書いても、本質的な進歩はないのです。


したがって、あなたの課題は、城を捨てて裸で出ていけるかどうかです。

自らの空虚さと向かいあえるかどうか。ここに最大の試練があります。

これはあなただけが空虚なのではありません。あらゆる人が空虚なのです。

ただ、空虚であることを認めた人は、さらに先に進めるのです。


具体的にはあなたには二つの道があります。

一つは新しい領域の文章に挑戦すること。しかし、資料なんか集めてはいけません。

あなたの生きてきた年齢分の経験、それから今、体験したこと、感じたこと、それだけを素材に書くのです。書けなかったら、書けない自分と出会うのです。

もう一つは、自分の得意な領域で書き続けることです。

「今までのようにただ自分が好きなものや、興味があることだけを取り上げていたら、すぐにネタが尽きてしまうのです。」と、あなたは言いますが、それは、あなたが外の対象を書いているだけで、自分の内面を見つめて書くということをしていないからです。自分の好きなことならいくらでも書ける、無尽蔵に書ける、というのが本当なのです。

「このことは、最近私の中でひっかかっていることなのですが、たくさんの人に自分の文章を読んでもらおうと思ったら、やはり世間で流行っていることや話題になっていることを取り上げるべきなのでしょうか。」

世間で流行っていることを書かなくてもいいのです。人間は自分のことを書くのです。

しかし、その入り口として、世間で流行っていること、みんなが関心を持っていることを使えばいいのです。

つまり、自分の好きなことを書こうが、世間ウケを狙おうが、あなたはもっと自分自身をオープンに表現していく書き方をしないと煮詰まるのは同じ、ということです。

あなたにとってはある種、厳しい結論になりましたが、「だったらいいわ」と言わずに、そこを突破されることを期待します。

Ⓠアイデアと自分らしさ

はじめまして。

いつもありがとうございます。

中身のある文章を送って頂いておりますが、わかっているつもりでも、一〇〇%は理解できていないと思います。

いままでの皆さんの質問とダブっていたらごめんなさい。

質問は、自分らしい表現方法についてです。

たとえば世の中に音楽の先生は山ほどいます。

自分にしかない音楽の世界を極めたい！とふるいたったとき、知識は最低限必要ですが、自分の信念を見つけるまで大変な努力が必要だと思います。
いいアイディアもすぐに真似されてしまう、そんな時代です。
同じようなことをしてる人がいても、自分が自分らしくすることに意味があると思うのです。

自分をさらけだすと雰囲気を寒くすることもありますから、客観フィルターを通さないと失敗するケースもあります。
でも、自分らしさ、信念を持てるような深い何かをみつけなければ！　と思っています。

以上について、ご意見頂けますようお願い致します。

Ⓐ
まずね、自分らしさというのはアイデアではないのです。何人かの人間が同じアイデアで何か作ってもその人らしさというものは出てくる。
もっと、微細な、振動数、波動のようなものです。

声には声紋というものがありますね。指紋と同じように、絶対に二人と同じ人はいない。これと同じようなものが人が言葉を選ぶときの基準にもあるのです。

だから、同じ事柄を書いても同じ文章というものは二つとない。

一七文字の俳句で同じ題材を詠んですら、偶然同じ俳句ができてしまったということを聞きません。自分らしさの根源とは、そういうところにあるのです。アイデアとははっきりわけて考えないといけない。

自分らしさというものは、作り上げていくものではなくて、その人に最初からあるものです。何かそれらしいものを作るのとは正反対の、もっと素朴で自然なものに帰っていくことなのです。だから、信念とかでもないのです。

音楽でいうと、民族音楽ってありますね。リズムも音階も西洋音楽と違う。

もう原理からして違っているから、西洋の平均律十二音階では楽譜で表記することさえ難しい。

それは民族に固有の音楽的波動を様式化したものと言えるでしょう。

日本人も本来は、小唄や長唄、民謡などに通じる波動を持っていて、それが一番得意なはずなのです。

しかし、現代では子どもの頃から西洋音楽のシャワーを浴び、また九九パーセントの音楽教育は、西洋音楽をベースにしているのです。

だから、みんな西洋音楽が自分の音楽だと思いこむ。

ヤマハの音楽教育を受ければ、そこにはメソッドがあり、システムがあり、上達の基準がある。

しかし、本当のプロの表現者になるためには、そういう教育の限界も知らなければなりません。教育された自分がいると同時に、教育されることで見失ったものに対しても意識的であらねばなりません。

そういう意味では、皆さんは日本語の秩序にすでにイヤと言うほど教育されているのです。

それでも、さらなるメソッドはないかと探している。

しかし、僕はメソッドではなく、もっと自分の中の教育されざる部分に注目してほしいのです。

生まれたときからもっていて、決して教育を受けつけないもの。

それはある種の子どもっぽさかもしれないです。

僕らは日本の教育システムの中で育っています。日本の学校に通い、日本のテレビを見て、日本の新聞を読み、日本の大人たちに仕込まれて育ちます。

発想もすべてそこに限界づけられているのです。皆さんはそういう自分の中のよく教育された部分で文章を書こうとしているようです。

じつは、創造ということを考えるときには、それとは正反対の部分で仕事をするのです。

自分の中の教育されていない部分、子どもっぽさが露出している部分に語らせるのです。

よく映画などで、天才的な芸術家が狂気に陥ったり、非常識であったり、破滅したりしますが、それは子どもっぽさが露出しすぎているという姿なのです。

それに対して、皆さんは非常に厚い常識の膜で覆われています。あるいは、そういう部分で文章表現をしようとしている。

もっと自分の中で生に自分自身が露出した部分で書くのです。まずそういう部分を探しあてる。そこにも常識のベールがかかっていたら、少し掘り出してやらなければいけないかもしれません。

掘ってみれば、意外な埋蔵量を秘めているかもしれません。

そういう方向性でモノを考えていくと、また全然違う見え方が現れてくると思います。

それから、

「自分をさらけだすと雰囲気を寒くすることもありますから、客観フィルターを通さないと失敗するケースもあります」

という部分です。

たしかに場が寒くなるようなことを言うのはよくない。しかし、客観フィルターという言葉をどういう意味で使われているかはわかりませんが、寒いからと言って、言いたいことを言わないのはダメです。

言いたいことは言う。だけれども、言いたいことを言うに当たっては、言い方を工夫して寒くならないように努力する、というところからレトリックというものは生まれるのです。言いたいことがあるのに口をつぐんでしまったら、その基準すらブラしてしまうので、もうわけのわからないものになってしまう。

言いたいことは言いたい、だけど嫌われたくない、というようなアンピバレンツがあって、その磁場に発生するものを表現していくのが面白いのです。

そういう両義的な感覚というのに慣れることが大切です。みんなもっと一面的に簡単に割り切ろうとしている気がします。

文章というのは、どこまでも気持ちが割り切れないから書くのであって、割り切りたい人、割り切れる人は、ビジネスとか、何か違う世界に自分を求めたほうがいいと思います（笑）。

Ⓠ考えがうかばない（インスピレーションについて）

以前、メルマガの反響がないことについてアドバイスして頂き、有難うございました。

その後もオーストラリア生活について書き続けているのですが、またまた質問です。

私は、まず初めに、素材をきめます。

例えば、気になるテレビコマーシャルがあったとします。

それについて、見ていない人にもわかるような説明を書き、それから、だからどうした、という部分を頭の中でまとめて書き進めていきます。そうすると、言いたいのはコレ！というものが一つできあがり、それがその文章の終りにつながります。

でも、最近、その時間がとても長く、何もうかんでこない状態が続くのです。

素材はすぐに決まるのに、その先の思考がストップしてしまって、考えが発展していかないのです。

考える力や感じる心が未熟で、結局、自分の中身はからっぽなのか？　と苦しいです。いつも、そうやって書いています。

村松さんは、どのように、考える力をのばしてこられたのですか？

思考がストップしたとき、どうするのですか？

お聞かせください。

A 考えるということを中心に書くことを考えておられるようですが、書くことの本質は考えることにはない、と僕は思っています。

ここで創造の秘密を惜しげもなくお教えしましょう。

創造行為の根源にあるものはインスピレーションです。

神の啓示というものがありますよね。芸術的なインスピレーションも次元は違いますが、同様のものです。

これらは雷鳴のように閃くものなのです。

瞬時に日常感覚のすきまに一瞬閃く。そういうものだと知って待っている人でないと捕まえることができません。目の前の現実しか見ることができない人には、閃いたということにさえ気づかないことがあるのです。まず、それを捕まえることです。

それから、もっと難しいプロセスは、それを翻訳することです。

インスピレーションは、本来、言葉でできていません。言葉が平面だとすれば、もっと立体的な存在です。いや、立体以上かな。4次元か5次元の世界を垣間見るのだと思ってください。

だから、それを不用意に言葉にしようとすれば台無しになってしまいます。テレビで気の利かない通訳の仕事ぶりを見ると頭来ちゃうでしょう。発言者本人がどれほど繊細なニュアンスの発言をしても、通訳が繊細でなければ、それは伝わりません。それと同様のことです。いかにいいインスピレーションを受信しても、これをクリアに伝える機能がなければ、意味がありません。

その機能を育てるには、それが繊細なものだと知って、尊重する姿勢が必要です。インスピレーションが働いたときは、そうっとていねいに慎重に、元の形をなるべく崩さないようにして少しずつ言葉におきかえていかなくてはいけません。

多くの人は、そこをガサツにしてしまうのです。

(話がまた錯綜してしまうのですが、ここで言葉の話をしておきます。日常会話の言葉には、外界の物質が対応しているので、雑でいいのです。「それ取って」といって、指の先にヤカンがあれば、それで用は足ります。

しかし、頭の中のイメージは、あるものをヤカンと呼べば、それはヤカンでしかなくなってしまう。言葉で名付けてしまったときに、そのものはヤカンであること以外の生命を失うのです。

あるものに名前をつけるということは、混沌としたエネルギーを封じ込める力があります。身体の具合が悪くて高熱を発しているときは、「自分は死ぬんではないのか」という不安におそわれたりしますが、医者に行って、「ただの風邪です」と言われると治まってしまう。それまでの不安と恐怖が「風邪」という名前がついたことによって、一気にその名前の中に治まってしまうのです。

だから、鬼や妖怪の類も、名前を知られた途端にその力を失ってしまう、という話がいくつもあるのです。

だから、あるものを言葉で呼ぶときには、川の中の魚を捕まえるように、そおっと近づいて行って、一気に手づかみする。その慎重さと瞬時の気合いが大切なのです。それをぬるくやると、本体を取り逃がしてしまう。

とくに瞬時のインスピレーションを言葉にするときはこのことが大切なのです。)


考えるという作業は既存のものを組み合わせて結論を導く方法です。

しかし、そうして積み上げていく論理には限界がある。

インスピレーションを言葉にするという作業は、これとははっきり区別されます。

積み上げとかではなく、結論まで含めてすべてが一瞬にして見えてしまう。

これを直観といいます。直感とは字も意味も違います。

僕はこの直観的なもののほうをより高いレベルのものとして尊重しています。

これがゲーテのいう「判断は誤るが直観は誤らない」という言葉の真意なのです。


質問者は、たぶん文章を書く人間としての過渡期なのだと思います。

椅子と椅子の間は座り心地が悪いと言いますが、今、ちょうどそういう場所にいるのでしょう。

たぶん前回、今回と質問された内容ではないことに本当の質問も答もあるような気もします。

まず、自分の心に耳を傾けてください。インスピレーションでお話したのと同様に、何かがあなたの心をよぎるかもしれません。

そのメッセージを見逃してはいけません。どんなメッセージでもいいのです。

誰かに会いたい、どこかに行きたい、日本に帰りたい、おいしいものが食べたい、新しい服を買いたい……、どんなことでもよぎったら、悪いことや無理なことでない限り、実現したほうがいいのです。

自分が瞬時に感じたことをすぐに行動に表すことによって、インスピレーションの根源との回路がどんどん太くなって通りがよくなっていきます。

結果のよしあしとかを計算していると、結局行動しないことになります。思いついたことをぐずぐずと考えた結果、結局形に表さないと、だんだん心がくすぶってくるのです。

それは日常感覚が、インスピレーションを抑圧してしまうのと同じ構造なのです。それは生まれようとしているもう一人の自分、表現者としての自分を窒息させてしまいます。

日常の心のあり方も、意外に文章を書くという作業とつながっているのです。

それがわかってくるともっと書くことが面白くなります。

Ｑネタがないっ２（アイデアとインスピレーション）

こんにちは。いつも興味深く読ませて頂いています、創刊号からの読者です。

文章ではありませんが漫画という形態でプロを目指しているものです。

以前の「ネタがないっ」という質問ですが、非常にその気持ちが分かる質問でした。

プロとしてやっていくためには、「書きたいときにだけ書く」というスタンスだけでは駄目で、ある種意識的に自分の中から文章をひねりだす、という少々しんどい努力が常に要求され続けると思うからです。

そうなると、「ネタがないっ」では済まされないわけで。でもそういう事態には現実として直面することもまた事実であり、その時にはほんと焦燥感にかられます。でも、自分はプロをあきらめるつもりはない。困ったものです。

なら、なんとかその方法を考えるしかないですよね？

ひとつは、自分のフィルターを通して書くということをすればどんなものでもネタになりえる、ということを村松さんはおっしゃっていたと理解しております。

ここまでおっしゃっていただいたのに恐縮ですが、それでは具体的にはどのような訓練を積んだらよろしいのでしょうか。「自分自身をオープンに表現していく書き方」とはいったいどのようなことなのでしょうか。

自分自身、今まで作品作りのスタンスとして、どちらかというと作品は作品、自分の思想や生活は生活、というように分けてきたようなところもあるので、その自己反省も含めて質問したいと思います。

Ⓐ 文章にはいろいろな種類があり、必ずしも作家性が問われないですが、マンガ家は例外なく作家です。しかも商業マンガは、かなりぶっとんだフィクション性がたいてい前提になるので、文章以上に上記の質問で説明したインスピレーションが大切になるでしょう。つまり、素材を自分の外に求めるか、内側に求めるのか、という姿勢で大きく分かれるのです。

内側に材料がすべてあると思うのか、外に探しにいくのか。

これは決定的に自分の内側にある、と考えるべきです。

内側でイメージがうまれたときに、その具体的な素材について外の材料を取材するということはあるでしょう。しかし、その段階までは内面のリアリティだけが重要になります。

作家性は、インスピレーションの純度を高めること、その根源を深く掘り下げること、で高まって行きます。

人によっては、ある程度掘り下げた時点で、アイデアがマグマのように噴出してくる人もいれば、掘っても掘っても、純度の高い鉱脈に当たらない人もいます。

これは本当にもう才能の問題です。

才能といえば、すべて話がそれで終わってしまうので、あんまり言わないようにしていたのですが、作家性というレベルになると、やはり、才能の比重は大きいですね。

でも、純度の低い鉱脈でも、ていねいに掘り下げて、掘り当てたものを精製し、磨いていけば、それなりに成立する場合もあります。

大切なのは、インスピレーションを大切にしてこの回路とつながるようにして書くということです。

それを強化するにはどうするか、と言われたら、やはり瞑想でもするのかな（笑）。

僕はそのために瞑想したことないですけど。じっと目をつぶって自分の中をよぎるものに注目してください。その際には、思考的なプロセスは敵方（？）の妨害だと思ってください。

日常意識というのは、外から来た物質でできています。そうではなく、本当の自分の内側から来ているものだけに注目するのです。

そういうことが訓練といえば訓練です。慣れると白昼夢を見るようにアイデアを見ることもあるでしょう。

そうすると、自分のアイデアに驚いたり、泣いたり笑ったりすることもあるでしょう。つまり日常の自分さえ驚くようなものが自分の内側には秘められているのです。

Ⓠネタがないっ3（自由に書けるようになってから）

いつも楽しく読ませていただいております。

先の「ネタがないっ」はとても心を激しく揺さぶられました。

そこから、考えることがあって、質問を送ります。

誤解を避けるために、先の応答に沿って書いていきたいと思います。

『空虚であることを受けとめたときに、人間は満たされるのです。……何に満たされるか。僕の言葉でいえば、それは「自由」です』という言葉がメルマガの中盤にありましたが、私の場合は「自由を求めていったら、その先に空虚な自分を発見した」というのが正確なプロセスでした。

ですが、これはプロセスが違うだけで、たどり着いた結果は同じなので、たぶんここまではおっしゃってることを理解しているつもりです。

その後、私はもとの自分の城を抜け出し、放浪しました。
城を出て放浪し、外から自分の城を見るようになってから、私自身の視点は、とても自由になったと思います。

ただ困ったことに、「選べない」という厄介な問題を抱えてしまいました。
以下、どういうことかを説明します。

『この変換機能が完成すると、身の回りのほとんどあらゆることがネタになります。テレビを見ても本を読んでも、お店に入っても、映画を観ても、書きたいと思えば、いつでも一つや二つ書くことが浮かぶようになります』と書かれていますが、ほんとうにその通りで、一度自分の城を出て放浪した私は、どんなこともネタにすることができるようになりました。

ただどんなネタでも大丈夫なのですが、いくつも料理方法を思いついてしまうのです。言い換えれば、一つのネタに対して多数の私が出現して、それぞれ別の感じ方や考え方を同時に行うので、どんな感じ方や考え方を一番伝えたいこととして押し出したらいいのかわからなくなってしまうんです。

寓話の例で言えば、そのネタを城のなかから見る私、城の外から見る私、ネタ自体になりきっている私などなど……が同時出現している、といった状況です。

これは、つまり、「変換機能」という言葉を使って言えば、「いくつものやり方で変換できるようになってしまった」ということだと思います。

私自身は、この問題について、「自由になったことで、選べない弱さを抱えた」と考えています。城のなかにいる間は、「一番伝えたいこと」を押し出すための自分のなかの物差しがしっかりとありました。その物差しとは、城の中にいたからこそ確固たるものとして、私のなかにあった物差しです。

ところが、放浪し自由になったことで「一番伝えたいこと」を押し出すための、自分のなかの確固たる物差しを失ってしまったような気がしているわけです。先程、「どんな感じ方や考え方を一番伝えたいこととして押し出したらいいのかわからなくなってしまった」

と書きましたが、それはこの意味です。

したがって、客観的になり、さまざまなアングルからモノを見られるようになったことによって、そのアングルごとの自分がかけらのように散らばって、収集がつかないのです。

しかし、これは逆に言えば、どのアングルからでも書けるということだと思います。アングルがいく通りもあるので、何通りにでも書けます。ですが、書く前に非常に迷うんです。「このアングルがいい」という決定的な決め手が見つからなくて。

そして、それはアングルだけでなく、ネタについても同じことが起こっています。どんなネタを選ぶかについて、決定的な決め手を失ってしまったからだと思います。「世の中にある無数のネタをどういう基準で選んだらいいのか」について考えると、途方にくれてしまいます。

そうして考えた末、私は結局は、オリジナリティに行き着くのかな、と考えました。まえに村松様が「あらゆる人は自らの軌道と運命を持った星である」というA・クロウリーの言葉を引用なさっていましたが、いまの私の状況は、魂の軌道によって生じているものなのかな、なんていうふうに。でも、この自己分析は、非常に感覚的なことでお伝えしにくいのですが、何かが違う気がしています。（どうでしょうか？）

このことについて、私は半年以上悩みつづけています。そのなかで、いまの自分を書いていこうと、日々言葉を連ねています。

しかし、それをエッセイならエッセイ10本分をまとめてみると、その時々によって、別々のアングルを採用してしまうので、テイストがばらばらになっているような感じがするのです。コメディちっくなものもあれば、非常にシリアスなものもある。

けれども、今の私の状態だと、アングルを変えさえすれば、コメディちっくなものをシリアスに書き換えることもできるわけです。

本棚にあるエッセイ本や小説の本を取り出すと、その一冊を通した共通のテーマ性を感じます。にもかかわらず、私が書いたものについては何だかテーマ性やテイストがばらばらになってしまっているような気がするのです。

これは、私自身が自己の「生」に対するテーマを発見していないからなのでしょうか。

以上が、私が先日のメルマガから沸いた疑問・質問です。できるだけ正確にお伝えしようとした末、長々となってしまい恐縮です。お答えとともに、私自身の勘違いなどあれば、ご指摘いただければ幸いです。

Ⓐ
この質問にはちょっと意表を突かれました。

このメルマガはモノを書く人の内的体験には共通性がある、ということを前提にしているわけですが、これは一歩先に進んだ人からの質問ですね。

その共通性が証明されたようでちょっとうれしいです。

さて。

無署名のライターというのは、あなたのような人が多いのです。

ある種どうでも合わせせられるという軟弱さがあるわけですが、それはそんなに悪いことではありません。

ライターは、依頼された雑誌など媒体、企画に合わせて自分の文章の色を変えます。カメレオンが色を変えるみたいに自動的に微調整しているのです。

でも、気持ちの上で微調整はしても、その人のカラーは残ります。

音楽でいうとスタジオ・ミュージジャンのような感じですね。

ライターの場合、そういうことでは悩まないのですが、あなたはお仕事で書いているわけではないのでしょうね。

しかし、あなたの場合も、ご自分で感じているほど、読者がバラバラなものと感じているかどうかはわかりません。

読者というものは、同じタイトルがついて、おなじパッケージに入っていれば、なんとなく同じものとして読んだりするものです。

もし、バラついていてどうしてもそれが気になるとしたら、それを意識的に三つくらいの極端な企画に分類して、何本かテーマも文体も違うシリーズを書いてみることです。

そうすると、自分が書きやすいもの、読者の評判のいいものなどが、次第にわかってくるでしょう。文章が自由に書けるようになったら、企画の内容や、シリーズタイトルの付け方に工夫をしてみてください。

自由になったことの値打ちは、読者との接点において深まっていきます。

心細いのかもしれませんが、慌てることはありません。自由になる以前に持っていた主張なんてじつはそんなに意味がないのです。

やるべきことをゆっくり見つければいいのです。

Q小説のテーマ

こんにちは。

文章について、いつも楽しく勉強させて頂いております。

質問ですが、私は今までに何度か小説を書きたくなったことがあります。

けれども、主題を考えても、それを上手く小説に組み込めません。

小説のシーンや登場人物などは想像できますし、書きたい主題もはっきりしています。

ただ、それらがうまく繋がらないのです。

主題について深く考えれば考えるほど、自分の考えを伝えようとすればするほど、論説文のようになってしまいます。

（関係ないかもしれませんが、テスト等でも小説文より論説文の方が得意でした）

さりげなく主題について触れられていて、読んでいくうちに読者が主題について主体的に考えるようになる……

そんな小説が理想です。

理想に少しでも近づけるよう、アドバイスをお願いします。

A
これは完全に主題というものをとらえ違えていますね。

かつて、テーマという言葉で書いたと思うので、テーマ＝主題として話を進めます。

テーマとは、何を書いて、何を書かないかを決定する基準だ、と僕はたぶん書いたはずです。

そのことをもう少し説明すると、基準というのはゆるゆるではなくて、ただ一点だけで成立するものなのです。

今の人はカメラというと、オートフォーカスしか知らない人も多いと思うのですが、一眼レフのカメラでマニュアルでピントを合わせる、ということをしたことがある人なら、焦点というのはごく狭い領域でしか合わない、ということがわかると思います。焦点が手前に来ていれば、世界のすべてはボケています。それから焦点が合い始めるとすべてがクリアになっていき、また遠ざかりすぎると、ボケていきます。

で、腕のいいカメラマンは、ピントがジャストに合った場所を瞬時に探し出します。それはただ一点しかなくて、微妙にずれていると、大きく引き伸ばしたときに、やはりピンぼけだとわかってしまう。

テーマというものも、それと同様にぎりぎりの一点でしか成立しないのです。

あなたは、「自分の考えを伝えようとすると」といいますが、それ自体がすでに啓蒙主義的というか、「自分はいい考えを握っていて、それをみんなに教えてやるんだよね」というニュアンスを含んでいます。

すでに自分の中で結論が出ていることを書こうとしているのです。

しかし、結論が出ているなら行動してみたほうがいい。

たとえば、あなたが極端な場合、「資本主義よりも社会主義のほうが正しい」と思ったら、政治運動に参加すべきなのです。

「隣近所と仲良く、助け合うべきだ」と思ったら、早起きして、ご近所の掃除をすればいいのです。「農本主義に帰るべき」だと思ったら畑を耕したほうがいい。実際に行動すれば、そこから刺激や情報が入ってきて、考えが修正されたり、また別の行動をしたくなります。

しかし、文学は、そういうこととは、まったく逆のプロセスなのです。文学というのは、永遠に結論を保留するための形式なのです。

たとえば、最近流行った哲学的な疑問には、「なぜ人を殺してはいけないか?」というのがありますね。しかし、これはまた文学的な疑問でもあります。

「殺しちゃいけないに決まっているじゃない」というのは、常識です。で、普通に暮らしている分には常識にしたがっていればいいのですが、文学という空間の中では、それは自明ではないのです。常識で、判断するのではなく、もう一度自分の言葉でその根拠から定義しなおさなくてはいけない。

大江健三郎は、「殺してはいけないからいけないのだ」というような同語反復でこの問いに答えたと聞きますが、それは文学者としての自己放棄ですね。文学者というより、文化人として発言したのでしょう。

ドストエフスキーという作家は、もし、前途有為で優秀な、しかし極貧の苦学生が、金に困ってやむにやまれぬ事情から人間性を失った金貸しの因業婆ぁを殺したとして、そこに罪があるか？　という小説を書くわけです。

それが『罪と罰』という小説です。

そういう自己正当化をして、殺人を犯した青年が、カラダは売っても心は清らかな娼婦という存在に出会って、自らの罪に目覚めていく。

そのテーマって、めちゃくちゃ深いわけです。

このあらすじだけを聞いても、それをどう書いていいかわからない。

しかし、作家はそのテーマをしっかりつかまえたときに、表現の細部までピントがあって、すべてみえているのです。表現の細部まできちんとテーマが浸透していないと、この骨太にして繊細な小説の構造はもたないのですが、テーマをつかんだということは、すでに小説が書けた、ということとほとんど同じなのです。

あらすじを説明することはできても、テーマのピントが合うただ一点の場所は、作家本人の感覚の中にしかない。それは言葉では説明できないものです。

逆に言うと、言葉で説明できるものはテーマではない。「人殺しはいけない」「戦争はいけない」それで終わるのなら、別に小説を書く必要はないのです。

それは単なるスローガンです。

「人殺しはいけない」、という小説を書いても人によって違うものを書くでしょう。その違いを作り出して形成していくものがテーマです。

もちろん、世の中ではもっと大ざっぱにテーマという言葉は使われていますが、表現をする人間にとってのテーマはもっと微細なものです。

なんかね、すごい誤解があるのではないか、と思うことは、文学というのは、答を留保するための形式である、ということです。

このことをちっともわかっていない人が多いような気がする。

よく言われることですが、受験というシステムには必ず一個の正解というものがあるし、また、デジタルというのは、オンかオフの二つしかない。

だから、今の社会はつねに決定することを要求しています。

たとえば、テレビゲームのRPGをやっていても、いくつかの選択肢が出てきます。

しかし、A・B・C・Dという選択肢はあっても、A・Bの中間という選択肢はないし、ちょっと考えさせてくれ、ということもできない。決めかねて迷えば、ゲームはそこで止まってしまいます。

デジタルなシステムの中では、このようにつねに選択決定を迫られますが、人生においては、多くの事柄は結論を留保されているのです。

留保しているうちにも時間が流れ、物事はまた新たな相貌を見せ始めます。

デジタルな文化に慣れた人は、つねにその場でベターな選択をする、という精神的な癖がついています。

しかし、文章はソレで書くのではないのです。

「なぜ人を殺してはいけないの」と問われたときに、すぐさま明快な答を出すのではなく、何度もそれを自分に問いかけていく。そう問われたときに自分の心がどう動くのか、ということに目を凝らしていくのです。

そうすると、答が出るのではなく、問いの質自体が高まっていくのです。

ここまでは答えられる、という途中経過としての答は出てくるでしょうが、結論が出てしまったときには、それはもう文学のテーマではなくなるのです。

問いとそれに対する留保の質を洗練させていくときに、テーマもまた深まっていくのです。

文学とか、文章を書くというのは、そういうある種、優柔不断なうっとおしい事柄なのです。

だから、僕がインターネットで文章講座みたいなことをやっているというのは、ある種のアイロニーというか、レジスタンスなんですよ。ネットというのもシステムだから、表現を均質化させてしまう力が強く働いているのです。

世の中全体がそうだからさ。ネットで読める文章って、なんかみんな似てるでしょう。駅とかに小学生の絵とか張ってるのを見ても、ちっとも驚かない。へんな絵とかない。子どもらしい発想の飛躍とかない。もうすっかり制度の内側にとらえられてしまっている。ちゃんと指導できる先生もいない。教育とテレビでこびりついた垢をおとすところからはじめないといけない。

でも、そういう中でも人間というのは、完全にはシステムにはなじめないものを持っている。そういう要素を集中的に持っている人もいれば、うまく適応しているような人でもはみ出している部分を持っている。

そういう人たちは息苦しいはずなんだ。文学ってそういう人たちが息をつく場所なんだよ。政治・経済が人間の表玄関だとすると、文学って、裏口なんだよ。昔で言う勝手口。そこで息がつけるから、人はイキイキと暮らせるんだ。

脱線したのでテーマに戻ると、テーマっていうのは、だから、どんどん深められて、言葉が届かない領域で完成するものなのよ。

なかなか難しいけど、そういう概念として把握しないと、実際に書くときには役に立たないんだよ。

（ところで、僕は古典とか名作とかを全然読んでいない男で、『罪と罰』は、じつは読んでいないのでした。笑）

Q 続・ロングインタビュー

ロングインタビューの基本的技法や心構えについて教えて下さい。

とても特異な体験をした方にお話をうかがって記事にしたいと考えています。その人とはちょくちょく会う機会があり、お酒を飲みながらいろいろ伺うと、けっこういろんなことを語ってはくれるのですが、なかなか深い心情まで聴きだすことができません。彼はとても話しやすく、いつもみんなを楽しませてくれるタイプの人ですが、本音はあまりしゃべらない人なので、かしこまった席をもうけるよりは、飲み屋のとまり木で話している中から「これは！」という言葉をコレクションしていって、ある程度たまったらひとつの読み物として構成していく方がいいのかなと思っているのですが、いまいちうまくいきません。

彼の体験したことはとても深刻な問題を含んでいるので決していいかげんには扱えないし、私自身インタビューを受けて（悪気はないにしても）、事実と相違する記事を書かれてかなり困惑した経験があるので、世に出す際は細心の注意を払いたいと思っています。

「こういう観点からお話をうかがって将来的に記事にしたい。発表する前には間違いがないか（本人に）チェックしてもらってから」ということは彼に伝えてあり、了承も得ています。

彼はその体験について自ら語りたいと公言し、よく文章を書き講演をされ、インタビューもよく受ける立場の人です。

しかし、私がうかがいたい観点からは誰もまだインタビューしていないので、ぜひやってみたいのです。

そろそろ充分なシンパティはお互いにできたので、シラフの時にあらたまった席をもうけてお話をうかがった方がよいのでしょうか？

村松先生、人から深い話を引きだすコツと心構えを伝授してください。

A ロングインタビューの方法については、以前の応答に書きました。必要部分を引用しましょう。
『インタビューには、羅列法と芋ヅル法があり（命名村松）、羅列法というのは、質問を次々にだしていく方法。芋ヅル法は、相手の言葉に反応して、その詳しい内容を聞いていく方法です。

たとえば、「そのとき、好きな人がいて」と相手が言ったら、自然に「それはどこの誰ですか?」と聞きたくなりますよね。そういう相手の言葉を手がかりにして、どんどんディープに聞いていくのが芋ヅル法です。

短いインタビューでは、羅列法が中心ですが、長くなると、両者を併用することになります。自分史ということであれば、羅列法は年代別に聞いていくことになるでしょう。そして、気にかかったことを突っ込む。

たとえば、子どもの頃のエピソードを聞くと、その人の性格がよく現れています。その性格がその人の人生を形作っていくので、僕の場合は、わりと相似形ということを意識します。つまり、一つのエピソードと人生そのものが似ているということですね。

こういう性格がこういう運命を招き寄せたのだなあ、ということがわかると興味深いではないですか。』

あなたのケースでは、きちんと場所を設定してインタビューしたほうがいいでしょう。

堅くなって話さない人には、酒の席でというのも有効ですが、話なれた人にはかえって、改まった席で聞きたいことを正面からぶつけたほうがいい結果が得られるでしょう。静かな喫茶店とかですね。テープレコーダーは意外に物音を拾うので、普通に話ができる以上に静かなほうがいいのです。そして、卓上の音も拾ってしまうので、できれば、ハンカチなどの上に置きます。

そういうことの準備が整っていることは、インタビューでは意外に重要です。

そして、子どもの頃からの話を聞くこと。

そうすると、その人の行動の原理とかが一貫性を持って顕れやすいのです。

「あなたは子どもの頃、どんな子どもでしたか?」

そんな質問からはじめてみたらどうでしょう。

Ⓠ小説のテーマ2（独りよがりをこえて）

こんにちは。

いつも「文章を書く姿勢」の奥深さに目眩さえ感じながら、勉強させて頂いています。

文章というのは、うわべの技術だけでは書けるものではなく、書き手の心の在りようや、経験的に感じ取ったものが、その出来具合にまで大きく左右するのだと知って、私はひどく衝撃を受けました。

そこで質問ですが、もし、かつてあった質問と内容がダブっていたらごめんなさい。

以前「小説のテーマ」に関する答えで、

『「なぜ人を殺してはいけないの」と問われたときに、すぐさま明快な答を出すのではなく、何度もそれを自分に問いかけていく。そう問われたときに自分の心がどう動くのか、ということに目を凝らしていくのです。』

そうすると、答が出るのではなく、問いの質自体が高まっていくのです。

とありましたが、例えば今回、「なぜ人を殺してはいけないのか」という命題のもとで、一つの話（小説）を練り上げていくとします。

もちろん私は、小説を書き始める前段階で、「なぜ?」という問いに対して、いろいろ考えるわけです。今までの人生の経験で感じたことなども総動員して、まずは命題に適ったテーマを、新たに考え出します。

命題は、それ自体だけではスローガンみたいで使えませんからね。

それで考えた挙句に、私はテーマとして「処世術として、嫌いな人を拒絶することは、はたして善いことなのか」を選びました。

かつてCMで、パソコンの画面で「これ嫌い」「あれ嫌い」とゴミ箱にぽいぽい捨てていって、最後に残ったのはお金だけ。「これ好き」。というのがあったと思います。

このCMと同じで、嫌いな人間を拒絶して避けて通れば、それは精神的な気楽さを与えるけれど、同時にそういう行為は、主観的には、その「嫌いな人」に対して、観念的な死を与えることと同義だと思うのです。

誰かを拒絶するということは、その人に関する記憶と存在の抹消に他なりません。

その人に関する新たな記憶によって、「嫌い」という感情に変化を与えることは出来ないのだから。

もちろん拒絶された方だって苦しいし、なによりも未来がない。リベンジを果たすことも出来なければ、関係を修復するチャンスさえも奪ってしまう……。

ここまでぶつくさ考えた時点で、私の中では、もう命題の方は用なしです。

私が次にすべき作業は、テーマを掘り下げていくと同時に、何を、どんな風に書いていくかを、考えることだと思います。

登場人物、それぞれの立場や性格・考え方の差異、舞台、そこで起きる事件（出来事）……など。

ところが、私の場合、ここで問題が生じます。
それは物語が、独りよがりで観念的になってしまう、ということです。

主人公に、自分自身がはまり込みすぎるのか、あるいは他の意見を想像するチカラが足りないのでしょう。あるいは、自分と違う性格の人を書き表す技量が、不足しているせいかもしれません。

上記でぶつくさ書いたことも、結局は「拒絶された側」しか考えることができていないわけですし。

テーマを考え、ストーリーを考える時点では、独りよがりでも観念的でもないと思っていても、出来上がったものをみると、何やら観念的になりすぎている気がいたします。
しかしだからといって、どうすればいいのか、私には分かりません。

どうすれば、独りよがりを避けられるのでしょうか？

また、「独りよがり」というのは、どういう状態だとなりやすいのでしょう？
逆説的ですが、原因がわかれば対処方法も見つけ易いと思うのです。
ご教授のほど、よろしくお願いいたします。

Ⓐ

独りよがりというのは、単純に客観性の欠如であって、人からどう見られているのだろう、という感覚が育っていないのです。

これの対策としては、まじめに生きるしかない（笑）。この場合のまじめというのは、他人を受け入れて生きるということだね。

パーセンテージとしては、七〜一六パーセントくらい、自分の理解できないもの、違和感のあるものを心の中に受け入れて共存しているほうがいい。まあ、イメージ的な数字ですけど。

六パーセント以下だと、心が干からびていくし、二割以上になると、心が疲れて擦り切れてしまう。

純粋に自分だけというのは、意外に弱い状態であって、他者を受け入れた不純な状態のほうが人間は健康なのです。そうしているうちに、だんだん他者だったものが自分と同化してくるから（じつは自分のほうが拡張されているのですけれども）また自分が他者を受け入れるキャパシティというのは拡大していくのです。

だから、弱っているときは、他者を受け入れる口を狭めるけど、元気になったら、また受け入れるとか、呼吸するようにそのキャパシティを動かしているのがいいのです。

これは抽象的なことのようで、そうではありません。

たとえば、僕のこの『秘伝』だって、皆さんの質問という形で、他者を取り込んでいるから健康なのです。

もし、今までの『秘伝』の内容を質問なしで、モノローグのように語っていたら、それこそ、とんでもなく観念的ということになりかねません。

観念的ということは、現実との摩擦がないので、空回りしやすい。その結果、バランスを失ってしまうのです。

故司馬遼太郎氏は、朱子学や連合赤軍などの過激派について、「純粋すぎる思想は危険な行動を生みやすい」というような（正確な言葉はなんだ?）ことを言ってまして、なるほどと感心しました。カルトな宗教なんかもそうですね。

若いときは純粋な正義というものに憧れやすいものですが、やはり、思想はある程度、現実を取り込んで、不純なものや矛盾を含んでいたほうが、実際に役に立つし、安定するのです。
これがわかると人は大人になる（笑）。

もう少しあなたの創作のプロセスを見ると、まず、「嫌いな人間を拒絶して避けて通れば、それは精神的な気楽さを与えるけれど、同時にそういう行為は、主観的には、その『嫌いな人』に対して、観念的な死を与えることと同義だと思うのです」

「観念的な死を与える」というのが、なんか哲学的だな、と思ったのですが、よく考えると、これはただネットの世界の話ですね。チャットとか、メル友とか、ネットワークゲームとかでは、ぷつっと切れば相手は存在しなくなる。全くこの文章の通りですが、ネットを離れた現実世界では違うでしょう。

家族、仕事場の人間関係、村落共同体のような狭い世界での人間関係は、逃げ出すことができないのです。だからこそ、殺意が生まれることもある。あるいは、そこで、デジタルマインドしか持っていなければ、引きこもりというような表現方法をとるわけですね。

あなたの文章にそういうことが少しも出て来ないということは、世界観からすっぽり抜け落ちてしまっているのではないでしょうか。それとも無視しているのか。

ある出来事があったときに、それを表からだけでなく、裏からも見ることができる、ということは作家の大切な資質です。そういう精神の癖をつけると同時に、貪欲に自分の内部にいろいろなものを持ち込まないといけない。持ち込む以前にもっていないといけない。「なぜ人を殺してはいけないか」ということを書くなら、「人を殺したっていいじゃないか」という人の論理や感情も、自分の中に持っていなくてはいけない。

本当に殺しちゃダメですよ。

でも、「人を殺したっていいじゃないか」という確信犯的な論理や感情を持った犯罪者を見たときに、その感情を自分の中で実験的に生き生きと再構成できる、そういう人が「なぜ人を殺してはいけないか」ということを書けば、それはすごく迫力がある。

逆に「自分は絶対に人を殺したりしないし、そういう要素はかけらも持っていない」という人は、「なぜ人を殺してはいけないか」ということを書いても意味がないのです。

どうしてかというと、あらゆる人間の心の中には、本来全ての要素が入っているのです。

今、滅びつつあるものにワープロ専用機ってありますね。

あれも、じつはコンピュータなんだけれども、用途に特化させるために、専用機にしてあるわけです。

人間の心もそうで、本来何でもできるのです。しかし、その上に人格というソフトが載って、機能を限定してある。

しかし、作家という人種は、この機能の限定をひっぺがしてその底にあるものを覗き込もうとする。あるいは、最初からこの限定がどこか壊れているのです。

つまり、冷酷な殺人犯を見たときに、どう観察するか。あいつは悪いやつだとレッテルを貼ることによって、自分とは違う存在だということを強調する態度と、自分の中を覗き込んで、同じモノを探す、という二つの対照的な態度があるのです。

作家はレッテルを貼るのもうまいけれども、ときには、想像の世界の中で、自分が人殺しもする悪そのものになってしまうこともできる。

一流の作家というのは、そういう精神的な怪物なのです。

善と悪、美と醜、嘘と本当、裏と表、世の中と人間のそういう全てを知り尽くそうという心がないと、作家にはなれません。

そういう人間性の根源に還っていくためには、才能だけではなく、やはりある程度人生経験が必要ですね。

それから、

「私が次にすべき作業は、テーマを掘り下げていくと同時に、何を、どんな風に書いていくかを、考えることだと思います。
登場人物、それぞれの立場や性格・考え方の差異、舞台、そこで起きる事件（出来事）…
…など」
僕はあらゆる芸術のよいものは天から降りてくると思っています。つまり、作家というの
は、シャーマンでもあるわけで、天上から降りてきたイデアを地上的なものに受肉させる
という仕事をしているわけです。
この作業において、考えることの役割は、あなたが書いたことより、もっと補助的なもの
だと思います。
考えることとは、天上から流れてくるものを遮断してしまうことです。だから、イデアが天
上から降りてくる前と、最後の一滴まで降りきったあとに少し考えればいいのです。もっ
と降りてくるのを待つほうがいいと思いますね。
「瞬時に完全なものができる」、それが上等な創造物です。
神様が人間を作ったとすると、瞬時に作ったのです。進化論が言うように、あれこれと迷
い、試行錯誤していたら、こういう立派なもの（笑）はできません。
思考というのは、既存のもののつぎはぎなのです。それはそれで立派な役割がありますが、
創造ではありません。

物語というのも、考えて作ったものより、自然に浮かんだもののほうが上等だと思うのです。

夢の中でクマに襲われていると思ったら、母親に揺り起こされていたとか、火事にあって、けたたましい火災警報が聞こえたと思ったら、目覚まし時計だった、とかってあるじゃないですか。

夢見ているときって、瞬時に現実を変形し、物語の中に消化してしまうのです。物語を作る力自体は、その夢の生成力から来ている。それをうまく利用するのだと思うのです。

無意識の力と、思考能力は裏表なのだけれども、そういう意味でも、裏表を理解し、きれいに役割を切り分けないとよいものはできないのです。

瞬時にできたほうがいいものと、ゆっくり練り上げたほうがいいもの。あるいはその中間的なもの。創造の中にある、そういう多層的な時間のあり方を理解してください。

あとがき

「プロ編集者による文章上達〈秘伝〉スクール」は、読者にプロの文章感覚を伝授するメールマガジンとして始まりました。

本書は、一年間、ちょうど五〇号に亘って、このメールマガジンで送り続けたQ&Aの原稿をまとめたものです。単行本化に当たって、答の文章の中の一部タイムリーでなくなったものを削り、一部の詰めの甘い表現を輪郭のはっきりした表現に改めた他は、ほぼ原文通りです。割愛した質問もありません。

読者の質問に答えるという形式ではありますが、一冊の本としての起承転結はあります。読者からの質問は、号が進むにつれ、次第に真剣かつ本質的なものが増えてきて、一つのテーマに求心的に絞られていきます。Q&Aを読み進むに連れて、本の読者は一つの大きなテーマの流れを感じるでしょう。本書の後半では、問いと答が呼応しあって、図らずも一つの謎に満ちたドラマのようなクライマックスを迎えます。

それは僕の意志でもありましたが、読者が本能的に求めていたものでもありました。

本書は文字通りの意味で読者との共同作業で作られたものです。

この本には、僕が二五年になろうとするライター・編集者生活で学んだ知恵、ノウハウ、考え方のエッセンスを惜しげなく、すべて注ぎ込みました。

それは、いわば、『プロの知恵』です。つまり、文章のプロが共通に持っている感覚をすべてアマチュアの人にリークして、アマチュアのレベルを向上させようという企画なのです。

ここで、語られていることは、僕の言葉、僕のスタイルとして語られていますが、本質的には文章のプロなら八五パーセントくらいは同意してくれる内容だと思っています。残りの一五パーセントくらいは、ぞれぞれの個性によって感覚やニュアンスが違う部分もあるでしょう。

また、プロといえば、インターネット上で実施したアンケートによれば、メールマガジンの読者のうちの約一〇パーセントは実際に仕事をしているプロのライター、編集者です。そういう人々からも、役に立っている、参考になる、勇気づけられた、などの反響をいただきました。このことは、内容がきちんと現場で役に立つ、という証明として僕を勇気づけました。たとえば、次のようなメールも最近、プロの方から頂いたものです。

「『秘伝メルマガ』、いつも楽しみに拝見しています。

購読を始めてから約一年になります。

質疑応答の内容はプリントアウトして保存し、折にふれて読み返しています。

テクニックや方法論ではなく、『書くこと』の本質に深く迫る内容は、私をとても楽に、自由にしてくれます。

書くときに、自分らしさを無視したり、歪めたりする必要はなく、むしろ自分自身に限りなく近づいていくことがただひとつの道なのだと、この1年で確信を得ることができました。書くことを仕事にしている私にとって、村松さんのメルマガは、お守りのような存在です。心強いです。感謝です」


これはまさに僕の言いたかったことを理解し、代弁してくれています。

反響のメールは他にも、たくさんいただきました。とくに多く、またうれしかった反響は、「びっくりした」「目からウロコが落ちた」というものです。

読者を驚かせること！　これ以上の著者の喜びはありません。


冒頭のインタビューでも触れたように、僕は文章を読む人は、すべて文章を書きたい人であるか、潜在的に書きたい人だと思っています。そして、今、インターネットの時代になって、誰でも書き、発表することが容易な時代になってきました。

膨大な人数の文章ビギナーが日本にはいるのです。

非力を省みず壮大なレベルで物事を考えてしまうことは、僕の数ある欠点の中の一つかもしれませんが、そのビギナーたちの上達を求めるエネルギーを、より本質的な自己探求や創造的な世界の追求に向けたいというのが本書の願いです。

日本という国の政治、経済、社会は、すでにその内面において滅んでいるような気がします。

人々が未来に対して希望や勇気を持てず、自分以外の人や組織を信用するための根拠を失っている状況は、国の基盤としては、たいへん弱いものです。

そして、内面が滅びている以上、ある時間差をもって、その外面もまた滅びていくのではないでしょうか。

でも、個人は生き延びなければなりません。

そんなときに、表現や芸術は、とりわけ多くの人が自分で文章を書くことは、生活の慰めとも励ましとも潤滑剤ともなり、ささやかに日本の精神性を復興してくれるのではないかと思っています。

最後にこの本の読者、メールマガジンの読者、とりわけ質問を寄せてくれた読者にこの本を支えてくれたことを感謝します。

二〇〇二年九月九日　東京にて

村松恒平

村松恒平（むらまつ　こうへい）

一九五四年、東京生まれ。新聞社を経て、ＪＩＣＣ出版局（現・宝島社）に入社。雑誌『宝島』の編集に携わり、単行本『ＡＮＯＡＮＯ』『ＶＯＷ』『愛より速く』（斎藤綾子）『インテリ大戦争』（呉智英）などを送り出した後、自身のオフィスにて『元祖テレビ屋大奮戦』（井原高忠・文藝春秋）『共生の思想』（黒川紀章・徳間書店）『ロックの子』（桑田佳佑・講談社）などを編著、『なす』（安斎肇／しりあがり寿／なんきん・アスペクト）『スカートの中の秘密の生活』（田口ランディ・洋泉社）などを編集、著書に『雑学人間入門』（青春出版社）『ほとんどすべての人のための神様学入門』（洋泉社）などがある。
Home Pages　http://www.demeken.co.jp/~jugon/
E-Mail　jugon@demeken.co.jp

［プロ編集者による文章上達<秘伝>スクール］

二〇〇二年一二月一五日　初版第一刷発行

著　者：村松恒平

装　丁：川上　修

編集制作：CUB Inc.
171-0031 東京都豊島区目白3-2-9 5F　03-3954-4091

発行所：株式会社メタ・ブレーン
150-0022 東京都渋谷区恵比寿南3-10-14-214　03-5704-3919
http://www.web-japan.to

ＤＴＰ：フジマックオフィス

印　刷：株式会社平河工業社

Printed in JAPAN

ISBN 4-944098-38-3 C0081